刘同舫

1966 年生，湖北天门市人，法学博士，教育部“长江学者”特聘教授，浙江大学马克思主义学院院长、教授、博士生导师，一级学科带头人，浙江大学“文科领军人才”，浙江大学马克思主义理论研究所所长。享受国务院政府特殊津贴，国家哲学社会科学领军人才、全国文化名家暨“四个一批”人才，被授予“国家有突出贡献中青年专家”，担任中央马克思主义理论研究与建设工程首席专家、国家社科基金重大项目首席专家，获评全国“高校思想政治理论课教师年度影响力标兵人物”。

主要研究领域为马克思主义哲学，在《中国社会科学》《哲学研究》《教育研究》《马克思主义研究》《人民日报》《光明日报》等报刊发表学术论文和理论文章近 300 篇，其中在《中国社会科学》（中英文版）发表论文 9 篇，被《新华文摘》《中国社会科学文摘》等转摘 100 多篇次；出版学术专著、译著、教材 19 部；主持国家社科基金项目 7 项、省部级项目 14 项，优秀等级结题 7 项、免于鉴定 6 项；获教育部人文社会科学研究优秀成果奖一等奖等省部级以上奖励 12 项。

历史哲思
与未来想象

HISTORICAL PHILOSOPHY AND FUTURE IMAGINATION

刘同舫　著

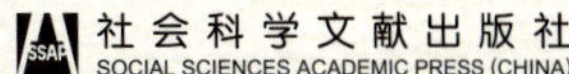

·前　言·

《中国社会科学》是始终保持在高层次上良性发展的权威学术刊物。该刊为繁荣中国特色的哲学社会科学进行了艰苦探索，成为敏锐反映学术前沿、时代精神和中国经验的权威阵地，是展示中华民族具有世界历史意义的当代智慧的重要窗口，是培养新人、壮大中国哲学社会科学研究队伍的重要摇篮。

我作为《中国社会科学》的作者和读者深受其惠，对这份刊物很有感情。作为作者，第一次获悉拙文有刊发的价值和有被刊发的可能时，至今回忆起来，仍然是自己人生经历中最美好的时刻。而作为读者，从阅读中获得的收益相当之多，由此我也把《中国社会科学》作为我指导的研究生的必读书刊。

自 2008 年起，我在《中国社会科学》发表论文共 9 篇，含中文版 7 篇、英文版 2 篇。采纳学术界一些朋友的建议，我把被《中国社会科学》刊用的论文汇编成册。在汇编过程中，对原文进行了适当修改，有的内容进行了语句的扩充。全书的结构没有按论文发表的时间先后顺序排列，而是以论题内容进行分类汇聚，同时将英文版的论文原文作为附录。在此，我想借此“文集”与同行进一步探讨相关论题，并和读者分享每篇论文的基本想法和可能的创新。

论文一 《人类解放的进程与社会形态的嬗变》

人类解放是马克思主义理论的核心主题，如何准确而深刻地把握马克思人类解放理论及其与社会形态演进的关系，并给予现实的观照，是理论界面临的重大问题。对于马克思人类解放理论与社会形态理论特别是“三形态”理论之间的内在联系，学术界早已注意到对其研究的重要性，但还很少把这种联系作为一个问题进行专门研究。论文对马克思人类解放理论与社会形态演进关系的探讨，有助于站在历史的高度把握人类解放的思想史意义，创建中国现实性马克思主义人类解放理论；可以帮助我们在“世界历史”语境中，从马克思人类解放的思想高度，总结和反思中国社会发展的历史经验与教训，并透视相关现实问题，以进一步明确中国特色社会主义的历史定位和未来发展方向。

第一，揭示马克思通过对市民社会的研究，得出市民社会必然被克服的逻辑结论，而克服市民社会的过程也就是超越政治解放走向人类解放的过程。论文指出了一个不容忽视的问题：从政治解放到人类解放，作为发展过程的“两次飞跃”，其意义不仅在于“飞跃”这一质的规定，还在于“两次”这一量的规定。因为“两次飞跃”必然使得全部历史被逻辑地切分成“三个阶段”：前资本主义、资本主义和共产主义。

第二，论证“三个阶段”思想与马克思的“三形态”理论具有一致性。“三形态”理论着眼于人的发展状况与解放程度，其与解放理论不可分割地联系在一起并在整个社会形态理论中位居主导地位。解放的理论同时还兼有社会形态的意义，解放的进程与社会形态的嬗变其实是同一个过程。论文基本厘清以往社会形态理论研究中某些模糊不清的问题，对马克思主义政治哲学的研究可能起到积极推进作用。

第三，阐发人类解放理论具有社会形态的意义。论文抓住人类解放这一马克思主义理论的核心主题和理论制高点，将政治解放等解放维度统一到人类解放的核心主题之中，充分展示了马克思人类解放理论的丰富内容和结构特征；将社会形态理论置于人类解放的宏大叙事框架中，阐发了人类解放理论所具有的社会形态意义，实现了对马克思关于人类社会基本规律的认识和人类解放实践主题探讨的内在结合。

论文二 《马克思人类解放理论的叙事结构及实现方式》

人类解放问题是历史唯物主义或马克思主义哲学始终要分析、回答和解决的主题。在当今历史条件下，如何拓展马克思主义哲学的主题，是马克思主义哲学研究、历史唯物主义研究必须回答的时代性课题。论文选题既具有理论的依据，也具有实践的意义。

第一，阐释马克思人类解放理论的叙事结构。研究马克思的思想，当前的深度文本解读无疑是非常重要的阐释方式，但是，这一方面难免陷入细枝末节的考证泥潭，另一方面也难以彰显马克思整个学说的革命性。研究和理解马克思，还需要能够透过经典文本的严密论证，进一步理清和把握马克思整个学说特别是人类解放的理论体系的内在逻辑和叙事结构。论文认为，人类解放的理论体系有其内在逻辑，有支撑其理论叙事与论证的结构框架及结构元素，可称之为“叙事结构”。论文在借鉴和消化前人研究成果的基础上，以马克思主义思想史为进路，分析了马克思人类解放理论的叙事结构，这一结构包括历史唯物主义、多向度的解放形式和共产主义运动三大部分。马克思在人类解放理论的叙事结构下，全面地阐述了认识人类社会的根本方法、实现人类解放的根本路径和社会形态嬗变的根本目的，展示了马克思人类解放理论的丰富内容和结构特征，彰显了马克思人类解放理论的学术革命性及其与社会现实生活的紧密关联性。

第二，反思人类解放理论实现方式的学术探究与实践探索。依据对马克思人类解放理论叙事结构的阐释与论述，论文进一步从理论与实践两个方面，反思和检审西方马克思主义、苏联模式的社会主义和中国特色社会主义道路对人类解放理论实现方式的学术探究与实践探索。论文将马克思的理论论述与西方马克思主义、苏联以及中国的学术和实践探索相勾连，在从理论到理论的延伸、从理论到实践的探索中都提出了独到的见解，在探讨中始终紧扣马克思人类解放理论的叙事结构，以叙事结构观照实现方式，以实现方式回应叙事结构，从而构成了理论与实践环环相扣的论证逻辑。

第三，将历史唯物主义与人类解放的主题紧密结合来考察共产主义实践运动。学者通常把马克思的历史唯物主义作为一种纯哲学进行理解，或者复述传统教科书中关于社会发展的生产力与生产关系、经济基础与上层建筑以及社会存在与社会意识的矛盾体系的内容及相互之间的关系，少有人把历史唯物主义作为方法来考察共产主义实践运动。论文打破传统的惯有思维，将历史唯物主义的分析方法贯穿于写作的始终：站在历史唯物主义的哲学制高点来反思历史活动，把历史唯物主义与人类解放的主题创造性地结合起来，并贯彻到对西方马克思主义的理论探讨及对苏联与中国的社会主义实践分析之中。这种思路摆脱了将历史唯物主义与历史运动相分离——空谈历史唯物主义或者历史运动的缺陷，既具有方法论的创新，也在基础理论方面作出一定贡献。

论文三 《马克思对启蒙理性及现代性的批判性重构》

启蒙理性是一个现代性课题，是资本主义文明体系的思想根基，对启蒙理性的反思与批判同时就是对现代性和资本主义生产方式的反思与批判。启蒙理性给近现代社会带来了非同凡响的成就，这是不可否认的，但同样不可否认的是，它也给社会带来了各种各样的危机和灾难。所以，

“反启蒙”与“反现代性”必须被看成是启蒙理性及现代性本身不可或缺的重要部分，没有“反启蒙”与“反现代性”的制约，启蒙理性和现代性就无法克服、超越自身制造的迷信与危机。反思和批判启蒙理性是全球化时代政治哲学发展的一个重大理论主题，也是推进马克思主义政治哲学发展的重大思想史课题。论文的理论价值与学术意义如下。

第一，对启蒙理性的反思和批判既注重从外在的社会历史需求视角来把握其与历史发展的关联，也注重从内在的思想史视域来检审其思想演进逻辑，从而理清了资产阶级政治革命引起的公共理性需求、中世纪晚期唯名论革命导致的价值虚无之间的关联性。这一考察视角在诸多启蒙理性的研究中比较独特，有助于深化这一领域的研究。

第二，展现启蒙理性的成就及其自身的内在矛盾，其中对启蒙理性自身内在矛盾的分析清晰而有力度，并在此基础上对启蒙理性与现代性、资本逻辑的关系进行了探讨。其对启蒙理性嬗变所导致的现代性危机的剖析也很有广度，从政治制度到精神气质，勾连有序，内涵饱满。

第三，将后现代主义者对启蒙理性及现代性的批判归结为反对理性中心主义的宏大叙事、反对普遍主义的西方中心主义、反对主体主义的人类中心主义，能够切中后现代主义批判的准心，并对后现代主义批判的不足也有清晰的认识与理解，特别是对“去中心”导致的话语霸权和中心主义提出了合理见解。

第四，依据和挖掘马克思的经典文本，深入细致地论证马克思如何将对启蒙理性、现代性的批判转化为对“物质的生活关系”的研究及对资本逻辑、资本主义生产方式的批判，并提出了对资本主义生产方式批判的三个层面，这对于重新认识、把握马克思的“反启蒙”思想具有重要的启示意义。

论文四 《马克思唯物史观叙事中的劳动正义》

马克思的劳动正义思想是一个值得研究的问题。学界对马克思的正义理论的研究已较为深入，对马克思关于劳动正义思想的研究也有一些成果，但感觉总体上还不够深入。马克思的唯物史观叙事中包含对劳动正义问题的反思和阐发。马克思反思了现实社会生产“正义”的虚幻性、确立劳动正义性的价值诉求在人存在方式中的逻辑先在性地位，以劳动正义性为基本参照揭示了人的生存历史性、理性认识有限性和多元价值之间的矛盾性，充分显露资本逻辑支配下人追求物的价值的现实劳动方式和劳动关系，对人生存发展的本质需要提出了质疑：人在满足现有生存发展需要的逐利性劳动实践中如何确定并遵循解放自身的劳动正义价值？论文在唯物史观视阈下分析马克思的正义论，阐释劳动正义、生产正义与社会正义三者之间的逻辑层级结构，系统呈现出马克思的劳动正义思想的真实样貌，并立足于新的世界历史背景下劳动生产形态出现的新特点，反思马克思劳动正义思想的当代价值，对国内学界深化马克思主义正义论研究具有较高的学术价值，对人们把握马克思主义正义论的独特性具有现实意义。其理论创新与学术意义如下。

第一，结合历史哲学与政治哲学双重理论视角来阐述劳动正义问题。解答劳动正义问题以及人的存在方式和生活样态的终极命题需要哲学。哲学是人类文明成熟的标志，马克思哲学理论中所探讨的劳动正义问题对历史哲学提出了深刻的理论拷问，对劳动正义问题的深究也为历史哲学的自我更新提供了发展契机。无论何种部门哲学，对正义问题的回应都成为内蕴于其中的共同理论眷注，不同部门哲学在劳动正义问题的提出、理解和回答等层面上均有所区别。论文将历史哲学与政治哲学结合起来，抓住唯物史观的本质与体现人存在本质的劳动、决定人存在样态的社会关系的深层关联，以马克思探明人类社会历史规律中凸显的劳动正义问题为核心来深究人类存在方式最具一般的哲学问题，通过糅合历史哲学与政治哲学来把握劳动正义的理论学说、表现形式和实质内容等问题。

第二，把握马克思唯物史观中独特的叙事方式和思维逻辑在阐释劳动正义性中的重要地位。唯物史观是有特定叙事结构的理论体系，其独特的叙事在总体意义上开显了马克思的劳动正义思想。马克思历史性的方法论叙事阐释了对劳动正义问题的一般性认识步骤，开辟出批判现代性的政治哲学问题域和超越现实正义原则的历史哲学视野；马克思凭借本体论的叙事逻辑阐明了劳动正义价值作为判别社会存在是否正义的本体论根基，且在更深层次的劳动本体论维度指明了劳动自由和解放之于实现劳动正义的根本作用。论文抓住马克思在唯物史观中的理论叙事，立足于马克思揭示劳动正义本体根基的基本课题，注重澄明唯物史观叙事与劳动正义思想的内在关联，破除对劳动正义习以为常的“有用论”印象，使劳动本身在正义问题的推演中获得并发挥一种思想作用的可能性。

第三，在马克思多维批判的视域中明确其历史与逻辑相统一的批判方法。马克思唯物史观叙事中体现的劳动正义思想充满了对诸多“正义”观念和原则的批判，包括对黑格尔理性思辨和费尔巴哈人本主义劳动正义理念的批判，对资本主义社会“资本正义”“经济正义”等具体形态的驳斥，最终将批判矛头指向作为前提的资本主义私有制度。论文紧扣一个基本立足点，即我们所探究的劳动正义是与人的存在密切相关的课题，认识到马克思剖析劳动正义问题直指其根源的本体和最根本的困境。论文认为马克思的多维批判包含了其对现实的历史前提和逻辑前提的双重批判思维。从历史视角看，马克思对造成劳动非正义因素的批判回溯到人历史性存在前提的观照；从逻辑视角看，马克思对资本主义社会生产方式的集中批判围绕交换关系的逻辑前提展开。

第四，创造性实现劳动正义问题的历史逻辑、现实逻辑和理论逻辑的有机融合，并在此基础上深入社会关系的总体逻辑中实现对劳动正义现实逻辑的超越。只有确定劳动正义问题的存在根基并把握其存在的历史逻辑，才能厘清劳动正义性在社会历史发展中的演进规律。论文切实把握马克思主要论述的资本主义劳动正义问题的表现形式，即劳动正义与“资本正义”“经济正义”之间的对立冲突，透视这一问题形式的现实生成逻辑与资本权力逻辑的深层联结，进而推导劳动正义问题形式背后人的存在本质和劳动自由这一实质依据的理论逻辑。论文有机融合劳动正义问题的历史逻辑、现实逻辑和理论逻辑，在唯物史观的观照下，从历史和社会关系的总体逻辑中实现对资本逻辑及当今全球化现实进程的超越，澄明技术性劳动生产形态与关系中的“知识产权”及其制度保护引起的关于劳动正义问题的争论。

论文五 《西方马克思主义的理论性质与中国意义》

目前西方马克思主义研究存在两个基本问题：一是细碎化的人物和文本研究，导致“只见树木不见森林”；二是不自觉地将某一部分或方面的西方马克思主义的主题当作中国马克思主义研究的正题，出现认识上的偏差。因而更凸显了整体认识西方马克思主义的迫切性。

第一，明确西方马克思主义的理论性质。论文深入考察了西方马克思主义理论内部的种种辩论与相互矛盾、相互关联的观念与主张；总体上辨析了西方马克思主义的基本性质、理论特质和边界问题；运用“家族相似”理论对西方马克思主义的基本性质、理论对象、理论特质、历史和逻辑边界问题进行了探讨，对“西方马克思主义是什么”作出了回答，强调西方马克思主义并不是地域性的概念，而是与正统马克思主义不同的另一种马克思主义解释框架，在这个意义上，西方马克思主义获得了开放性的哲学内涵。论文重新讨论西方马克思主义的定义与问题域，对于当前的研究来说，具有理论的借鉴意义与学术价值。

第二，把握支撑西方马克思主义历史进展的“问题意识”。由于西方马克思主义流派众多、思想复杂，在当前的研究中，更需要厘清其问题逻辑。论文关注西方马克思主义研究的全局问题，从问题逻辑的角度切入西方马克思主义的基本问题和研究中面临的紧迫问题，结合国内学术界研究中的争论，将这些问题以逻辑性的线索贯穿起来集中进行了讨论。

第三，论证西方马克思主义的中国意义。论文对“为什么要研究西方马克思主义”作出回答，既揭示出西方马克思主义本身的本土意识，揭示出其理论成就与问题所在，同时又强化从中国出发的本土问题意识，将西方马克思主义研究与对中国问题的考察结合起来，体现了问题意识与现实关怀的统一。强调西方马克思主义研究对中国马克思主义研究的意义，凸显在社会主义建设上对西方马克思主义理论权衡取舍的广阔视野。对于中国语境中的西方马克思主义研究来说，只有以批判性借鉴的态度对待西方马克思主义，才能真正推进当代中国马克思主义研究。

论文六　《构建人类命运共同体对历史唯物主义的原创性贡献》

构建人类命运共同体是新时代中国特色社会主义思想中的一项具有战略高度和现实紧迫感的伟大构想，是对马克思主义共同体理论的重大发展，也是对“资本主义永恒化”或“历史终结论”最有力地回应与反驳。这一构想作为破解全球性治理难题的中国智慧和中国方案，充分彰显了当代中国共产党人的理想追求和智识精神。如何在历史唯物主义的理论视野中准确而深刻地理解、审视和把握人类命运共同体的内蕴，并通过构建人类命运共同体所带来的理论效应推动历史唯物主义在新时代的创新发展，是学术界面临的重大理论课题。论文的理论创新和学理性意义如下。

第一，运用历史唯物主义阐释人类命运共同体的若干基础理论问题。从目前理论界对人类命运共同体的研究取向来看，主要聚焦于勾连其与马克思共同体理论的关系。虽然人类命运共同体作为全球化时代的美好图景，是马克思共同体理论的延伸和发展，但对其丰富内蕴的理论阐明，不能仅仅停留于运用马克思共同体理论进行阐释性论证。论文运用历史唯物主义理论，从哲学立场、现实指向、解放路径三个方面阐释人类命运共同体思想：阐明了“人类社会”与人类命运共同体的内在关联；指出构建人类命运共同体具有非常明确的现实指向；论证了构建人类命运共同体的关键是变革全球治理体系，建构出能够驾驭、约束资本和吸取资本主义有益成果的社会主义全球治理机制。论文既拓展了人类命运共同体思想的研究取向和研究视野，也进一步深化了对其丰富内蕴的理解和把握。

第二，论证构建人类命运共同体对历史唯物主义的原创性贡献。论文通过探讨中国构建人类命运共同体思想的历史性出场，提出将人类命运共同体这一理论命题和实践活动置于历史唯物主义的理论框架中加以阐述必然带来重要的、多方面的理论效应的观点，论证了其是对 21 世纪历史唯物主义发展的原创性贡献，并认为构建人类命运共同体的建构诉求和实践活动是检验历史唯物主义理论在新全球化时代是否能够创新发展的试金石。

第三，提出历史唯物主义理论在指导人类命运同共同体的具体实践中能够拓展为一种“建构性世界观”。这种“建构性世界观”在批判资本主义全球化及其全球治理体系的基础上，预见性地判断、阐明与规划人类命运共同体的基本结构、内在机制、运行方式、发展方向和价值目标等一系列重大问题。

论文七 《当代中国马克思主义的哲学境界》

习近平新时代中国特色社会主义思想是引领中国、影响世界的当代中国马克思主义。从当代中国马克思主义的理论演进和发展脉络来看，其中深蕴的哲学境界涵涉马克思主义哲学基本原理的理论精髓和中国特色社会主义的理论特质。中国共产党推动中国特色社会主义建设事业进入新时代，也将当代中国马克思主义理论构建与发展置于全新的历史阶段和时代境遇。习近平总书记对经济、生态文明、外交、法治和强军等领域的思想阐释，是习近平新时代中国特色社会主义思想的重要组成部分，为解决当代中国马克思主义理想与现实、理论与实践以及真理与价值的关系问题作出了重大原创性贡献。论文以习近平总书记对相关领域思想的阐述及其基于新时代实践对马克思主义理论的发展为切入点，论证不同领域思想的整体性和协同性思维，展现习近平新时代中国特色社会主义思想的更深层次的系统性发展路径，彰显其思想观点从理论阐释到现实实践的内在逻辑，进而深入阐释当代中国马克思主义内蕴的哲学境界。论文的理论创新和学理性意义如下。

第一，从历史观、方法论、世界观和价值论维度把握当代中国马克思主义的哲学境界。新时代要求当代中国马克思主义应当形塑新的理论构建模式和阐释思路，也要求其更加坚定地直面现实世界和时代问题。当代中国马克思主义的形成和发展正是在对时代问题的自觉把握和思考中不断展开的。分析当代中国马克思主义所具有的哲学境界和智慧，能够更加凸显其普遍性意义。哲学层面的理论要义与境界一般包括世界观和方法论两个维度，这两个维度主要是将辩证唯物主义和历史唯物主义的基本理论方法代入当代中国马克思主义的在场语境，实际上构成了习近平新时代中国特色社会主义思想阐述和发展的哲学意蕴。当代中国马克思主义不仅需要显现其内蕴的哲学境界，而且需要发掘其哲学境界所依托的具体内容和价值旨归，这就要求从历史观和价值论维度为之提供基本依据。论文从历史观、方法论、世界观和价值论的维度阐发哲学境界的问题，四者的逻辑关系是：历史观是理论立足点，彰显了生成性的实践活动和建构人类与自然、社会之间对立统一关系的总体性视野；方法论秉持实践的问题意识与问题导向，强调正确认识和谋划具体发展路径的思维范式；世界观反映了理论和实践创新的基本导向，突出了人类认识和改造现实世界的主体性；价值论彰显了对人类整体生存和发展前景的关注，显露出人类解放的宏观主题与中国特色社会主义具体发展之间的关系。

第二，结合历史哲学与理论语境的双重视角阐述当代中国马克思主义的哲学境界。当代中国马克思主义的哲学境界关涉其基本观点、态度和意境等理论课题，在中国特色社会主义实践进程中彰显了现实效力和理论智慧。在历史哲学的视角上，从对马克思主义的分支及不同分析视角的创造性整合出发，论证当代中国马克思主义对世界马克思主义发展的独创性贡献；在理论语境的视角上，揭示当代中国马克思主义的哲学境界有赖于从学术与政治的关系问题上切入，在中国化马克思主义理论发展历程中厘清中国马克思主义理论与经典马克思主义哲学原理之间的有机统一关系，以突出当代中国马克思主义的理论特质，即通过学术研究追求真理的现实性并在政治实践得到检验。论文辩证综合以上双重视角来阐发当代中国马克思主义的哲学境界，在阐释当代中国马克思主义的思想内涵和基本内容时注重对其历史哲学观的发掘以及与新时代理论语境的“时空对话”，促使当代中国马克思主义的一些基本理论问题得到有力澄清，并在此基础上论证其在新时代提升的哲学境界。

第三，把握习近平新时代中国特色社会主义思想对马克思主义的发展与创新逻辑。世界历史的现实转变及其引发的新问题和新挑战对当代中国马克思主义的思想阐发及其叙事方式的变革与发展具有必要性和迫切性，这要求我们必须以宏大的历史视野去审视世界历史性存在和发展过程中的中国道路，并从理论与实践的双重维度论述马克思的世界理论与中国特色社会主义现代化建设的深层关联，科学厘清当代世界运行秩序和治理谱系，总体把握时代主题提供的可能性条件，进而实现对全球生产和交往格局塑造的变革。习近平新时代中国特色社会主义思想对现实问题结构的规律性分析和针对性的实践导向，体现了在“解释世界”中发掘的问题对“改变世界”实践需要与理性选择的现实驱动，形成了具有积极建构性意义的世界观，实现了对马克思主义基本理论的重大创新，也构成了当代中国马克思主义理论创新的标志。

第四，运用哲学史的追溯与哲学境界的发掘相互融合的阐释方法来确立新型的马克思主义发展观和建构论。当代中国马克思主义的哲学形态集中展现了习近平总书记在新时代对人类共同的生存和发展问题的全新理解，表现为同其他理论形态既共享一致的时代主题又具有立场性与原则性区别的哲学理念。论文在阐释和挖掘当代中国马克思主义的哲学思想与境界中始终注重展开对哲学史的追溯和理解，将当代中国马克思主义发展所依据的哲学史与其自身哲学形态的塑构统一起来，通过对哲学史的追溯，开创当代中国马克思主义哲学领域中最为核心的观点，即关于人的存在和解放的内在一致性。对当代中国马克思主义的理论特性及哲学境界的发掘，能够准确揭示马克思主义哲学史的中心议题和新时代的本质特性，从而确立新型的马克思主义发展观和建构论，使其成为真实反映和引导时代的重大问题。

论文提出，发掘当代中国马克思主义的哲学境界具有深刻的启示性意义：深入学习习近平新时代中国特色社会主义思想，必须立足于更高的哲学立场，以探寻中国特色社会主义建设的理论与实践和当代中国马克思主义的内在关联及其整合思路，在掌握具体的理论体系与思维方法的基础上领悟、贯通并运用其中的真理和智慧，使其真正内化为人的自由与解放的本质意识和推动社会发展的现实动力。论文对当代中国马克思主义蕴含的哲学境界的阐释，高度契合了中国共产党对马克思主义理论精髓与现实实践走向的充分自觉，并展露出当代中国马克思主义将随着中国特色社会主义现代化新道路的深入展开而显示出的深远价值与真理力量。

论文的社会影响

论文相继刊发后，受到学界的广泛关注，产生了一定的社会影响。

《人类解放的进程与社会形态的嬗变》一文，被《中国社会科学》（英文版）2008 年第 3 期全文刊发，被《新华文摘》2008 年第 16 期全文转载并作为封面要目推荐，被《光明日报》（理论版）2008 年 6 月 10 日摘登，被《马克思主义理论与实践》（人民出版社 2009 年版）全文收录，被《广州社会科学年鉴 2014》收录。该文于 2013 年获教育部颁发的“第六届高等学校科学研究优秀成果奖”二等奖，2011 年获广东省人民政府颁发的“哲学社会科学优秀成果奖”一等奖，2010 年获广东省教育厅颁发的“高校思想政治教育优秀学术研究成果奖”特等奖。

《马克思人类解放理论的叙事结构及实现方式》一文，被《新华文摘》2012 年第 24 期全文转载并作为封面要目推荐，被《高等学校文科学术文摘》2012 年第 5 期全文转载，被《光明日报》（理论版）2012 年 10 月 9 日摘登，被中国人民大学《复印报刊资料·马克思列宁主义研究》2012 年第 11 期全文转载，被《广东社会科学年鉴》2012/2013 年合卷本收录。该文于 2015 年获教育部颁发的“第七届高等学校科学研究优秀成果奖”二等奖，2015 年获广东省人民政府颁发的“广东省哲学社会科学优秀成果奖”二等奖，2014 年获广东省教育厅颁发的“广东省高校思想政治教育优秀学术研究成果”一等奖。

《马克思对启蒙理性及现代性的批判性重构》一文，被《中国社会科学》（英文版）2016 年第 3 期全文刊发，被《新华文摘》2015 年第 13 期全文转载并作为封面要目推荐，被《高等学校文科学术文摘》2015 年第 3 期全文转载，被《世界经济年鉴 2016》收录并列入 2015 年马克思主义国际政治经济学主要中国学人 TOP50，被《广东社会科学年鉴》2014/2015 年合卷本收录。该文于 2020 年获教育部颁发的“第八届高等学校科学研究优秀成果奖”一等奖，2017 年获浙江省人民政府颁发的“浙江省哲学社会科学优秀成果奖”一等奖。该文被评价为“在很大程度上代表了 2015 年度马克思主义基本原理研究的水平”。①

《马克思唯物史观叙事中的劳动正义》一文，被《新华文摘》2021

---

① 北京大学马克思主义学院组编：《马克思主义理论学科学术发展报告（2015）》，中国人民大学出版社 2016 年版，第 24~25 页。

年第2期全文转载并作为封面要目推荐，被《高等学校文科学术文摘》2020年第6期全文转载，被中国人民大学《复印报刊资料·哲学原理》2021年第2期全文转载。

《西方马克思主义的理论性质与中国意义》一文，被《新华文摘》2010年第24期全文转载并作为封面要目推荐，被中国人民大学《复印报刊资料·马克思列宁主义研究》2011年第1期全文转载，被《中国哲学年鉴2013》收录，被《广州社会科学年鉴2012》收录。该文于2013年获广东省人民政府颁发的“广东省哲学社会科学优秀成果奖”二等奖。

《构建人类命运共同体对历史唯物主义的原创性贡献》一文，被《中国社会科学文摘》2018年第11期全文转载，被《高等学校文科学术文摘》2018年第5期全文转载。中国社科网于2018年12月17日选取该文作为《中国社会科学》改革开放40年经典学术理论文章之一（马克思主义理论文章共4篇）集纳成专题推出，反映改革开放学术发展的理论视野。该文于2019年获“国家社科基金优秀文章”，2019年获“浙江省哲学社会科学优秀成果奖”二等奖，2019年获中国马克思主义研究基金会颁发的“马克思主义研究优秀成果奖”二等奖。

从物理时间流逝的相对意义而言，“过去”“现在”和“未来”具有历史的统一性，“历史”既是“过去”和“现在”，也是“未来”。我们需要在历史追问中呈现对未来的想象以及在未来视野、未来想象中回溯历史的位置与纵深，在深刻领悟人类社会运行规律中，以“打开”的方式形成一种历史自觉。在新时代，我们要运用历史思维、把握历史规律、辨析历史方位、判断历史大势，抓住历史变革时机，善于把握政治大局，不断提高政治判断力、政治领悟力、政治执行力，在历史发展进程中增强方位意识和使命意识，在对历史的深入思考中走向未来，这是中国学者的历史责任。

2022年春于杭州

·目　录·

| 一 |

人类解放的进程与社会形态的嬗变*

摘　要：“历史的终结”是对现实的社会历史依照资本的固有逻辑和文化逻辑做出的主观设定，超越资本主义的历史限度，迫切需要从马克思人类解放理论中获取灵感。马克思通过对市民社会的研究，得出了市民社会必然被克服的逻辑结论。而克服市民社会的过程也就是超越政治解放走向人类解放的过程。作为发展过程的“两次飞跃”，政治解放与人类解放在典型意义上使得全部历史被合乎逻辑地分成前资本主义、资本主义和共产主义。这三个阶段与马克思提出的社会发展的“三大形态”——人的依赖性社会、物的依赖性社会以及个人全面发展的社会具有内在关联。三大形态理论着眼于人的发展状况与解放程度，决定了人类解放理论同时还兼有社会形态的意义，人类解放的进程与社会形态的嬗变实际是同一个过程。在社会主义自我完善的历史定位中，中华民族在实践与理论的双重探索中寻求人类解放的一种方式，将为人类社会形态的巨大变迁创造具有世界历史意义的经验。

关键词：市民社会　政治解放　人类解放　社会形态

---

* 本文以首篇位置发表在《中国社会科学》2008年第3期。

18 世纪启蒙思想开启的“现代性方案”，在特定的意义上可以看作解放的一种方式，但由于资本主义理性自身的历史规定性以及资产阶级狭隘的阶级本性，决定了其文化视野中的解放的历史局限。世界历史进程中的全球化并没有因为地域性的个人为经验上普遍的个人所代替而突破其历史局限，所谓西方的价值观念和体制具有普遍性的意义，除了建立在这种普遍性上的社会之外，好像再也没有需要演进的更高级社会形式的“历史的终结”，仅仅是意识形态上的阶级狭隘性的表现，是对现实社会的历史依照资本的固有逻辑和文化逻辑作出的主观设定。反思当今人类的生存困境以及技术理性的泛滥造成的日益严重的人性异化现象，必须进一步开掘马克思人类解放的思想。在马克思多维度、多层次的学说体系中，人类解放的思想无疑是具有统摄意义的核心思想。作为马克思一生的理论主题，它同样贯穿于马克思的社会形态理论之中，人类解放的进程与社会形态的嬗变具有内在的逻辑一致性。超越资本主义的历史限度，迫切需要从马克思人类解放理论中获取灵感。

（一）市民社会：构建解放理论的逻辑起点

从人类解放理论的叙事框架来解读社会形态理论，可以发现二者有着深刻的同一性。把握这种同一性，无论是对人类解放理论还是社会形态理论，都是理解上的深化和意义上的提升。同一性视角是不可或缺的方法论原则。但这一内在逻辑的建立，必须从更基本的逻辑起点开始，这就是市民社会理论。①

在马克思思想的形成时期，有一个从黑格尔唯心主义向历史唯物主义转变的过程。这个过程的主要标志，就是通过批判黑格尔的国家理论，

---

① 本文关于马克思市民社会内涵的理解，参考了俞可平的相关解读。（参见俞可平：《马克思的市民社会理论及其历史地位》，《中国社会科学》1993 年第 4 期）

研究政治国家与市民社会的关系，马克思得出了与黑格尔相反的结论——不是政治国家决定市民社会，而是市民社会决定政治国家。这一结论的集中表述，便构成了《论犹太人问题》和《〈黑格尔法哲学批判〉导言》两篇文章的主要思想。在这两篇文章里，马克思已经勾勒出了关于社会主义革命和无产阶级历史使命伟大学说的初步轮廓。马克思通过对黑格尔基于历史事实和现实生活的颠倒，不仅从唯心主义者转变成唯物主义者，而且从新的视角——市民社会，找到了理解社会历史的钥匙。

恩格斯曾有过这样的表述："马克思从黑格尔的法哲学出发，得出这样一种见解：要获得理解人类历史发展过程的锁钥，不应当到被黑格尔描绘成'大厦之顶'的国家中去寻找，而应当到黑格尔所那样蔑视的'市民社会'中去寻找。但关于市民社会的科学，也就是政治经济学。"① 最后这句话使人想起马克思的那句名言——"对市民社会的解剖应该到政治经济学中去寻求"。② 马克思一生大部分时间所从事的政治经济学研究，实际上都是在解剖市民社会。市民社会的理论在马克思的学说中具有极其重要的地位，它甚至构成了马克思全部学说的理论基石和逻辑起点。

正因为如此，探讨这一理论，就成了理解马克思全部学说不可缺少的环节。然而，作为"舶来品"的市民社会概念并不容易理解。对国内学者来说，它的悠久历史以及中文表达上的局限使其具有复杂性特征。18 世纪以前的西方学者，是在古典意义上来使用这一概念的，市民社会特指人类的文明状态，它与自然状态或野蛮状态相对应。这显然与今天所理解的市民社会相去甚远。

黑格尔第一次在与政治国家相对应的意义上来使用这一概念，他把市民社会与政治国家相区别，认为市民社会是个人私利的战场，它代表特殊性，而政治国家则是公共利益的领域，它代表普遍性。马克思扬弃

---

① 《马克思恩格斯全集》第 16 卷，人民出版社 1964 年版，第 409 页。

② 《马克思恩格斯文集》第 2 卷，人民出版社 2009 年版，第 591 页。

黑格尔这一术语，除了在与黑格尔相同的意义上使用这一概念之外，在其后期的使用过程中，马克思还赋予它新的含义。这也使得学术界对它的理解出现了分歧。

在众多不同的解释中，比较典型的有两种：一种认为，马克思的市民社会是指资产阶级社会；另一种认为，马克思的市民社会是指“经济基础”或“生产关系”。持后一种观点的学者又可以分为两派：一派认为，市民社会是马克思早期从黑格尔那里借用的一个不科学的概念，在其后期成熟的著作中，马克思已弃之不用，而以“经济基础”“经济结构”或“生产关系”等科学概念来代替；另一派则认为，市民社会在马克思那里自始至终就是指“经济基础”或“生产关系”。

这些不同的解释固然都能找到某些证据而获得支持，但仔细分析不难发现，这种支持的强度非常有限。最典型的莫过于所谓早期使用、晚期不使用而以“经济基础”或“生产关系”等来代替的说法。这一说法之所以存在困难，是因为我们在马克思的文本中可以找到很多否定性的例证。例如，前面所引那句话——“对市民社会的解剖应该到政治经济学中去寻求”，是马克思在1859年说的。1871年他又说：“以其无处不在的复杂的军事、官僚、宗教和司法机构像蟒蛇似的把活生生的市民社会从四面八方缠绕起来（网罗起来）的中央集权国家机器，最初是在专制君主制时代创造出来的”。① 马克思去世之后，恩格斯在1886年所写的《路德维希·费尔巴哈和德国古典哲学的终结》一书中，多次使用“市民社会”这一概念，并提出了以下著名论断：“国家、政治制度是从属的东西，而市民社会、经济关系的领域是决定性的因素。从传统的观点看来（这种观点也是黑格尔所尊崇的），国家是决定的因素，市民社会是被国家决定的因素。”② 这些带有“市民社会”概念的句子，并非马克思、恩格斯早期“不成熟”的用语，恰恰相反，它们都出现在马克

① 《马克思恩格斯文集》第3卷，人民出版社2009年版，第191页。

② 《马克思恩格斯文集》第4卷，人民出版社2009年版，第306页。

思、恩格斯中期和晚期的成熟著作中。

既然马克思在其晚期著作中并没有放弃使用“市民社会”这一概念，那么，所谓以“经济结构”等概念取代“市民社会”概念的说法，自然也就不能成立。但马克思的“市民社会”是不是一开始就等同于“经济基础”或“生产关系”呢？即马克思是不是自始至终都把市民社会仅仅归结为经济基础或生产关系呢？

回答是否定的。马克思确实在很多场合在“生产关系的总和”或“社会的经济结构”等意义上使用“市民社会”这一概念，但这并不表明它们就是同一个概念。马克思这样使用仅仅是因为它们之间存在着某种逻辑上的关联。对这种逻辑上的关联马克思曾作过这样的表述：“我的研究得出这样一个结果：法的关系正像国家的形式一样，既不能从它们本身来理解，也不能从所谓人类精神的一般发展来理解，相反，它们根源于物质的生活关系，这种物质的生活关系的总和，黑格尔按照18世纪的英国人和法国人的先例，概括为‘市民社会’，而对市民社会的解剖应该到政治经济学中去寻求……我所得到的，并且一经得到就用于指导我的研究工作的总的结果，可以简要地表述如下：人们在自己生活的社会生产中发生一定的、必然的、不以他们的意志为转移的关系，即同他们的物质生产力的一定发展阶段相适合的生产关系。这些生产关系的总和构成社会的经济结构，即有法律的和政治的上层建筑竖立其上并有一定的社会意识形式与之相适应的现实基础。物质生活的生产方式制约着整个社会生活、政治生活和精神生活的过程。”①

市民社会作为与政治国家相对应的领域，它所代表的是特殊的私人利益。私人利益关系的核心无非是由物质生产关系的总和即社会的经济基础所决定的物质利益关系。于是，生产关系的总和或社会的经济基础便构成了市民社会的实质性内容。在实质性意义上来使用市民社会概念，既抓住了问题的关键，又获得了某种修辞效果，是十分常见的行文技巧，

① 《马克思恩格斯文集》第2卷，人民出版社2009年版，第591页。

并不能构成市民社会与经济基础完全等同的逻辑依据。事实上，二者之间存在着区别，在马克思的著作中并非没有体现。马克思在很多场合明确指出市民社会包括社会组织、社会制度、私人生活等。他说，“市民社会这一名称始终标志着直接从生产和交往中发展起来的社会组织”①；在生产、分配、交换和消费发展的一定阶段后，“就会有相应的社会制度形式、相应的家庭、等级或阶级组织，一句话，就会有相应的市民社会”。② 马克思并没有把市民社会仅仅归结为经济基础或生产关系，在他的思想中，二者之间泾渭分明。

至于市民社会就是指资产阶级社会，这一说法同样是不确切的。有学者认为，中译本的“市民社会”和“资产阶级社会”在马克思的德文原著中是同一个词，都是“Bürgerliche Gesellschaft”，同时，在马克思亲自校订的英文译本中，“Bürgerliche Gesellschaft”一词也常常被译为“Bourgeois Society”（即“资产阶级社会”），由此得出市民社会就是资产阶级社会这一结论是不充分的。因为在马克思的文本中，我们还可以找到一些相反的证据来否证这一结论。例如，马克思用英文发表的著作《法兰西内战》，分别使用了“Civil Society”（市民社会）和“Bourgeois Society”（资产阶级社会）两种表述来表达德文中的“Bürgerliche Gesellschaft”这一概念。在马克思《资本论》的英文版中，也出现了“Civil Society”和“Bourgeois Society”两种表达。马克思除了在特定的“资产阶级社会”意义上使用 Bürgerliche Gesellschaft 这一概念之外，还在一般的“市民社会”意义上使用它。这表明在马克思的思想中，并没有把“市民社会”与“资产阶级社会”完全等同起来。

把“市民社会”与“资产阶级社会”完全等同起来的理解方式，还有一个无法克服的困难，这就是逻辑上的不一致性。因为以这种理解方式为前提，必然得出这样的结论：市民社会只存在于资本主义社会，其

① 《马克思恩格斯文集》第 1 卷，人民出版社 2009 年版，第 583 页。

② 《马克思恩格斯文集》第 10 卷，人民出版社 2009 年版，第 43 页。

他社会都是不存在的。这一结论明显违背马克思的原意。马克思在其一生的著作中，曾多次使用“市民社会”概念来指称前资本主义的中世纪，只不过在前面加上了一些修饰语，形成诸如“旧的市民社会”“中世纪的市民社会”“先前的市民社会”等。马克思曾说过：“旧的市民社会直接具有政治性质，就是说，市民生活的要素，例如，财产、家庭、劳动方式，已经以领主权、等级和同业公会的形式上升为国家生活的要素。”①

在马克思的著作中，尽管市民社会与资产阶级社会采取了相同的表达形式，但它们不是两个相同的概念，它们所指称的对象是有区别的。市民社会固然包含了资产阶级社会但不单指资产阶级社会，它还包括了非资产阶级社会。因为市民社会这一概念是与政治国家相对应的，市民社会与政治国家之间是相互对立又相互依存的矛盾关系，它们中任何方的存在都要以对方的存在为前提。于是，合乎逻辑的结论就摆在了我们面前：只要有政治国家存在，就必然有一个与之对应的市民社会存在。这个市民社会当然不一定就是资产阶级社会，它还可以是别的社会，如封建社会等前资本主义社会。马克思的“旧的市民社会”“中世纪的市民社会”等概念指的就是这样的社会。

既然马克思并不把市民社会完全等同于资产阶级社会，又为什么经常在资产阶级社会的意义上使用“市民社会”概念呢？因为资本主义社会是市民社会的典型形式，它完整而全面地反映了市民社会的本质，市民社会的特征在资本主义条件下得到了最为充分的暴露。正是在这个意义上，马克思指出，真正的市民社会是随同资产阶级发展起来的。理解市民社会，在很大程度上也就是理解资本主义社会。

那么，资本主义社会之于其他社会，在本质上有何不同呢？在马克思看来，其不同主要体现在市民社会与政治国家之间的关系上，具体来说，就是体现在二者的“分”与“合”的关系上。在前资本主义的中世纪，市民社会还没有从政治国家中分离出来，还是作为“内部二重因

① 《马克思恩格斯文集》第1卷，人民出版社2009年版，第44页。

素”以胚胎的形式包含在政治国家这个“母腹”之中。市民社会与政治国家是重叠的，它们之间没有明确的边界，私人领域与公共领域合而为一。整个社会生活高度政治化，政治权力的影响无所不及，一切私人领域都具有政治性质。因此，中世纪精神可以给出如下表述：市民社会的等级和政治社会的等级是同一的，因为市民社会的有机原则就是国家的原则。市民等级和政治等级同一就是市民社会和政治社会同一的表现。

随着资本主义的来临，市民社会与政治国家的这种“同一”被打破——它们由“合”发展为“分”。资本主义市场经济的发展，内在要求私人的物质生活摆脱政府的家长式干预，成为在政治领域之外的纯经济活动。社会利益体系就分化为私人利益与公共利益两大部分，整个社会分裂为市民社会和政治社会两个领域。作为这一分裂的结果，社会中的每个成员因其活动所属领域的不同而具有了双重身份——市民社会的成员与政治国家中的成员。双重身份必然导致双重生活。马克思这样写道：“在政治国家真正形成的地方，人不仅在思想中，在意识中，而且在现实中，在生活中，都过着双重的生活——天国的生活和尘世的生活。前一种是政治共同体中的生活，在这个共同体中，人把自己看做社会存在物；后一种是市民社会中的生活，在这个社会中，人作为私人进行活动，把他人看做工具，把自己也降为工具，并成为异己力量的玩物。”①

市民社会与政治国家之间的这种二元分裂以及由此所导致的人的异化，正是资本主义区别于以往历史时代的典型标志。只有到了资本主义时代，市民社会从政治国家的淹没中浮现出来，其深层的本质才得以充分暴露。以此为前提，市民社会概念也获得了新的内涵，它作为逻辑范畴与历史范畴的双重身份开始变得清晰。作为一个逻辑范畴，市民社会是对私人活动领域的抽象，它与对公共活动领域之抽象的政治国家形成对立面，二者构成相互矛盾的统一体，在这个统一体中，起决定作用的不是政治国家而是市民社会；作为一个历史范畴，市民社会表征的是

---

① 《马克思恩格斯文集》第1卷，人民出版社2009年版，第30页。

人类历史发展过程中的特定时期，它与政治国家一样，是社会历史发展到某一阶段的产物，它将随着政治国家的消亡而消亡，也将与政治国家在新的基础上再度合而为一。虽然市民社会的实际运行能够促进财富的增长和生产力发展，但现存的财富积累却难以用来化解和防控贫困和非正义等问题，贫困阶级的不断增加和整个生产链条的瘫痪，必然致使市民社会走向自我消亡，从而求助于国家和政府的力量予以强制性调和。市民社会与政治国家之间的这种“合—分—合”的发展模式，借用黑格尔的说法，正是一个否定之否定的过程，它从时间的维度展示了市民社会的辩证法。

（二）人类解放：超越市民社会的独特主题

市民社会的辩证法决定了市民社会被克服与被超越的逻辑必然性。以这种逻辑必然性为前提，马克思展开了进一步的追问：超越市民社会，人类向何处去？这一包含“终极关怀”的历史观问题，如此牢固地抓住马克思的理论神经，以至于他的一生都在为这个“苦恼的”问题孜孜以求地探索。通过探索形成了马克思哲学中不同于以往哲学的独特主题——人类解放。对整个人类历史的发展趋势而言，人类解放意味着新的人类社会的诞生，人类社会史前时期的结束及其向世界历史的转变，表现为从现存的市民社会向未来人类社会的转变。马克思从市民社会向人类社会视角的转变，不仅体现了对社会现实运行状况认识的深化，在深层次上彰显了人的存在和发展观念的跃升，从人类社会的语境探索现实的人的具体生产和生活过程。

马克思的哲学变革，从改变世界的意义上可以理解为通过消灭哲学而实现哲学，马克思哲学中不同于以往哲学的独特主题——人类解放，就是实现哲学的现实途径。在这个过程中，哲学要成为资产阶级社会所产生的被压迫阶级即无产阶级的头脑，无产阶级也把哲学视为自己的精神武器。“无产阶级宣告迄今为止的世界制度的解体，只不过是揭示自己本身的存在的秘密，因为它就是这个世界制度的实际解体。”① 作为无产阶级来说，不能不消灭自身，这同时意味着也不能不消灭制约着它而使它成为无产阶级的那个对立面——私有制。马克思的哲学与无产阶级的命运是如此的统一，以致“哲学不消灭无产阶级，就不能成为现实；无产阶级不把哲学变成现实，就不可能消灭自身。”② 马克思哲学的命运与无产阶级的命运高度统一，要想实现对旧哲学思维方式的革命，就不能以外在革命的简单方式斩断哲学继续发展的可能，而要依靠无产阶级的劳动活动力量推动哲学的内在变革；只有以符合无产阶级解放需要的劳动方式来克服异化劳动，才能获取无差别的人类劳动过程并趋近全人类的解放。

在马克思构建人类解放思想的逻辑过程中，人类解放并不是马克思哲学中关于解放问题出现的“第一”范畴，而是由逻辑在先的“政治解放”所推演出的范畴，在此确定的范畴基础上开启一条从哲学革命到政治革命以消解人的“政治异化”、从市民社会生产的内在批判到实现人的解放的思想历程。从神学话语统领一切的中世纪到资本主义早期，市民社会与政治国家从融化状态到分离状态，是在历史的自觉中形成的，是资产阶级政治革命与科技革命在互动中前进的结果。而资产阶级政治革命就其实质而言，就是政治解放。

政治革命与政治解放之所以是同一个过程，是因为政治革命打碎了中世纪封建专制制度套在人们头上的政治枷锁。在前资本主义的中世纪，市民社会与政治国家浑然一体，国家从市民社会中夺走了全部权力，整个社会生活高度政治化。在中世纪的市民社会里，一切私人领域都具有政治性质，市民社会的等级与政治意义上的等级是同一的，市民社会各等级的存在与活动也就是国家的存在与活动。在这种专制制度的统治下，

① 《马克思恩格斯文集》第1卷，人民出版社2009年版，第17页。
② 《马克思恩格斯文集》第1卷，人民出版社2009年版，第18页。

只要君主制的原则天经地义，就会忽视、轻视人的存在，使人不成其为人。马克思得出结论，中世纪的原则不是现代政治的原则，而是自然的原则。资产阶级的政治革命必然要摧毁一切等级、公会、行帮和特权，并打倒专制权力，把国家事务提升为人民事务，把政治国家确定为真实的国家，政治革命也就消灭了市民社会的政治性质。对市民社会的政治性质的演化逻辑，马克思既未从市民社会本身的发展过程进行解释，也未站在人类历史整体运动的一般性原则予以阐述，而是从人的具体生产劳动结成的社会交往中发掘消除政治国家强权的力量。市民社会的政治性质被“消灭”，不是指政治国家从此消失，而是指政治国家从市民社会中撤出，上升为“普遍事务”，市民社会从此成为独立的领域而不再受政治国家的“家长”式干预。正是在这个意义上，资产阶级的政治革命与政治解放取得了同义。

政治解放的意义是毋庸置疑的。政治解放首先使国家摆脱了宗教统治的精神枷锁，宗教不再是国家公权力量和国家精神，国家不再维护任何宗教，而只维护国家本身。国家对宗教的这种疏远，使宗教信仰成为个人的私事，从而完成了宗教从国家向市民社会的转移。其次，政治解放推翻了封建专制统治，使民主和法制正式登上了历史舞台并成为国家制度。封建贵族的世袭制以及各种人身依附关系被解除，封建等级制转变为代议民主制，市民社会的成员有了选举权并在政治生活中享有平等地位，人权和公民权也由此得到了法律的保障。政治解放把人变成利己、独立的市民社会成员，把人变成市民社会公民。政治解放对人类文明的进步是一个重大的跃迁，具有深远的历史意义。

但是，政治解放的意义不能任意夸大，它作为人类解放进程中的一个驿站，其历史局限性不可避免。马克思强调政治解放是社会的一大进步，同时又清醒地认识到政治解放并不是完全没有矛盾的解放。他告诫人们政治解放是有限度的，不要在政治解放面前欺骗自己。在《论犹太人问题》一文中，马克思以市民社会与政治国家的分离为背景，以北美洲为范例，针对鲍威尔关于犹太人问题所发表的看法，分析了政治解放的局限性。

政治解放只是国家摆脱了宗教的桎梏，完成了政教分离。国家从宗教中解放出来，宗教却依然存在——虽然不是作为特权宗教存在。如在政治解放已经完成的国家，宗教不仅存在，而且表现出生命力和力量，这表明宗教的存在和国家的完备并不矛盾。摆脱了宗教的政治解放，并非真正地摆脱了宗教，只是把宗教从公法范围转移到私法范围。作为私人领域的市民社会成为宗教的“最后的避难所”，市民社会的成员依然深受宗教的影响和控制。他们不仅不能从宗教统治中解放出来，还拥有了宗教信仰的自由。摆脱了宗教的政治解放，不是彻头彻尾、没有矛盾地摆脱了宗教的解放，因为政治解放不是彻头彻尾、没有矛盾的人的解放方式。

政治解放在宗教问题上的局限性被归结为在人的解放问题上的局限性。完成了政治解放的国家，市民社会的成员在“世俗”领域的生活又是怎样的呢？马克思摆脱以往思想家在抽象的意义上理解“人”的传统，把人看成是活生生的感性具体的人，并通过对资本主义条件下工人的现实状况的实际考察，发现了相互关联的两个事实：第一，在经过了政治解放的“洗礼”之后，穿上了“平等”外衣的公民，他们的“尘世”生活具有不平等性；第二，他们作为人，与人之为人的本质是如何地相去甚远——他们成了“异化”的人。马克思写道：“正如基督徒在天国是平等的，而在尘世则不平等一样，人民的单个成员在他们的政治世界的天国是平等的，而在社会的尘世存在中却不平等。”① 这段话在下述的意义上是不言而喻的：相对于政治生活中的“平等”，社会生活中的“不平等”更具有实质性意义，因为政治国家是脱离市民社会的抽象存在和虚幻生活，人在政治国家中的平等只是抽象的、虚幻的平等，而在市民社会中的不平等却是实实在在的不平等。政治解放的实际结果，

① 《马克思恩格斯全集》第3卷，人民出版社2002年版，第100页。

就是以表面上的平等掩盖了事实上的不平等。

这种表里不一的“二元结构”，集中暴露了政治解放的不彻底性。正是这种不彻底性，决定了政治解放本身还不是人类解放。因为“人类解放”必定是植根于人的本质之规定的深层解放，它是彻底的，又是普遍的。资产阶级的政治解放打着人权、自由、平等的旗帜，似乎触到了人的本质之规定，却未能实现其普遍性和彻底性。因为通过政治解放所获得的人权，只不过是脱离了人的本质和共同体的利己主义的人的权利。例如，作为孤立、封闭于自身的自由的这一人权，就是私有财产这一人权的实际应用；平等这一人权无非是这种自由的平等人权，它意味着每个人都同样被视为孤独的个体。任何所谓的人权都没有超出利己主义，没有超出作为封闭于自身、私人利益、私人任性并脱离社会整体的个人的权利。以确立所谓人权为标志的政治解放，并没有如资产阶级所标榜的那样，把自由和平等撒向人间，为全体人民所占有。恰恰相反，它们成了少数人的专利。对大多数无产者来说，市民社会实现的普遍人权只是形式上的，它实质上所建立的是更加强大的压迫性和奴役性结构，即“生产—生活”结构。这种结构造成了无产阶级在现实中的极端不自由和不平等，造成了市民社会中人的本质的严重异化，无产阶级正是这种异化的最全面的体现者——他们具有诞生于市民社会之中又处于市民社会之外的双重本性。无产阶级一方面表现为市民社会的成员，另一方面又被剥夺了作为市民社会成员资格的权利。这种“一分为二”的矛盾结构，从空间的维度再一次体现了市民社会的辩证法。

于是，市民社会的辩证法便具有了双重维度——时间的维度与空间的维度。双重维度必有双重意义。如果说市民社会在时间维度上的辩证法预示了市民社会被克服与被超越的必然趋势，那么，其空间维度上的辩证法便揭示了这一趋势的内在根据。这种内在根据（内在矛盾）在政治解放完成之后并没有随之消失，反而以更加极端的形式表现出来，所以马克思得出结论：政治解放“不是一般人的解放的最后形式”，历史还远未终结，克服市民社会与超越政治解放是合乎规律的“自然历史过程”，是历史之链上不可跨越的逻辑环节，这个逻辑环节的哲学表达，马克思称之为“人类解放”。

人类解放作为对政治解放的扬弃和超越，它不再局限于某个阶级或某个层面，也不再满足于“抽象词句”的理论构造，而是以“现实的个人”为出发点，它承认政治解放作为人的解放的重要历史环节，从人类自身发展的大历史观发掘摆脱“人的依赖关系”，以无产阶级为物质力量，以“每个人的自由发展”为前提条件，以“一切人的自由发展”为终极指向的现实的自我解放运动。通过这种运动使人彻底摆脱被蔑视、被侮辱和被奴役的一切关系，把属人的世界和属人的关系还给人自身。马克思写道：“只有当现实的个人把抽象的公民复归于自身，并且作为个人，在自己的经验生活、自己的个体劳动、自己的个体关系中间，成为类存在物的时候，只有当人认识到自身‘固有的力量’是社会力量，并把这种力量组织起来因而不再把社会力量以政治力量的形式同自身分离的时候，只有到了那个时候，人的解放才能完成。”① 马克思人类解放思想的实质，就是“以人为本”，就是把人从“非人”的状态或“异化”的状态中拯救出来，扬弃人的片面性，实现人的全面发展，从而在完成了的人道主义的意义上实现人性的复归。

马克思的人类解放理论之所以是独特的，其原因在于：

第一，马克思所理解的“人”，不是黑格尔式的“抽象的精神的人”，也不是费尔巴哈式的“抽象的自然的人”，而是生活在社会关系中、可以通过经验观察到的活生生的“现实的个人”。在唯物史观和辩证法的理论基础上，马克思深刻辨别并占据了“人类历史的制高点”，透彻揭示资本主义生产阶段制度框架和价值增殖的虚伪性，从一开始马克思对人的认识就紧紧抓住人的现实性，旨在超越作为市民社会的成员的个人及私人利益，从人所处的社会关系维度认识人，进而推动人类整

① 《马克思恩格斯文集》第 1 卷，人民出版社 2009 年版，第 46 页。

体从资本主义生产框架下的异化的个体拥有自身本质力量的劳动者的前进。以“现实的个人”为出发点，解放就不再是悬浮于空中的“类人”的观念解放，而是植根于个人实际生活的现实运动。以“现实运动”来诠释人类解放，就使得马克思的历史观获得了坚实的唯物论基础，从而与唯心史观区分开来。

第二，马克思的人类解放思想内在地蕴含着对空想社会主义的拒斥。空想社会主义者并不是企图解放某一个阶级，而是把全人类的解放看成极易完成的事。马克思则认为，人类解放首先是无产阶级的解放，无产阶级的解放是实现“全人类”解放的直接前提。无产阶级社会地位的显明与对市民社会的超越，使得马克思认识到实现无产阶级的解放所必须要进行的生产方式变革与具备的现实物质力量，以及无产阶级作为改造异化关系和制度根源的先进物质生产力已经萌芽的现实。因此，在《〈黑格尔法哲学批判〉导言》中，马克思明确地把克服市民社会、实现人类解放的使命赋予无产阶级。在马克思看来，德国解放的实际可能性“就在于形成一个被戴上彻底的锁链的阶级……在于形成一个若不从其他一切社会领域解放出来从而解放其他一切社会领域就不能解放自己的领域，总之，形成这样一个领域，它表明人的完全丧失，并因而只有通过人的完全回复才能回复自己本身。社会解体的这个结果，就是无产阶级这个特殊等级。”①

第三，马克思的人类解放思想彻底扬弃了唯心史观的“虚假人道”，解决了人类历史上长期存在的“每个人”与“一切人”之间的矛盾即“个体”与“类”之间的矛盾，使得“以人为本”的思想真正落到实处。以往的思想家从抽象的人道主义出发，把人的发展之归宿点放在“类”上，鼓吹“一切人的发展是个人发展的前提”。这就颠倒了“个体”与“类”之间的关系，把最真实的个人变成了最不真实的幽灵。“类”的生存与发展常常要以“个体”大众的悲惨和不幸为代价，一部分人的发展

---

① 《马克思恩格斯文集》第1卷，人民出版社2009年版，第16~17页。

要以牺牲另一部分人的发展为条件。马克思颠覆了这种关系，他指出："代替那存在着阶级和阶级对立的资产阶级旧社会的，将是这样一个联合体，在那里，每个人的自由发展是一切人的自由发展的条件。"① 马克思的致思重心是"每个人的自由发展"。以"每个人的自由发展"作为衡量"一切人的自由发展"的前提和条件，不仅真正体现了"以人为本"的价值理想，而且正确地把握了二者之间的逻辑关系。因为"每个人的自由发展"与"一切人的自由发展"之间在逻辑上是必要条件的关系。只有具备了"每个人的自由发展"的前提，才会有"一切人的自由发展"的结果。但反过来却不一定成立。因为"一切人"所构成"类"（即"人类"）作为集合概念，与构成这个集合体的"个体"之间是排斥关系而不是属种关系，这就决定了"人类"这个集合体所具有的属性并非必然地为其中的每个成员所具有。即便整个"人类"在某种程度上能够"自由发展"，也不等于其中的"每个人"都能"自由发展"。马克思对旧哲学在人类解放论题上的基本立场和思维方式的颠覆，得益于历史唯物主义与唯物辩证法。他结合市民社会的现实的生产过程找到了在政治经济学领域寻求批判的"解剖刀"和解放的"助推器"，通过唯物辩证法的科学运用揭示出资本主义主导下市民社会的历史局限，以及从制度变革的历史继承性与跨越性的辩证统一中廓清人类解放的基本方向。马克思的倒转堵死了这一漏洞，把原先悬浮空中的"一切人的自由发展"建立在"每个人的自由发展"的坚实基础之上，达到了对立面的高度统一。这种统一所形成的共同体，不再是以阶级成员的身份参加的"虚假的共同体"，而是以个人身份参加的"真正的共同体"即"自由人联合体"。在这样的共同体中，个人的发展不仅不以牺牲他人的发展为前提，反而为他人的发展创造条件。这种高度和谐的共同体，是对"一切人反对一切人的战场"的市民社会的扬弃和超越。

"每个人的自由发展是一切人的自由发展的条件"这一高度浓缩的

① 《马克思恩格斯文集》第 2 卷，人民出版社 2009 年版，第 53 页。

命题，鲜明表达了马克思“以人为本”思想的区别性特征，准确揭示了马克思人类解放思想的全部内涵。因此，若要给“人类解放的学说”寻找替代的说法，则“关于人的自由而全面发展的学说”是现存的答案，因为人的解放与人的自由而全面的发展本来就是可以相互替代的同义语。正是在这个意义上，我们发现，马克思的人类解放理论作为其整个学说之“硬核”，还存在一个与之对应的“保护带”，这就是社会形态理论，具体来说就是三形态理论。社会发展的三大形态即人的依赖性社会、物的依赖性社会以及个人全面发展的社会，正是基于人的自由与发展状况从而也是基于人的解放程度来划分的。三大形态与人的解放之间的这种逻辑关联性表明：人类解放理论不是一个自足的封闭体系，它的独特的理论视野决定了它是开放的，决定了它需要有别的理论来“补充营养”和支持，社会形态理论特别是三形态理论就是如此。它从时间的角度揭示了人类解放的阶段性特征及其形式外观，成为人类解放理论不可或缺的有机组成部分。因此，对人类解放问题的探讨最终不得不落实到对社会形态问题的探讨。

（三）三大形态：反观人类解放的普照之光

人类解放的进程不可能是笔直的“线性”过程。作为辩证发展的形式之一，它必然存在着曲折或飞跃。政治解放与人类解放就是这样的两次飞跃。飞跃即否定，两次飞跃即“两次否定”。这似乎又应验了黑格尔的名言——一切巨大的世界历史事变和人物，可以说都出现两次。这话是否确切姑且不论，但它给我们启示：政治解放与人类解放，作为统摄了全部人类历史的两次“事变”，其意义绝不只在“解放”本身。“解放”仅仅是质的规定，在这个规定之外还存在着量的约束。因此，“两次”的意义不容忽视。“两次否定”所造成的两次断裂，必然使得全部历史被逻辑地切分成“三个阶段”：前资本主义、资本主义和共产主义。

这意味着人类解放理论同时还兼有社会形态的意义。

但问题在于“三个阶段”是否就是马克思在《1857—1858年经济学手稿》中提出的社会发展的“三大形态”呢？这虽然是一个被重复了多次的老问题。如果答案是肯定的，那么人类解放理论与三大形态理论就在某种程度上实现了“视域融合”，它们作为一个问题的两个方面便具有了内容和形式的关系——人类解放理论是其内容，三大形态理论是其形式。这种辩证统一所形成的新视角，无疑有助于全面理解马克思人类解放理论与社会形态理论并廓清某些引起争论的问题。

学术界对这个问题的理解明显地倾向于肯定性回答，但这并不表明这个问题已得到最终的解决。事实上，还有相当一部分学者持不同的观点。他们认为，“前资本主义”不是马克思著作中的原始概念，以此作为三大形态的指称之一是不科学的。基于这样的理解，他们对三大形态的解读就有了各式各样的答案，这些答案的共同点，就是把第一、第二两大形态的分界点确定在封建社会以前。例如，有学者认为第一大形态只包括亚细亚社会，不包括古代社会和封建社会，古代社会和封建社会以及资本主义社会属于第二大形态。还有学者认为第一大形态只包括“原生”的社会形态即原始社会，至于“亚细亚的、古代的、封建的和现代资本主义的”这些“次生”的社会形态，统统属于第二大形态。这些观点究竟符不符合马克思的原意呢？

让我们再一次重温马克思著名的论述：“人的依赖关系（起初完全是自然发生的），是最初的社会形式，在这种形式下，人的生产能力只是在狭小的范围内和孤立的地点上发展着。以物的依赖性为基础的人的独立性，是第二大形式，在这种形式下，才形成普遍的社会物质变换、全面的关系、多方面的需要以及全面的能力的体系。建立在个人全面发展和他们共同的、社会的生产能力成为从属于他们的社会财富这一基础上的自由个性，是第三个阶段。第二个阶段为第三个阶段创造条件。”①

① 《马克思恩格斯文集》第8卷，人民出版社2009年版，第52页。

马克思在这里仅仅阐述了三大形态的内涵而没有指出其外延，即没有指出每个形态具体指称哪些历史阶段。正是这一点决定了“三大形态”与前资本主义、资本主义和共产主义“三个阶段”之间是否具有同一性成为一个问题，也正是这一点决定了解决这个问题的途径除了进一步明确三大形态的指称（外延）之外别无他途。于是，问题到此发生了转化：解决“三大形态”与“三个阶段”的关系问题，归结为解决“三大形态”的指称问题，也就是外延问题。

指称问题是一个逻辑学问题。根据逻辑学原理，外延（指称）由内涵所决定，外延与内涵不可分割地联系在一起，明确外延的过程就是理解内涵的过程。三大形态的外延或指称可以通过对其内涵的深度分析而逻辑地显示出来。

当然，这里需要借助有关的背景材料。对三形态理论来说，最直接的背景材料莫过于马克思的《1857—1858 年经济学手稿》。这部手稿中的部分章节特别是标有“资本主义生产以前的各种形式”一节，对理解三大形态可以说是不可或缺的。马克思写道：“如果考察的是产生出不发达的交换、交换价值和货币的制度的那种社会关系，或者有它们的不发达程度与自身相适应的那种社会关系，那么一开始就很清楚，虽然个人之间的关系表现为较明显的人的关系，但他们只是作为具有某种规定性的个人而互相发生关系，如作为封建主和臣仆、地主和农奴等等，或作为种姓成员等等，或属于某个等级等等。在货币关系中，在发达的交换制度中（而这种表面现象使民主主义受到迷惑），人的依赖纽带、血统差别、教养差别等等事实上都被打破了，被粉碎了（一切人身纽带至少都表现为人的关系）；各个人看起来似乎独立地（这种独立一般只不过是错觉，确切些说，可叫做——在彼此关系冷漠的意义上——彼此漠不关心）自由地互相接触并在这种自由中互相交换；但是，只有在那些不考虑个人互相接触的条件即生存条件的人看来（而这些条件又不依赖于个人而存在，它们尽管由社会产生出来，却表现为似乎是自然条件，即不受个人控制的条件)，各个人才显得是这样的。在前一场合表现为人的限制即个人受他人限制的那种规定性，在后一场合则在发达的形态上表现为物的限制即个人受不以他为转移并独立存在的关系的限制。”①

这段话以三大形态为话语体系，它的主题是比较两种“社会关系”即两种社会形态之不同。第一种是“表现为人的限制”的“不发达形态”，即“人的依赖性”这个“最初的社会形态”，这种社会形态的显著特点，就是个人之间的关系“只是作为具有某种［社会］规定性的个人而互相交往”，如封建主和臣仆、地主和农奴等；另一种则是“表现为物的限制”的“发达的形态”，即“物的依赖性”这个“第二大形态”。这种社会形态的显著特点，就是货币关系、交换制度发达起来，人的依赖纽带、血统差别、教育差别等统统被打破。

借助这些具体的历史关系的描述，三大形态的轮廓逐渐清晰起来。马克思将前资本主义的社会关系概述为“人的依赖关系”；而打破“人的依赖关系”，人类社会则进入第二大形态，这就是资本主义时代。资本主义作为“世界历史”的新纪元，与过去所有时代形成了鲜明的对照，它所呈现的是一种典型形态并在经验中可以把握。人体解剖是猴体解剖的一把钥匙，马克思正是以资本主义为参照系，发现了“资本主义生产以前的各种形式”的共性——“人的依赖关系”。这个发现具有双重的理论意义：它一方面提出了“前资本主义”这个简化的“派生性”概念，同时又把这个概念和“人的依赖关系”联系在一起。“人的依赖关系”这一“最初的社会形态”的指称正是“资本主义生产以前的各种形式”的总和，即前资本主义。

“前资本主义”概念并非随意引进的理论虚构，它的出现有着切实的文本依据——它是对马克思《1857—1858年经济学手稿》中有关内容的概括和对标题“资本主义生产以前的各种形式”的简称。否认“前资

① 《马克思恩格斯文集》第8卷，人民出版社2009年版，第57~58页。

本主义”概念的逻辑合法性，如将第一、第二两大形态的分界点确定在封建社会以前是不恰当的。

我们有理由得出以下结论：前资本主义、资本主义和共产主义“三个阶段”，与人的依赖性社会、物的依赖性社会以及个人全面发展的社会“三大形态”，在马克思那里是一致的。“三个阶段”即“三大形态”。

但问题到此并没有完结。因为上述结论明显地包含了如下的“推论”：人类解放理论不只是单纯地具有“解放”的意义，除此之外，它还具有社会形态的意义。人的依赖性社会、物的依赖性社会以及个人全面发展的社会这三大形态的依次更替，并非马克思重新构造的另一个体系，而是蕴含在解放理论之中的“逻辑后承”，是“人类解放”话语体系的另一种表达，它从时间的维度描述了人类解放进程的阶段性特征及其形式外观。作为一个问题的两方面，人类解放理论与三大形态理论达到了融合。这种融合所造成的新视野，不仅有助于我们更加深入地理解马克思人类解放理论，更重要的是为我们正确理解马克思社会形态理论点燃了一盏指路明灯。

马克思的社会形态理论不是结构单一的“线性”系统，而是层次繁多却又不够统一的“非线性”系统。马克思在不同时期对社会形态问题的探讨几乎都是从不同视角展开的，正是这一点决定了他在历史分期问题上的“多元化”取向。作为社会形态理论，马克思着重关注的是最基本的、普遍性特征。社会历史发展的各个时代，正如地球史上的各个时代一样，无法划出具体的、严格的界限。根据历史和逻辑统一的方法论来认识人类社会各个形态依次更替的过程及其规律，即作为统一整体的全人类社会进化的必然性，不能仅仅将之视为个别社会有机体历史的简单相加，也不能将之设想为每个具体社会有机体的独立发展过程，该认识是在世界历史范围内经过逻辑的概括而总结出来的，旨在反映世界历史过程的统一性和普遍性。这种逻辑概括与时代特征具有紧密的关联，因为在一定时代，总有一定所有制类型的社会有机体，作为世界性的体系，位于该时代世界历史发展的中心，它的存在和发展影响当时人类历史的全部进程。恩格斯在晚年研究东方社会落后国家过渡到社会主义的可能性时曾指出："在商品生产和单个交换以前出现的一切形式的氏族公社同未来的社会主义社会只有一个共同点，就是一定的东西即生产资料由一定的集团共同所有和共同使用。但是单单这一个共同特性并不会使较低的社会形式能够从自己本身产生出未来的社会主义社会，后者是资本主义社会的最独特的最后的产物。"①

正因为逻辑抽象与时代特征的紧密关联，在不同时期，"两形态""三形态""四形态"和"五形态"等多种不同的思想表达出现在马克思的不同著作中。差异性思想表述之间的关系是什么，马克思本人对此未有专门的论述。马克思在不同时期对社会形态问题的探讨几乎又都是从不同视角展开的，他在历史分期问题上表现出了"多元化"取向。"马克思多次提出过社会形态依次更迭的论说，每次论说的时代背景、语境、历史指向和列举的社会形态名目和更迭顺序都不相同，但有一个共同点，就是列举那些形态和更迭顺序都只是作为'大体上'讲的历史例证。"② 马克思的社会形态理论不是结构单一的"线性"系统或描绘"一般发展道路"的公式，而是层次繁多却又不够统一的"非线性"系统。它最终导致人们对马克思社会形态理解上的分歧并为此长期争论不休。其中，"三形态说"与"五形态说"之争尤为激烈。

五形态说即指人类社会的发展表现为原始社会、奴隶社会、封建社会、资本主义社会和共产主义社会（社会主义社会是它的初级阶段）等五个阶段的依次更替，它是长期以来在我国流行并被视为经典的历史分期理论。然而，20 世纪 70 年代末出版了马克思《1857—1858 年经济学

---

① 《马克思恩格斯文集》第 4 卷，人民出版社 2009 年版，第 458 页。

② 庞卓恒：《马克思社会形态理论的四次论说及历史哲学意义》，《中国社会科学》2011 年第 1 期。

手稿》中译本之后，三形态论由此“现身”，并因其适用上的普遍性和表述上的明确性而备受关注。以此为契机，人们以三形态论反观五形态论，发现了五形态论的局限性，三形态与五形态之争便从此开始。

三形态与五形态之争主要是围绕二者之间的关系问题而展开的，即三形态与五形态何者更为根本？何者更具有普遍性？二者是否可以“通约”？这些看起来仅涉及社会形态的理论问题，实际上与人类解放问题紧密联系在一起。原因在于：解放理论具有社会形态的意义，社会形态理论自然也就具有了解放的意义。明确了这一点，一条解决上述问题的大思路就摆在我们面前：必须把对社会形态问题的解决置于“人类解放”这个宏大的背景之中。这一思路的合理性还可以这样来理解：既然马克思一生的理论主题就是人类解放，马克思的学说就是关于人类解放的学说，那么，他对社会形态问题的探讨不可能脱离这个唯一的主题。马克思没有专门的社会形态理论著作，只是根据主题需要而临时论及与展开的，这个主题就是人类解放。因此，三形态与五形态何者更为根本、何者更具有普遍性的问题，应该理解为何者更具有解放的维度。于是，上述引起争论的问题就有了答案：作为人类解放理论之组成部分的三形态论更为根本，也更具有普遍性。

这个结论无疑会使我们面临下列问题：五形态论为何不具有根本性和普遍性？尽管有学者否认这样的问题——他们仍然坚持五形态论的主导作用，这个问题迫使我们思考：三形态与五形态之间究竟是什么关系？二者是否可以“通约”？不少学者已经指出：既然三形态与五形态都是对人类历史所作的逻辑划分，它们之间就必定可以“通约”。只要将三形态中的“人的依赖性”社会理解为包括原始社会、奴隶社会和封建社会在内的前资本主义社会，三形态可以展开为五形态，五形态也可以归结为三形态。

三形态与五形态之间的转换关系早就被学术界所关注，并为大多数学者所接受。但是，这种转换关系所暴露出的隐含在五形态中的逻辑问题却没有引起人们的注意。这就是：五形态在划分上存在着层次的重叠，它的五个“子项”没有处在同一个层次上，而是分属于两个层次。五形态不是一次划分的结果，而是两次划分的结果。由于“资本主义生产以前的各种形式”相对于资本主义存在着共性，使得“前资本主义”这一概念具有了和资本主义、共产主义相提并论的逻辑地位。第一次划分的结果，只能是如下的三个“子项”：前资本主义、资本主义和共产主义。在此前提下，如果以欧洲为背景继续对“前资本主义”进行划分，才会有原始社会、奴隶社会和封建社会这三个子项出现。但这已经是第二次划分，显然，五形态是把两次划分的结果重叠在一起了。从严格意义上说，五形态不是一个标准的划分，它在逻辑上缺乏层次的统一性。这正是它不具有根本性的主要原因。

“五形态说”在逻辑上的缺陷没有影响人们对它的正常理解，因为两次划分的标准是统一的，都是生产资料的所有制形式。但这一缺陷却使它付出了另外的代价——它的普适性被打了折扣。普适性与抽象性成正比，越是抽象的东西越具有普适性，反之则越没有普适性。“前资本主义”是一个抽象概念，第二次划分使它具体化为三个子项，抽象度明显降低，其普适性也就相应地变小。“所谓历史发展五阶段直线演进模式，其实只适用于西方局部地区，夸大这一模式的应用范围，是犯了西方历史中心主义的错误。”① “不少东方学者简单地把欧洲社会演进的‘五大社会形态’搬用到对东方社会历史发展进程的分析上。这种教条主义的态度表明，他们既未挣脱欧洲中心论的羁绊，也未把握马克思关于亚细亚生产方式理论的本真精神。”② 历史事实证明，将“前资本主义”展开为原始社会、奴隶社会和封建社会后所形成的“五形态”发展

① 孙承叔：《打开东方社会秘密的钥匙：亚细亚生产方式与当代社会主义》，东方出版中心 2000 年版，第 43 页。

② 俞吾金：《重新理解马克思：对马克思哲学的基础理论和当代意义的反思》，北京师范大学出版社 2005 年版，第 5 页。

图式，很少在欧洲以外的社会找到例证。“五形态”发展图式只适合欧洲社会而不适合其他社会。不能把这一模式推广到整个人类社会，它没有揭示人类社会发展的普遍规律。

“三形态说”扬弃了“五形态说”的局限性：它的关注焦点不是区分原始社会、奴隶社会和封建社会等社会状态，而是着眼于人的发展状况与解放程度并将它们抽象为一个整体。这种高层次的抽象度以及大尺度的着眼点，不仅决定了“三形态说”在普适性和根本性等重大问题上超越了“五形态说”，而且使得“三形态说”与人类解放理论不可分割地联系在一起并构成了人类解放理论的一部分。

“三形态”的发展图式不是针对某些民族和地区的局部性概括，而是洒向整个人类社会的“普照之光”。从“三形态”所折射出来的，不是社会客体的“单向度”指标，而是从作为历史主体的人的发展状况的视角对整个人类社会发展的一般规律的综合性表征。正是这种具有宏阔历史包容性的独特理论地位决定了“三形态说”在整个社会形态理论中的主导作用，决定了“三形态说”不可比拟的优越性——它的统摄力和解释力。

至此，一个必须回答并且已经回答的问题展现在面前：究竟应该在何种意义上理解马克思的社会形态理论？结论是：人类解放与三大形态作为社会进步的实质内容与主导形式，构成了社会形态的应有之义。理解马克思社会形态理论，很大程度上就是理解马克思人类解放的学说。只有从人类解放的学说中才能找到社会形态理论的意义之源与理论之根。

人类解放理论与社会形态理论作为反映社会进步实质内容的主导范式，为认识和理解社会发展和文明进步提供了科学方法论。这一科学方法论奠定在唯物史观所开辟的对人类社会历史发展规律的概括和总结的基础上的，为我们评价历史与社会进步提供了客观的历史尺度和普遍的价值尺度。社会发展是一个自然历史过程，这个过程并没有因为资本主义在世界历史中的确立而宣告结束；相反，根源于资本主义生产方式所衍生的占有方式无法通过克服自身的矛盾，为人类的进一步解放创造基础。“但资本主义生产由于自然过程的必然性，造成了对自身的否定。这是否定的否定。这种否定不是重新建立私有制，而是在资本主义时代的成就的基础上，也就是说，在协作和对土地及靠劳动本身生产的生产资料的共同占有的基础上，重新建立个人所有制。”① 在社会主义自我完善的历史定位中，以马克思主义为指导，沿着改革开放所开辟的中国特色社会主义道路继续前进，是中华民族在实践与理论的双重探索中寻求人类解放的方式，将为人类社会形态的巨大变迁创造具有世界历史意义的经验。

① 《马克思恩格斯文集》第 5 卷，人民出版社 2009 年版，第 874 页。

二

马克思人类解放理论的叙事结构及实现方式*

摘　要： 在把握马克思经典文本的基础上深入其思想的内在逻辑，揭示马克思人类解放理论的叙事结构及实现方式，是拓展马克思主义理论研究的重要思想路径。作为一种科学的社会历史理论，马克思人类解放理论宏大精深的叙事结构涵涉历史唯物主义、多向度的解放形式和共产主义运动三大部分，全面地阐述了认识人类社会的根本方法、实现人类解放的根本路径和社会形态嬗变的根本目的，彰显了人类解放理论的彻底的革命性及其与社会现实生活的紧密关系。从马克思人类解放理论叙事结构的哲学高度，反思和检审西方马克思主义、苏联模式的社会主义和中国特色社会主义道路，对人类解放理论实现方式的学术探究与实践探索，有助于拓展马克思人类解放理论的学术空间和创造性地探寻实现人类解放的具体方式。

关键词： 马克思　人类解放理论　叙事结构　实现方式

如何推进马克思人类解放理论的研究？如何解释现实社会主义运动面临的诸多矛盾？如何维持人类解放理论的理想性与具体实现方式的现

* 本文以首篇位置发表在《中国社会科学》2012 年第 8 期。

实性之间的平衡，以达到理论与实践的统一？在全球化已是“世界历史性存在”的今天，这些重大的理论问题和现实问题迫切地呈现在马克思思想研究者的面前。马克思人类解放理论体系作为科学的社会历史理论体系，有其自身的内在逻辑，有支撑其理论叙事与论证的结构框架及结构元素，可称之为“叙事结构”①。马克思人类解放理论宏大而精深的叙事结构涵涉历史唯物主义、多向度的解放形式和共产主义运动三大部分，全面地阐述了认识人类社会的根本方法、实现人类解放的根本路径和社会形态嬗变的根本目的，充分彰显了这一理论的彻底的革命性及其与社会现实生活的紧密关系，但这无疑也最容易受到其他学术思潮的挑战。马克思人类解放理论自诞生以来，就一直受到各种理论的追问、接受社会实践的检验，从某种意义上说，西方马克思主义理论延伸式的学术探讨，苏联模式和中国模式的社会主义理论与实践建设，都是在寻求人类解放理论的继续发展和创新性的实现方式。因此，无论从学术探索还是从社会实践的角度来考虑，我们都必须厘清马克思人类解放理论的叙事结构，思考其在当代所面临的学术挑战，反思人类解放诸多实现方式的优劣，才能在现实社会主义运动中不断拓展马克思人类解放理论的学术空间和创造性地开辟人类解放的具体实现方式。

① 作为一门学科建制的叙事学（narratology）是 20 世纪 60 年代中期，在结构主义及形式主义先驱的支持下西方兴起的文学理论。这一理论的广泛传播与发展给当代文学艺术作品的创作实践带来了深远的影响，使传统情节结构的研究得以与叙事学研究相结合，形成了对文学艺术作品所具有的“叙事结构”的研究。在叙事学学科领域，“叙事结构”是对创作性较强的文学艺术作品的架构方式、骨骼与脉络的分析。一个作品的“叙事结构”可以是多元的、多变的和多线索的，具有人为性和表象性特征。但本文并非借用文学理论中的叙事学方法，而是在另一种意义上使用“叙事结构”一词，即将其视为马克思人类解放的理论阐述体系与表达方式。因此，笔者力图用“叙事结构”来表征马克思人类解放理论阐述体系的整体性、连贯性和清晰性，揭示其理论自身的内在逻辑和支撑其论证过程的结构框架和结构元素。

（一）人类解放理论的叙事结构

就文本形式而言，马克思不曾将自身的学说体系化，但从实质内容上看，马克思的思想有极其严密的内在结构。文本研究作为探析马克思思想的一种基本途径与方法，是精准理解马克思学说的前提，但我们不能因此陷入文本的“迷宫”，满足于文本表层的耕犁，仅仅纠缠于细枝末节的语词考证和特定情境下的论断，更需要的是高屋建瓴的洞察能力和整体的驾驭能力，从而透过对经典文本的严密论证去把握马克思思想的内在结构和马克思学说的核心与精髓。马克思一生留下的文本纷繁复杂，论题涉及的内容相当广泛，思想探索之路也曲折多变，但是，“人类解放”却始终是其整个思想体系的核心，在其学说中占据提纲挈领的地位，甚至可将马克思的学说称为“人类解放理论”。研究马克思人类解放理论，应该深入、全面地剖析这一理论的叙事结构，即支撑起马克思人类解放理论叙事与论证的结构框架及结构元素。

从马克思思想本身及人类解放的理论性质上看，人类解放理论不是一门具有独立意义的纯粹的学问，而是建立在社会实践基础上的科学的社会历史理论。其是在 19 世纪风起云涌的世界历史趋势下，回答资本主义向何处去、无产阶级的历史使命和人类社会的历史走向等根本性时代课题的基础上生长出来的。历史唯物主义是这一理论蕴涵的世界观和方法论，政治解放、劳动解放和社会解放等多向度的解放形式，是实践这一理论的根本途径，共产主义则是这一理论的根本目的。这三者构成了马克思人类解放理论的叙事结构，而以这三者为核心的相关命题则构成了该理论的结构元素，它们之间相互渗透、相互补充，在理论上和逻辑上具有严密性、完整性与一贯性。

1. 历史唯物主义：社会现实的澄明与革命性改造

列宁曾深刻地指出，马克思特别强调“历史”的唯物主义，[①] 它表明历史唯物主义作为马克思人类解放理论叙事结构之一的关键之处在于：历史唯物主义不只是一种唯物主义的历史观，也不只是一种历史哲学，而是一种揭示出人的历史实践性存在的唯物主义哲学，一种根本的世界观和方法论。马克思、恩格斯在探究和阐述历史唯物主义时，“历史”具有比人类社会的现实历史更深层的思想意义，甚至与人的思维逻辑和社会实践结构发生了本质关联。历史唯物主义中的“历史”，强调的是“历史”作为唯物主义的理论根基和解释原则，而不是研究领域或解释对象。马克思将“历史”作为最高的范畴植入西方的唯物主义哲学传统中，摒弃了将人类社会归结为精神因素主导其发展的历史唯心主义的观念，他所阐释的“历史”是用研究经济学的历史观念和方法，旨在突出社会发展的历史是建立在物质生产的基础之上的。人类社会不再被理解为某种抽象实体，而是被把握为由历史实践规定的存在关系和存在方式。时空中的一切感性存在物绝不是始终如一的抽象实体的显现，而是历史实践的产物。从历史唯物主义的角度看，自然也是历史性的，是“人化的自然”“历史的自然”，如马克思所指出的：“在人类历史中即在人类社会的形成过程中生成的自然界，是人的现实的自然界；因此，通过工业——尽管以异化的形式——形成的自然界，是真正的、人本学的自然界。”[②] 历史是以“对象性的实践活动”来规定的，世界不过是人对象化的本质力量的展示，“对象性的实践活动”具有与理论相对的现实原初性，所以，历史成为马克思人类解放理论的原点或自明性前提，历史唯物主义就是这一理论的根本方法论，是对现实世界的澄明。

历史唯物主义对现实世界的澄明，不仅解释了世界的存在内容、存

① 参见《列宁专题文集——论辩证唯物主义和历史唯物主义》，人民出版社2009年版，第115~116页。

② 《马克思恩格斯文集》第1卷，人民出版社2009年版，第193页。

在关系和存在方式，而且作为无产阶级的科学理论和意识形态，彰显了认识世界发展的向导性以及如何改变世界的实践革命性。正是凭借历史唯物主义以现实社会存在为基本载体的方法论推动马克思从现实的社会生产、分工等领域探索政治制度与社会关系产生的根源，促使马克思对人类解放的现实性认识得到进一步深化，也使得历史唯物主义构建与人类解放相适应的内在原则得到彰显。

首先，历史唯物主义是“关于现实的人及其历史发展的科学”,① 是探索历史发展真理的方法。摒弃主观的道德诉求和价值理念，通过对作为对象化实践结构的生产方式范畴的阐述，透彻地把握复杂的社会现实，客观地描述人类的历史运动，是在人类解放理论体系的视野下展开对各种历史事件和历史现象的科学叙事的基本路径，换言之，历史唯物主义是“以自然科学的精确性去研究群众生活的社会条件以及这些条件的变更”,② 从而“把经济的社会形态的发展理解为一种自然史的过程”。③ 历史唯物主义方法推动马克思从政治经济学的视域把握资本主义社会的生产和交往活动，使他认识到资本关系在维系现代社会生产发展中的决定性作用。

其次，历史唯物主义“把伟大的认识工具给了人类，特别是给了工人阶级”,④ 是无产阶级积极改造世界的理论武器。人类通过社会实践活动改变历史、创造历史，彰显自身在历史中不断自我创造的实践本性，在整体的历史中获得自身的解放。马克思曾指出：“理论一经掌握群众，也会变成物质力量。理论只要说服人［ad hominem］，就能掌握群众；而

① 《马克思恩格斯文集》第4卷，人民出版社2009年版，第295页。

② 《列宁专题文集——论辩证唯物主义和历史唯物主义》，人民出版社2009年版，第336页。

③ 《马克思恩格斯文集》第5卷，人民出版社2009年版，第10页。

④ 《列宁专题文集——论辩证唯物主义和历史唯物主义》，人民出版社2009年版，第335页。

理论只要彻底，就能说服人［ad hominem］。”① 历史唯物主义就是最彻底的理论，也只有它才能够说服无产阶级，成为无产阶级的意识形态，确立无产阶级在历史发展过程中的主体性地位，从而阐明历史进程中主客体之间的辩证关系，揭示作为历史主体性力量的无产阶级与作为历史客体性力量的生产方式之间的相互作用。而历史唯物主义的理论和方法以无产阶级通过自身劳动实现解放的深切眷注为最高价值指向，因此，只有无产阶级才能对历史唯物主义的思想精髓产生真切的认同并在现实行动中加以运用与发展。马克思、恩格斯对历史唯物主义原理的阐释包含了对无产阶级进行社会革命的物质生产前提的确证，表明无产阶级如果没有充足的物质基础，必然走向社会革命与建构的普遍贫困化；只有在生产力发展的同时促使社会交往的建立，全世界无产阶级共同的社会主义革命阵营才有可能形成。

然而，科学理论与意识形态的双重属性使得历史唯物主义备受误解：或过分地强调主体自身的理性力量，最终陷入历史唯心主义；或被理解成机械唯物主义、庸俗唯物主义。作为支撑人类解放理论叙事结构根本方法的历史唯物主义，在对社会现实的澄明和革命改造中所凸显的科学理论与意识形态的双重性质，是其内在逻辑和张力的充分表现。通过历史唯物主义，马克思将科学的真理性与哲学的价值性统一起来，既从描述社会历史发展客观进程的角度说明无产阶级的历史地位，又从论述无产阶级历史使命的角度达到对整体社会发展的科学阐明。一方面，马克思用历史唯物主义的“科学的真理性”批驳了忽视历史发展的科学客观性、只强调社会现实的伦理特性的历史唯心主义，论证了人类社会发展的自然历史特性；另一方面，马克思运用“哲学的价值性”拒斥将历史的发展完全描述为经济运行规律或宿命论的机械唯物主义，保留了价值性是对认识与改造社会现实的规约性这一伦理原则。可见，历史唯物主

① 《马克思恩格斯文集》第1卷，人民出版社2009年版，第11页。

义作为方法论不是纯粹的社会认识工具，它还强调无产阶级对社会现实的革命改造负有价值理性责任。“科学的真理性”是历史唯物主义对世界的实然描述，而“哲学的价值性”是其对世界的应然论断。所以，无产阶级在认识与改造世界的过程中，不仅要通过对社会现实的澄明显示来审慎地预测可能的结果、谋划实现目的的手段，而且必须彻底地贯彻其追求人类解放的意志。通过对无产阶级运用历史唯物主义来通向解放路径的论证，马克思已然超越了历史唯物主义创立时回避传统哲学思辨逻辑的弊端，确立了自身独特的价值话语。历史唯物主义既是关于社会现实的知识或思想体系，同时在对人类解放进程的叙事中确立了无产阶级的绝对价值性，从而使对世界的实然描述与应然论断在整体的历史运动中达致统一，论证了人类解放的真理性与价值性的辩证统一，显示了人类解放理论叙事结构的科学理性与人文品质。

2. 多向度的解放：人类解放的路径阐述与历史转换

历史唯物主义奠定了人类解放理论叙事结构的方法论根基，使马克思能够据此解剖和分析社会历史的内在结构及发展进程，阐释资本主义物化的社会关系及现成世界的对立冲突，并在市民社会的阶级矛盾与阶级冲突中寻找人类解放的根本路径。在马克思看来，受社会历史条件的制约，人类解放并不是能够一蹴而就的历史活动，它需要经历不同层次与阶段的历史发展，通过社会分工和交往实践促进世界范围内的生产力不断扩展，并创造出多维领域中发展的新需要和新内容。人类解放将具体地内化为政治解放、社会解放和劳动解放等向度的解放形式。这些解放形式作为人类解放理论叙事结构的元素，受到马克思的充分重视。人类自我解放的能力伴随社会历史的发展而不断增强，当这种能力发展到一定历史阶段，人们就必然在政治、经济和文化等社会领域的关系中依照自身的需要与目的进行自我改造，进而证明人类解放的必然性。马克思在对社会现实的唯物史观考察中，既没有脱离政治解放、社会解放和劳动解放的时代要求，也没有囿于政治解放、社会解放和劳动解放的叙事框架，而是着眼于从多向度的解放到人类解放的路径阐述，辩证地审视多向度的解放与人类解放之间的内在张力与历史转换，从而把推进社会现实向前发展的出发点和基本思路合理地纳入人类解放的价值目标中，凭借对社会现实中的现象与本质、感性与理性等矛盾关系的分解，表达了人的现存社会关系不断解构和重建的需要，并通过政治解放、社会解放和劳动解放的具体实践路径来为人类解放的实现奠定基础、创造条件，最终达到人类解放。

对马克思来说，着眼于从多向度的解放到人类解放的路径阐述，必须对政治解放、社会解放和劳动解放的内涵与局限作出严谨客观的阐明。

在 1843 年的《论犹太人问题》一文中，马克思在批判鲍威尔的基础上，就系统地阐述了政治解放的本质与局限。政治解放是资产阶级的政治革命即市民社会革命的结果，是“同人民相异化的国家制度即统治者的权力所依据的旧社会的解体”。① 旧的市民社会是封建主义性质的社会形态，直接具有政治性质，它的生活要素以各种形式上升为国家的生活要素，并以这种形式规定了单一的个体与国家整体的关系。但是，政治革命消灭了旧的市民社会这一政治性质，展开了建立理想国家的政治解放构想，政治解放促使了封建专制制度的灭亡，使市民社会与政治国家相分离，重新确立了个体与国家的关系。马克思肯定了这一解放形式的历史意义：“政治解放当然是一大进步；尽管它不是普遍的人的解放的最后形式，但在迄今为止的世界制度内，它是人的解放的最后形式。不言而喻，我们这里指的是现实的、实际的解放。”② 同时，马克思也尖锐地指出政治解放的历史局限：尽管政治国家与市民社会相分离却无法压制自己的前提——市民社会及其要素，政治国家的建立仍然需要重新承认、恢复和服从市民社会的统治，由于市民社会的经济本质以及经济的决定性作用，导致市民社会取代了原来国家所拥有的统治地位而主宰

① 《马克思恩格斯文集》第 1 卷，人民出版社 2009 年版，第 44 页。

② 《马克思恩格斯文集》第 1 卷，人民出版社 2009 年版，第 32 页。

国家，国家被迫沦落为市民社会的附庸。因此，通过政治革命达到的解放不过是挣脱了“人的依赖关系”的历史阶段，转而进入了“以物的依赖性为基础的人的独立性”的发展阶段，实质上走向了以资本主义生产为支配力量的新的束缚。政治解放的主要内容是如何消解宗教与政治国家之间的二元对立，政治解放的实质是从国家层面保证人们获得宗教信仰自由的过程，它开辟了国家主导政治生活的全新的历史阶段。政治国家“只有同自己的生活条件发生暴力矛盾，只有宣布革命是不间断的，才能做到这一点，因此，正像战争以和平告终一样，政治剧必然要以宗教、私有财产和市民社会一切要素的恢复而告终”。① 对政治解放路径局限性的揭示必将转向对市民社会的批判，这就客观要求实现社会解放。

在资本主义性质的市民社会中，私有财产天然不可侵犯，社会生产关系采取了物的形式，人和人在劳动中的关系表现为物与物、物与人之间的关系。于是，生产关系的物化导致整个社会关系的物化。在市民社会中，人与人之间的共同活动产生了一种社会力量，这种社会力量是异己的、在人们之外的强制力量，不是人们自身的联合力量。而社会解放就是在实现政治解放的历史前提下消除这一市民社会的异化力量，这取决于对资本主义私有制的消灭。私有制的消灭，有赖于“劳动阶级在发展进程中将创造一个消除阶级和阶级对抗的联合体来代替旧的市民社会；从此再不会有原来意义的政权了。因为政权正是市民社会内部阶级对抗的正式表现”。② 资本主义政权的消亡表征公共权力失去了政治性质，也不再作为异己的社会力量制约人，但这并不代表人类解放的最终实现。因为，即便无产阶级在革命实践中夺取了政权、实行无产阶级专政，“在经济、道德和精神方面都还带着它脱胎出来的那个旧社会的痕迹”。③ 社会解放还只是客体向度的社会力量的解放形式，真正的人类解放还需

① 《马克思恩格斯文集》第 1 卷，人民出版社 2009 年版，第 33 页。

② 《马克思恩格斯文集》第 1 卷，人民出版社 2009 年版，第 655 页。

③ 《马克思恩格斯文集》第 3 卷，人民出版社 2009 年版，第 434 页。

要进一步实现主体向度的主体性解放，即立足于劳动活动来理解社会历史发展的劳动解放。

“劳动是人在外化范围之内的或者作为外化的人的自为的生成”，①劳动对人而言，不仅仅是客观中性的事实规定，而且是人的自我生成、人的个性以及人的“类本质”的价值性体现。马克思认为，劳动作为人类生活的全面的和本质的因素，本应是自由自觉的、创造性的活动，但是，在资本主义私有制条件下，甚至在无产阶级专政的情况下，由于社会生产力的限制，劳动带有异化的、强制性的消极特性。尽管马克思尚未对劳动与社会行动进行明确分工，但他对劳动创造了人本身、劳动构成人的本质的积极意义的肯定，表明劳动解放思想已经触及政治自由的问题，他力图将劳动从雇佣劳动的异化状态中解脱出来，实现对与资本主义生产方式相耦合的现代政治自由观念的批判与超越。劳动解放要求在一定的社会条件下，消灭剥削和实现劳动联合，促进社会生产力的发展，从而为个人生产力全面的、普遍的发展创造和建立充分的物质条件。“无产者，为了实现自己的个性，就应当消灭他们迄今面临的生存条件，消灭这个同时也是整个迄今为止的社会的生存条件，即消灭劳动。”②“消灭劳动”就是要消灭阻碍人的全面发展、奴役人的异化劳动。对人类解放来说，自由自觉的劳动是目的，不是手段，是个人的生命和个性特点的直接表现，是对人的本质和社会的本质的证实和实现。就此而言，劳动解放作为人类主体向度的解放及崇高价值性的体现与人类解放高度一致。

总之，在实现政治解放的历史前提下，人类解放的路径呈现出政治、经济、文化解放和劳动解放两个向度，政治、经济、文化解放侧重于从社会历史的客体向度即社会力量的角度寻求人类解放的路径，而劳动解放则具有直接的主体人文关怀意味，强调建立在个人全面发展基础上的

---

① 《马克思恩格斯文集》第 1 卷，人民出版社 2009 年版，第 205 页。

② 《马克思恩格斯文集》第 1 卷，人民出版社 2009 年版，第 573 页。

自由个性。然而，人类解放并不表明完全从一切现实的政治、经济、文化等领域的限制中挣脱出来，而仅仅意味着从资本主义特定的生产逻辑和生活世界中解放出来。辩证地审视多维度的解放形式与人类解放之间的关系，我们必须明确，在唯物史观的视域中，社会历史的发展具有客观性、规律性和阶段性，经济的社会形态以及与之相应的社会政治形态的发展，都包含了不可取消的、合乎规律的、不可超越的各个历史阶段。政治解放、社会解放和劳动解放作为实现人类解放的具体化路径，是人类从“物的依赖性”到“自由个性”的历史转换，是一种由社会现实的变迁凸显的人类自然史道路。只有经过政治、经济、文化和劳动等领域完整意义的解放，人类解放才能在充分的基础上得到真正推进，人类解放实现个人自由全面的发展目标才能得以论证，它们作为马克思人类解放思想叙事结构的元素，反映了人类解放的阶段性和层次性，并与历史唯物主义一起，将历史的科学叙事指向共产主义。

3. 共产主义运动：自由个性的物质保障与理论构想

共产主义作为马克思人类解放理论叙事结构的指向，是由历史唯物主义的双重属性（科学理论和意识形态）与多重维度的解放形式共同支撑的，这三者相互渗透、相互贯穿地架构起马克思的人类解放理论体系。作为马克思人类解放理论叙事结构的根本指向和根本目的，共产主义是一场总体性的历史转变运动，它是人在批判与革命的实践中形成的社会历史总体。总体性的历史运动不仅在生产方式和制度组织等物质形态层面将发生颠覆性的改变，而且在价值理念和心性结构等精神气质层面也将焕发出全新的面貌。马克思对共产主义这一社会和心灵全方位秩序转变运动的阐发集中凝聚在对“自由个性”的物质保障分析和理论构想之上。马克思认为，共产主义运动所要实现的“自由个性”是人类社会发展的第三大形态的表征，是人类最大的历史转变，即从纯粹自发的发展阶段转变到自觉的完善阶段，从物对人的统治阶段转变到人对物的自由支配阶段，从“必然王国”转变到“自由王国”。人的解放成为立足于人的存在及其现实实践基础之上的共产主义的内在需要。

“马克思把共产主义看作是否定社会生活所有异化和对抗形式的一个历史过程，根本没有把它同某种绝对的、更加完备的社会发展体制联系在一起。”① 而过去和现在的许多空想家的缺点恰恰就是静态地看待共产主义。马克思人类解放理论叙事结构所指向的终极目的——共产主义不是某种僵化的、死板的制度组织，而是不断变化革新的历史过程。在这个历史过程中，共产主义作为科学性的社会理想，是合目的性和合规律性的社会结构安排，在对现实的反思中促使人们不断生成一种立足历史、面向未来的思想意识；共产主义作为伦理性的道德理想，表征合乎人性的“自由个性”模式，在人的劳动实践中彰显有意识的生命存在和自由自觉的需要。其中，社会结构安排是“自由个性”模式实现的物质保障，“自由个性”模式是社会结构安排的理论构想，人与人之间的社会关系不再是自然界和社会统治阶级从外在强加形成的结构，而是人们在自由活动中所达到的预期结果。这个转变过程既具有科学真理性，又富含价值理想性；既需要客观的物质生产的飞跃，也需要主观的心性气质的革新。

在马克思看来，“自由个性”作为共产主义运动的目标，只能以高度发达的社会生产力为基础，并且这种生产力的发达不是地区和民族的现象，而是具有世界历史性的现象，否则，“就只会有贫穷、极端贫困的普遍化；而在极端贫困的情况下，必须重新开始争取必需品的斗争，全部陈腐污浊的东西又要死灰复燃”。② 资本主义是处于“必然王国”阶段的社会形态，在其社会关系中，机遇和竞争占据统治地位，大多数人与生产方式的关系是异化的关系，从事的劳动是外在目的规定性的劳动，“现实的个人”的自由联合还未能进入人类的实践视野。随着社会生产

① 〔俄〕鲍·斯拉文：《被无知侮辱的思想——马克思社会理想的当代解读》，孙凌齐译，中央编译出版社2006年版，第50页。

② 《马克思恩格斯文集》第1卷，人民出版社2009年版，第538页。

力的世界历史性发展、对资本主义私有制的彻底否定以及共产主义所有制的确立，生产力作为人类的社会力量，将不再是个人压迫、剥削和奴役他人的手段，而是成为社会的人的自身力量。“这种无情的社会劳动生产力才能构成自由人类社会的物质基础”，① 从而奠定人类社会向“自由王国”飞跃的可能性。在由“必然王国”向“自由王国”的跃升中，人类对自然规律的认识有了质的提升，逐渐意识到将自然的外在必然性转化为解放所需的内在必然性以达到真正的自由，并在自由的活动中感受到创造历史的主体性力量。马克思开始勾勒社会主义或共产主义理论，“现实的个人”的自由联合也进入人类的实践视野。因此，共产主义不仅仅是关于人类社会未来形态的具体描画，更是对现实的人实现自我发展和解放的深刻洞悉。

透过马克思对“自由个性”物质基础的分析可以发现，其根本的指向是劳动者的解放。“自由个性”物质基础的积累过程也是社会结构的转变过程与人的精神气质等内在结构的历史性生成过程。马克思认为，“必然王国”的社会形态中，个人是原子式的分散个体，个人的劳动是自发的、被迫的，个体之间的自发交往与联系所产生的社会力量对人来说是一种异己的力量并与人自身相对立。而社会生产力发展到极高程度，物质资料充分涌流，“自由时间”就会出现，在这种客观条件下，从前被异化的个体将得到解放，人存在的世界、国家和社会的异化性质将被彻底扬弃，植根于人的对象性活动中的自由本性重新被唤醒，自主的活动将成为人类生命的自由自觉的本质，人们将在全新的社会形态中转变为完整的和全面发展的人。正如马克思所言，“以物的依赖性为基础的人的独立性，是第二大形式，在这种形式下，才形成普遍的社会物质变换、全面的关系、多方面的需要以及全面的能力的体系。建立在个人全面发展和他们共同的、社会的生产能力成为从属于他们的社会财富这一

① 《马克思恩格斯文集》第 8 卷，人民出版社 2009 年版，第 469 页。

基础上的自由个性，是第三个阶段。第二个阶段为第三个阶段创造条件。"① 从"必然王国"向"自由王国"的转变过程，不仅是生产方式、制度组织的转化，更是人自身的焕然一新，是人的精神气质等内在结构的革新。在"必然王国"的国度里，由于资源的有限性、资源分配的多元性与复杂性，利己主义成为"偶然的个人"即原子式的异化的人无法克服的缺陷。他们为了自身生存和发展的利益需要，竞争成为其核心价值理念；在"自由王国"的国度里，社会发展不再仅仅受制于"自然必然性"，个人得到全面发展从而成为有"自由个性的个人"，他们是社会化的人，是以人为核心价值理念联合起来的劳动者，人类社会共同体的高度发展将促使人的需要和能力体系的不断丰富，"自由人的联合体"这一理论构想成为真正的社会现实，在共产主义社会中人的存在直接成为感性意识的对象，"偶然的个人"向着有"自由个性的个人"转化的历史过程，是一个历史事实。因此，共产主义不仅是全新的社会结构的生成，更是全新的人的历史性生成。

历史唯物主义、多向度的解放形式和共产主义是马克思人类解放理论叙事结构的核心元素，三者环环相扣，构成了马克思对人类社会历史发展的科学叙事。离开历史唯物主义的指导，就无法明确多向度解放的阶段性和层次性，对共产主义的认识也会蜕变为乌托邦式的幻想；如果不承认多向度的解放形式是人类社会的政治革命和社会革命中不可逾越的阶段，就会坠入历史唯心主义的泥潭，产生躁动冒进的平均共产主义运动；无视共产主义这一社会实践根本目的指引，关于历史唯物主义和多向度的解放形式的探索与践行就会失去科学的目标与方向，"遗失"其崇高的意义和价值。历史唯物主义的核心任务是探索在人类历史发展中起决定作用的主体力量与运作规律，在解放的哲学语境中为人类进步提供基本标尺。作为阐释人类社会历史规律的科学，历史唯物主义经历

---

① 《马克思恩格斯文集》第 8 卷，人民出版社 2009 年版，第 52 页。

了哲学革命到政治经济学研究和“历史合力论”的三重生成逻辑，最终指向无产阶级促进人类解放和实现个人自由全面发展的价值旨趣。历史唯物主义和多维度解放形式呈现了人类解放鲜明的实践意蕴，构成了共产主义理想的理论与现实基础，为共产主义社会实现人类解放的趋向提供了深层的理论合法性解释。将马克思人类解放理论叙事结构中的任何一个元素割裂和分离，都会使它丧失自身原有的性质，导致对马克思人类解放理论体系的曲解，也必定不可避免地对马克思人类解放理论的实现方式带来深刻影响。

（二）西方马克思主义实现人类解放的“实践的旨趣”

20世纪初期以来，西方社会发生了各种各样的政治和社会变革运动，社会发展呈现出急剧转型的态势，尤其是第二次世界大战之后，以法国1968年的“造反运动”为起点，西方发达工业社会进入新的发展时期，后现代主义、新社会运动、苏东社会主义国家解体、全球化浪潮、全球生态危机等一系列社会新景观接踵而至，标志着“晚期资本主义”“后工业社会”“后危机时代”的来临。面对新的社会发展现象，西方马克思主义者怀抱着实现人类解放的理想，号召“回到马克思”，要求“复兴”和“重建”真正的马克思主义，以求解释和解决新时代的社会问题。就此而言，以卢卡奇、葛兰西等人为代表的西方马克思主义者对马克思人类解放理论的研究与探讨绝不仅仅是出于学术上的兴趣，而是始终抱有并保持试图改变社会生活、实现人类解放的“实践的旨趣”。他们对马克思人类解放理论的研究与探讨，无论是肯定或是否定，支持或是诋毁，都是在思考和探索马克思所创立的人类解放理论的不同实现方式。

自卢卡奇以来，西方马克思主义始终秉持批判的品质，既批判西方发达工业社会又批判苏联社会主义模式，试图探求一条既超越西方资本主义社会又不同于现实社会主义模式的人道主义的“社会主义道路”。他们在深入地研究西方发达工业社会的特征和批判地反思苏联社会主义模式弊端的基础上，从理论上改造了马克思人类解放理论的叙事结构，从而提出了独到别样的实现方式，大致呈现出以下方式取向：从革命实践到文化政治、从无产阶级到多元主体以及从科学社会主义到现代乌托邦精神。

1. 从革命实践到文化政治

在马克思人类解放理论的叙事结构中，历史唯物主义所揭示的社会历史发展规律表明，工人阶级的革命实践运动是实现人类解放的主体力量和必要条件，工人阶级的历史使命是通过革命实践夺取资本主义政权，建立无产阶级专政，从而实现社会使命与自身解放。然而，随着全球化的发展及资本主义制度自身的改善，资本主义社会的经济危机和崩溃逻辑并没有如马克思所预言的那样骤然来临，西方发达国家的工人阶级革命实践不断遭遇失败，工人阶级的革命意识逐渐衰退，通过革命夺取政权的问题也不断向后推延。对这一社会发展现象，西方马克思主义并没有从经济全球化与资本主义经济结构特质的视角来反思与考察，而是将批判的矛头从经济基础转向上层建筑，从文化政治的角度来思考无产阶级革命的问题，卢卡奇的无产阶级意识、葛兰西的文化领导权开创了这一“先河”，其后法兰克福学派的工具理性批判、詹姆逊的文化政治学、拉克劳和墨菲的激进民主理论都是对“先河”传统的承续。

在西方马克思主义看来，资本主义制度实行的是总体性的统治，它对工人阶级的统治不仅表现在经济政治上，而且表现在价值理念、思想文化等意识形态上，甚至遍及日常生活的每一方面。因此，早期的西方马克思主义注重从文化政治和意识形态的角度为无产阶级革命与政权模式定位，认为实行无产阶级革命必须实行以意识形态革命、哲学文化革命为先导的总体性革命。在他们看来，西方发达国家不可能像俄国那样实行暴力革命、武装夺取政权，而只能采取渐进的思想文化革命、微观技术革命或社会批判斗争。后马克思主义的新的历史叙事则将传统的以革命实践、阶级斗争为主轴的对抗性社会叙事完全掩盖与抹杀，取而代之的是文化意识形态的话语革命。西方马克思主义将马克思人类解放理论的叙事结构所诉求的革命实践运动改造成为一种只是满足于对革命策略的逻辑论证、告别阶级政治的纯粹知识学问题，割裂了理论探究与现实运动的深刻关联。法国哲学家雷蒙·阿隆一针见血地指出，这是“使哲学教师资格获得者能在这种学说中同时找到一种革命憧憬的实现和一种纯属精神上的满足”。①

2. 从无产阶级主体到多元主体

虽然西方马克思主义号召“复兴”和“重建”马克思的历史唯物主义，但自卢卡奇和葛兰西开始，对历史唯物主义的“重建”却隐含了对历史唯物主义关注方向的转移。作为马克思人类解放理论叙事结构的核心方法论，历史唯物主义彰显的是对社会现实的澄明显示和革命改造，它既揭示出人类解放的过程是一个自然历史进程，又指明了无产阶级在人类解放运动中的主体性作用。然而，西方马克思主义将人类解放的方向从无产阶级的革命实践转移到文化政治斗争，使得通过无产阶级的革命运动实现政治解放、社会解放和劳动解放的多向度解放形式也就被贬低为一套空洞过时的理论说辞，这就间接地否定了无产阶级的历史主体地位和历史唯物主义的双重属性。

在卢卡奇看来，马克思把人类解放置于人的主体意识与创造之中，马克思人类解放理论的精神实质就是总体性的辩证法（历史发展中的所有问题都可归结为主体问题）。只要掌握总体性的辩证法，人们就能够洞悉社会历史过程中主客体的相互作用，确立人在历史发展进程中的主体性作用。虽然在卢卡奇的论述中“主体”依然是指无产阶级，但以内

① 〔法〕雷蒙·阿隆：《想象的马克思主义：从一个神圣家族到另一个神圣家族》，姜志辉译，上海译文出版社2009年版，第100页。

在意识的批判与构建来重塑无产阶级，其实已经暗含无产阶级的革命意识在退化的论断。在卢卡奇之后的西方马克思主义看来，由于传统的工人阶级自身实际状况的改变以及社会分化的发展，工人阶级的性质也发生了变化，他们已经不再是革命派或者革命的主体力量。随着后现代主义的兴起，在反一元论、反本质主义的历史叙事中，确定性的标准被不断地消解，意味着统一、共同的标准是不存在的，差异性、多样性标准逐渐被正当化。哈贝马斯将当代西方社会变革现存制度的主体确定为“扩大了的工人阶级”——不是传统意义上以体力劳动为主的无产阶级，而是以知识分子、中间阶层与广大学生为主的阶级。在这种理论视野中，工人阶级的主体地位被彻底解构，文化政治斗争的主体是随机的、不确定的和不断变化的多元性主体，他们不是由历史唯物主义所揭示的、受物质生产过程中压迫力量束缚的“大写”的无产阶级革命主体，而是在多样性、差异性的文化政治斗争中所崛起的“小写”的革命主体。

3. 从科学社会主义目标到现代乌托邦精神

在马克思人类解放理论的叙事结构中，共产主义的来临与人类解放的实现是社会形态嬗变的必然结果，这是历史唯物主义所揭示的社会现实，是通过多向度的解放路径得以实现的美好状态，也是马克思从历史唯物主义的理路予以证明的科学理论。它将新社会的来临奠立在社会历史发展的客观性与必然性过程之中，所以被命名为“科学社会主义”。科学社会主义是对共产主义的科学叙事，是对新的历史可能性的科学论证，并且，作为马克思人类解放理论叙事结构的根本指向，它能够引导革命并激发革命的巨大动力。革命需要未来社会目标来维系，目标也需要革命来改造社会和改造人性。“革命之所以必需，不仅是因为没有任何其他的办法能够推翻统治阶级，而且还因为推翻统治阶级的那个阶级，只有在革命中才能抛掉自己身上的一切陈旧的肮脏东西，才能胜任重建社会的工作。”①

① 《马克思恩格斯文集》第1卷，人民出版社2009年版，第543页。

西方马克思主义怀疑甚至否定马克思人类解放理论叙事结构的科学性，将人类解放的方式从革命实践转变为文化政治斗争，将人类解放的历史主体从无产阶级消解为多元主体。在他们看来，马克思的科学社会主义不应该过分强调社会主义的“科学性”，即不应该从客观规律性来论证科学社会主义实现的必然性和可能性，而应该从伦理、文化、个人心理结构等内在意识角度来阐发、谋划未来社会；科学社会主义目标是不可能实现的，我们永远只能走在通向可望而不可及的科学社会主义道路的路途上，“我们必须面对这样的可能性：走向社会主义之路是从科学到乌托邦，而不是从乌托邦到科学”。① 西方马克思主义的结论其实是实现方式取向——“从革命实践到文化政治”与“从无产阶级到多元主体”逻辑的必然结果：资本主义的“总体性的统治”、多样性的革命主体，使得对资本主义制度的压抑性反抗将是每个人的日常生活常态，是每个人碎片化的日常生活的组成部分。对多元主体的主观文化革命、日常生活中个体的反抗与解放的过分强调，致使宏观的、多向度的解放形式随之被消解于无形。于是，他们提出了替代科学社会主义的各种“现代乌托邦”学说，力图撇开科学社会主义蕴涵的科学成分而赋予其乌托邦的成分。如布洛赫的“乌托邦本体论”（认为乌托邦就是世界的本质）、马尔库塞与弗洛姆的“乌托邦终结论”（认为乌托邦是科学社会主义理论的终结）和哈贝马斯与高兹的“乌托邦替代论”（主张“交往社会的乌托邦”替代“劳动社会的乌托邦”及“后工业社会的乌托邦”替代“工业社会的乌托邦”），等等，大致都要求从多元主体的内在意识维度出发去论证社会主义的理想之路，希图呼吁、唤醒沉睡于人们内心深处的乌托邦精神。他们关于乌托邦精神的渗透与论述并不排斥现实的斗争，而是充分肯定乌托邦精神在引导现实斗争中的力量，但他们已经

① 〔美〕马尔库塞：《五篇讲演》，1970 年波士顿版，第 63 页。转引自徐崇温：《“当代走向社会主义的道路要由科学到乌托邦”评论》，《科学社会主义》2006 年第 2 期。

不再赞同马克思人类解放理论叙事结构所要求的革命形式。

西方马克思主义认为，“现实的社会主义”模式背离马克思的人类解放理论，变成了僵化的体制。因为它们只注重政治社会的革命；只从生产力和生产关系、从制度组织的角度去界定人类解放的实现形式；在革命实践中重视的是政治解放和社会解放，却相对忽视思想文化的解放，忽视心理人性的解放，因此是不完善的、片面的人类解放模式。随着资本主义制度和全球化的不断发展，西方马克思主义甚至认为，马克思人类解放理论叙事结构中的某些元素已经不适合时代的特质，必须予以改变或重建。上述三方面的实现方式取向代表了对马克思人类解放理论叙事结构特色的改造，从一定意义上说，西方马克思主义以其特有的细腻的理论探讨，丰富了马克思人类解放理论的叙事结构，为人类解放实现方式提供了另一种意义上的可能路径。

（三）人类解放理论实现方式的苏联模式及其深刻教训

世界上第一个社会主义国家——苏联——的解体，使得“现实的社会主义”运动遭受巨大的挫折。但是，苏联的解体并不代表马克思创立的科学社会主义的失败，更不代表马克思人类解放理论在现实中走进了死胡同，毕竟苏联的社会主义模式仅仅是实现马克思人类解放理论诸多方式中的一种。当然，我们也不能避而不谈、撇弃不顾苏联模式的社会主义失败的历史事实。作为实现马克思人类解放理论的一种方式，苏联模式对所有曾经执政、正在执政和尚未执政的共产党都产生了深远的影响。站在马克思人类解放理论叙事结构的哲学高度反思和检审苏联社会主义模式的经验教训，全面认清和彻底克服这一模式的不足，是关系科学社会主义能否实现、人类解放能否经历更少挫折的重大问题，因为“一个社会即使探索到了本身运动的自然规律——本书的最终目的就是揭示现代社会的经济运动规律——，它还是既不能跳过也不能用法令取消自然的发展阶段。但是它能缩短和减轻分娩的痛苦。”① 只有这样，才有助于我们更好地把握“现实的社会主义”的历史经验，创造出更加完善的人类解放理论的实现方式。

1. 意识形态与宿命论

历史唯物主义是马克思人类解放理论叙事结构的根本方法论，具有科学理论和意识形态的双重属性，它在澄明社会现实的基础上，指导无产阶级在革命中彻底改造现实世界。坚持马克思人类解放理论的真精神和真品质，就是坚持历史唯物主义，把握历史唯物主义的双重属性，坚定对历史虚无主义等意识形态立场进行抨击与克服，维护并激发民族国家的主体意识和内在超越性。但是，苏联社会主义模式却在社会实践中抛弃了马克思所开创的科学的革命精神。苏联模式的社会主义，虽然在理论和意识形态的宣传上，一直坚称自身所秉承的就是最正统的马克思主义，所领会的是本真的马克思精神，也着重承诺实现马克思一生所追求的人类解放和每个人的自由，并且认为“苏联模式”以外的其他对马克思不同的解读与解释，都是对马克思精神的歪曲。封闭、僵化、独断的解释传统与垄断、专制的意识形态传统，彻底背离了马克思人类解放理论的精神，背离了历史唯物主义的品质。

在马克思人类解放理论的叙事结构中，历史唯物主义方法论具有奠基性地位，它所具有的双重属性是一体两面的，相互依赖也内在区别。历史唯物主义首先是科学理论，是在辩证地、历史地、具体地分析人类社会秩序中的对立和矛盾的基础上，对社会现实进行澄明的科学理论。历史唯物主义以客观的生产条件和人的实践为出发点，科学地追溯现实的人的存在与发展的趋向问题，准确抓住资本主义社会中人的异化与生存困境的本质，清晰揭示人从资本主义的异化演进到共产主义阶段全面发展的客观规律与历史必然；其次才是无产阶级的意识形态，是无产阶

① 《马克思恩格斯文集》第5卷，人民出版社2009年版，第9~10页。

级确立的关于社会存在与社会意识关系的科学的历史观，是无产阶级改造世界的理论武器。历史唯物主义只有作为科学理论，才能成为正确的意识形态。① 但是，在苏联模式的社会主义建设中，马克思人类解放理论，包括历史唯物主义、辩证法、共产主义理论等，都被“打磨”成“圆融”的哲学体系，在这种体系缜密的意识形态中，一切问题似乎都获得了“圆满”的解决，社会现实的任何发展都依据体系所阐述的历史进程来进行，现实社会中的不合理性都拿这一体系作为辩护工具。历史唯物主义不是揭示、批判或改造社会现实的工具，而是被“改造”成关于自然、社会和思维发展所依据的“铁”的客观规律，这一规律就是苏联共产党的意识形态。在苏联社会主义模式中，历史唯物主义已经蜕变成机械的历史决定论，历史发展的多重可能性被抹去，无产阶级在革命中的主体能动性也被忽视，实践原则的缺失使其无法把握历史唯物主义的精神实质与核心要义，任何革命事件都被当成历史的必然现实。苏联模式的社会主义意识形态，已经不再是马克思的历史

---

① 马克思的名言“哲学家们只是用不同的方式解释世界，问题在于改变世界”隐含着历史唯物主义所具有的双重属性（科学理论和意识形态）。学者一般认为，对“解释”和“改变”的重点强调，表达了马克思本人颠覆传统哲学的态度，即从“沉思—解释”世界的“理论—静观”转变到“行动—改变”世界的“实践—劳动”决心。我个人认为，马克思并没有否定“解释世界”的态度；在“解释”与“改变”之间，存在回环反复，这种回环反复绝对性地依赖于“解释”——只有获得“解释世界”的科学理论，才能造就“改变世界”的意识形态。对社会现实的澄明显示的科学理论属性与通过革命实践改造世界的意识形态属性是一体两面，相互依赖也相互区别。从德国思想史学者卡尔·洛维特关于“解释”与“改变”的论述中可得到说明。“就连费尔巴哈也只是以另一种方式，即以人道的方式‘解释’了对人来说异化了的世界，而问题在于通过理论的批判和实践的革命来‘改变’世界。然而，在马克思那里，改变世界的意愿并不仅仅意味着直接的行动，而是同时意味着对迄今为止的世界解释的批判，意味着对存在和意识的改变，例如就意味着对作为实际的经济和经济学说的‘政治经济学’的批判，因为经济学说就是实际的经济的意识。”（〔德〕卡尔·洛维特：《从黑格尔到尼采》，李秋零译，生活·读书·新知三联书店 2006 年版，第 127 页）

唯物主义，而是一种宿命论。正是这种缺乏科学性和革命性的意识形态使得苏联模式的社会主义建设违背了马克思人类解放理论叙事结构的根本路径。

2. 政治革命与解放困境

在历史唯物主义的视域中，人类解放是一个艰巨的历史进程，需要经历政治解放、社会解放、劳动解放等多向度的解放才能得以实现。任何模式的社会主义建设或许都可以根据自身历史条件超越某种向度的解放，但在超越解放形式的同时，客观需要社会实现这种解放形式所要求达到的目标。然而，作为马克思人类解放理论的实现方式之一的苏联社会主义模式的建设进程，在宿命论的意识形态指导下，历史唯物主义沦为精神化和意识形态化的社会物质力量，且社会主义建设模式主导意识形态方向的功能受到削弱，致使陷入解放形式的困境。

苏联在斯大林掌权之后，提出了“一国建成社会主义”的论断。斯大林认为，列宁领导的十月革命的胜利，无产阶级政治夺权的成功，表明了一国建成完全的社会主义的合理性。“谁否认社会主义在一个国家内建成的可能性，谁也就一定要否认十月革命的合理性。”① 斯大林的理解歪曲了列宁的思想表述，对马克思列宁主义的教条式理解以及在此基础上衍生的社会文化专制思想与政策，违背了马克思关于社会解放的整体性思想以及政治、经济和文化在统一中发展的历史观与解放观，实际上混淆了多维度解放形式之间的内在区别。

无论是马克思还是列宁，都早已指明一国建成完全的社会主义或者说共产主义的不可能性。列宁曾经指出：“我们单靠自己的力量是不能在一个国家内全部完成社会主义革命的，即使这个国家远不像俄国这样落后，即使我们所处的条件比经过四年空前艰苦、破坏惨重的战争以后的条件要好得多。”② 一个国家社会主义革命的胜利并非说明其运动形式

① 《斯大林选集》上卷，人民出版社 1979 年版，第 341 页。

② 《列宁选集》第 3 卷，人民出版社 2012 年版，第 547 页。

是历史的必然，也未能表明这个国家能够汇聚国际共产主义运动的实践力量而带领全人类走向解放的康庄大道。列宁一以贯之地认为，我们不可能建成马克思所设想的社会主义社会，即发达的社会主义社会或完全意义的社会主义社会，“一国首先胜利”是指以无产阶级专政代替资产阶级专政的政治革命的胜利，而不是以社会主义生产关系代替资本主义生产关系的社会革命的胜利。以无产阶级夺取政权为标志的政治革命的胜利，并不是社会主义的最终胜利即建成完全的社会主义社会。社会主义社会的建成是基于无产阶级掌握了社会生产的权力并形成自觉的革命力量，这既是科学社会主义构画的无产阶级历史使命的基本内容，也是人类社会进入社会主义和共产主义阶段的根本动力。马克思指出：“共产主义只有作为占统治地位的各民族‘一下子’同时发生的行动，在经验上才是可能的，而这是以生产力的普遍发展和与此相联系的世界交往为前提的”，“无产阶级只有在世界历史意义上才能存在，就像共产主义——它的事业——只有作为‘世界历史性的’存在才有可能实现一样”。① 虽然马克思和列宁否认“一国建成社会主义”的观念，但他们并不否认社会主义政治革命可以在一国取得胜利的现实可能性。在《法兰西内战》和《哥达纲领批判》中，马克思就已断定资产阶级政治统治的消灭以及无产阶级专政国家建立的可能性。苏联十月革命的胜利就是马克思人类解放理论预言的初步实现。在十月革命之后，列宁指出，社会主义政治革命胜利之后，无产阶级能够“剥夺了资本家并在本国组织了社会主义生产”，② 以往的政治革命和解放行动都表现为借用一种私有制来清除另一种私有制，无产阶级的政治革命旨在消除一切私有制和阶级剥削，并在政治革命胜利之后，无产阶级专政的社会主义国家还必须实行带有社会革命性质的经济解放和文化解放。

显然，斯大林所提出的“一国建成社会主义”忽视了这一社会解放

① 《马克思恩格斯文集》第 1 卷，人民出版社 2009 年版，第 539 页。

② 《列宁专题文集——论社会主义》，人民出版社 2009 年版，第 4 页。

形式的艰巨性和长期性。苏联虽然在“本国组织了社会主义生产”，但却采取了高压的行政化手段和急剧的群众运动，忽视了人们“在经济、道德和精神方面都还带着它脱胎出来的那个旧社会的痕迹”。① 在政治解放不充分、商品经济和市场经济对专制权力和专制制度摧毁力度有限的落后社会建立起来的社会主义国家，又重新复活了庞大的官僚体系和特权制度，为了维护高度集权的体制，形成了苏联历史上的文化专制主义和文化教条主义，一定程度上模糊了文化的阶级性，导致无产阶级难以真正掌握政治权力以展开充分的文化建设活动，使得“苏联模式”的社会主义建设，无论是在政治解放、经济解放还是文化解放上，最终都没能取得真正历史性的进步。

3. 官僚主义与自由个性的压制

“一般的革命——推翻现政权和废除旧关系——是政治行动。但是，社会主义不通过革命是不可能实现的。社会主义需要这种政治行动，因为它需要破坏和废除旧的东西。但是，只要它的有组织的活动在哪里开始，它的自我目的，即它的灵魂在哪里显露出来，它，社会主义，也就在哪里抛弃政治的外壳。”② 社会主义革命作为人民群众改变自身历史处境的最终手段，只是在推翻现政权和废除旧关系的政治革命阶段具有政治性质，一旦政治革命结束，社会主义生产的组织开始，社会主义就会抛掉“政治的外壳”。“只有当人认识到自身‘固有的力量’是社会力量，并把这种力量组织起来因而不再把社会力量以政治力量的形式同自身分离的时候，只有到了那个时候，人的解放才能完成。”③ 现实的人在社会革命中对自身社会实践潜能的认识集中体现在无产阶级先锋队的主导力量，这意味着无产阶级必须首先进行自身的政治统治，从资产阶级的政治统治范围中解放出来，然后才能保障全体社会成员平等、自由的

---

① 《马克思恩格斯文集》第 3 卷，人民出版社 2009 年版，第 434 页。
② 《马克思恩格斯全集》第 3 卷，人民出版社 2002 年版，第 395 页。
③ 《马克思恩格斯文集》第 1 卷，人民出版社 2009 年版，第 46 页。

发展和确保实现一切领域的解放。马克思认为，实现社会主义制度之前，人自身“固有的力量”被凝结、异化为“政治力量”，这种力量对人来说是异己的，它束缚人、压迫人、统治人；要想摆脱“洞穴”般的状态，必须将政治力量吸纳到社会力量中去，从而消解政治力量对人的压迫。只有消灭人类社会的政治性质，消灭统治与被统治、奴役与被奴役的异化关系，马克思人类解放理论所追求的每个人的自由个性才有可能实现。

而社会主义政治革命完成以后，无产阶级如何捍卫自身建立的政权？如何管理社会的每一个方面？苏联社会主义在面对和解决这些问题时，从斯大林时代开始，就已经偏离马克思人类解放理论叙事结构所阐明的通过多向度解放形式来实现人类总体解放的路径：激活了封建主义的残余力量，使之越来越官僚化、特权化和腐败化，社会主义公有制逐渐沦为官僚群体的私有产业；国家意识形态在理论上构想着每个人自由发展的共产主义未来世界，而在实践上却实行政治高压手段，忽略了意识形态的建构同苏联政权建设和社会解放的关系，淡化了意识形态本身的政治功能对规定人的行动价值取向的作用和任务，结果必定会压制人们的创造自由，对社会生活的所有领域都实行全面的意识形态监督，完全忽视和背离了人民群众。这种根本没有抛弃“政治的外壳”、将政治手段运用到了极致的官僚主义的社会治理方式，结果只能如马克思所讥讽的“封建的社会主义”那样：“为了拉拢人民，贵族们把无产阶级的乞食袋当做旗帜来挥舞。但是，每当人民跟着他们走的时候，都发现他们的臀部带有旧的封建纹章，于是就哈哈大笑，一哄而散。”① 苏联社会主义模式的失败也由此成为历史的必然。

苏联社会主义模式作为一种“现实的社会主义”模式，在取得举世瞩目的辉煌成果的同时，在理论上和实践上的崩溃也使得马克思人类解放理论遭受了巨大的非议和诋毁，但这并不意味着马克思人类解放理论

① 《马克思恩格斯文集》第2卷，人民出版社2009年版，第55页。

的失败。在苏联模式的社会主义建设中，马克思人类解放理论叙事结构所阐述的一些基本原理，并没有得到正确的理解和切实的遵循，甚至出现了将马克思主义实用化、庸俗化和简单化的错误倾向。从历史的、辩证的角度察看苏联模式的失败，更有力地证明了马克思人类解放理论的科学性。事实上，苏联模式的失败着实没有使人类解放的理想从此消失。重新领会马克思人类解放理论的叙事结构，从而寻求实现人类解放的现实途径，依然是向往共产主义世界的人们孜孜不倦的奋斗动力。

（四）中国特色社会主义对实现人类解放新途径的探寻

对马克思人类解放理论的阐释、实践与创新，最受关注、影响最为深远的莫过于苏联模式和中国模式。虽然西方马克思主义理论延伸式的探究不断提出重新理解马克思人类解放理论的叙事取向和实现方式，但它始终没有超越学术思想探讨的范围。只有苏联和中国是切切实实从理论上和实践上不断地拓展马克思人类解放理论的学术空间并努力开辟全新的实现方式。然而，苏东剧变这一人类历史和国际共运史上的悲剧性事件，使得整个社会主义运动陷入低潮，“历史终结”的声音甚嚣尘上。在这种历史境遇下，中国的社会主义建设屹立不倒，既不放弃马克思人类解放理论的科学社会主义理想，又坚持走自己的道路，探寻实现人类解放的新途径、新方式，成为当代最具说服力的社会主义建设的成功模式。中国特色社会主义道路之所以能够引领中国发展进步，关键在于我们既坚持了科学社会主义的基本原则，又根据我国实际和时代特征赋予其鲜明的中国特色。苏联模式的社会主义和中国特色的社会主义道路，都是在不断地理解、阐释马克思人类解放理论的叙事结构，并从实践上开辟了两种截然不同的人类解放理论实现模式与道路。近年来中国特色社会主义道路这一现实化的马克思人类解放理论逐渐凸显了其所获得的伟大成就，历史地证明和演绎了自身道路的科学性与真理性。

1. 初级阶段作为本真的社会现实

社会主义并没有像马克思所预想的那样，首先在西方发达的工业国家获得胜利，而是在东方落后的农业国家取得成功，这使得“现实的社会主义”与马克思的经典论述之间存有不一致之处：一方面，在生产力相对落后的农业国家，并没有发生马克思设想的高度社会化生产力与资本主义生产关系之间矛盾对立被消解后所达至的理想社会主义状态；另一方面，由于大多数发达的工业国家尚是资本主义国家，使生产力相对落后的社会主义国家不得不与这些国家处于共生与竞争的历史情境之中。基于此，寻求马克思人类解放理论的实现方式，既需要实事求是地认清和把握现实的社会主义国家所处的历史阶段，又需要解放思想，创造出符合本国国情、具有本国特色的现实性的马克思人类解放理论以指导当下的社会主义建设。只有充分洞察现实的社会主义建设所处的历史阶段，才能规避不切实际地人为“拉近”人类解放的理想与现实的建设之间的客观距离的错误倾向，也才能坚持一切从实际出发、与时俱进，在生产实践中采取合理又合目的的手段来改造社会现实。

在中国特色社会主义道路的探索中，认识国家的发展阶段并不是一帆风顺的。“大跃进”“人民公社运动”“跑步进入共产主义”都是整个国家迷失于探索之路的表现。这些运动无视中国的具体国情，无视东方落后农业国家的社会主义建设不同于马克思以西方发达资本主义工业国家为标准所论述的人类解放进程，使得国家一度陷入严重的混乱和崩溃的边缘。当然，国家民族的自我认识不仅要靠在自身建设过程中摸索，也要借助“世界历史”之镜。改革开放之后，正是在总结我国社会主义建设经验和对世界历史发展总体把握的基础上，中国共产党对中国社会主义建设所处的社会现实作出了最彻底的揭示，中国社会主义处于并将长期处于初级阶段，社会主义本身是共产主义的初级阶段，而中国又处在社会主义的初级阶段，就是不发达的阶段。社会主义初级阶段是当前中国特色社会主义建设所面临的最本真的社会现实，只有认清和把握这一社会现实，我们才能明确自己的建设方向、目标，才能选择适合自己的发展道路，从而在社会实践的过程中对社会现实进行最合理的改造，不断逼近马克思人类解放的理想。

2. 在社会主义市场经济基础上实现充足的政治解放

在马克思的论述中，人类解放的进程必然内化为政治解放、社会解放和劳动解放等诸多解放形式，而不是只通过一场无产阶级政治革命便可获得成功，人类解放也必定会呈现出阶段性的特点。然而，马克思的这一人类解放思想却一直没有受到“现实的社会主义”国家的重视。“现实的社会主义”国家几乎都是从封建或半封建的落后农业国家直接进入社会主义发展形态的，没有经历过完整意义上的资本主义政治解放（马克思所追求的人类解放是在政治解放基本完成的基础上进行的）和市场经济的发展。进入社会主义之后，这些国家不顾国家具体现实直接照搬马克思文本中对社会主义的设想，企图彻底废除私有制，并采取高度集中的公有制形式和计划经济手段，盲目排斥市场经济和私有制。苏东剧变的爆发历史性地证实了这种实现方式的错误：没有充分的生产力发展，没有市场经济对落后社会关系的摧毁，没有政治解放的充足发展过程，最终只会造成国家政治经济发展的停滞，带来消极的甚至灾难性的社会后果。

马克思、恩格斯早已表达过对此的忧虑。他们认为，私有制是生产力发展到一定阶段必然的交往形式，这种交往形式在私有制成为阻碍生产力的桎梏以前是不可能被摒弃的，是直接的物质生活的生产所不可缺少的。而在回答“能不能一下了就把私有制废除?”这一问题时，恩格斯表达得更加清楚：“不，不能，正像不能一下子就把现有的生产力扩大到为实行财产公有所必要的程度一样。因此，很可能就要来临的无产阶级革命，只能逐步改造现今社会，只有创造了所必需的大量生产资料之后，才能废除私有制。”① 马克思和恩格斯对完全废除私有制的长期性与条件性的认识，对中国特色的社会主义道路探索而言，是在人类解放理论的高度上肯定了发展社会主义市场经济的国家建设方略。市场经济不一定是资本主义私有制所特有的，但市场经济的发展却要求社会各种经济成分都促进社会生产力的大发展，要求中国的社会主义建设在完善市场经济的同时推进以“社会主义民主政治”为核心的政治解放，并在此基础上向社会解放、劳动解放迈进，最终为人类解放创造全面的历史条件，实现向人类解放的历史转换。如果不经过政治解放，我们也不可能获得对现代民主政治的内涵与意义的真正认识。只有在社会主义市场经济基础上实现充分的政治解放，个人才能成为独立的个体、自主的个体，并参与整个社会的管理实践，也只有融入社会、成为社会化的人，才可能实现“自由人的联合体”，充分发掘每一个体的“自由个性”。

3. 以人为本作为“人的本质的现实的生成”②

马克思人类解放理论叙事结构的根本指向是共产主义，实现马克思人类解放理想就是要实现共产主义。共产主义既是全新的、最终的社会形态，又是“消灭现存状况的现实的运动”,③ 共产主义不仅要产生全新的社会制度，更重要的是要在运动的过程中产生全新的人。马克思的共产主义理想是对在经济上、政治上和精神上全面压迫人的个性自由发展的资本主义的扬弃，是对“有个性的个人”自由发展的最开阔的展望。“现实的个人”的自由活动和自由交往，即“人的本质的现实生成”是马克思人类解放理论的另一种真切表达。中国共产党在中国特色社会主义道路的探索过程中提出的“以人为本”的发展理念，正是对马克思所阐述的“人的本质的现实生成”这一解放旨趣的复归。

---

① 《马克思恩格斯文集》第 1 卷，人民出版社 2009 年版，第 685 页。

② 《马克思恩格斯文集》第 1 卷，人民出版社 2009 年版，第 217 页。

③ 《马克思恩格斯文集》第 1 卷，人民出版社 2009 年版，第 539 页。

在社会主义初级阶段这一本真的社会现实中，发展社会主义市场经济，促进社会主义政治民主的发展，成为中国特色社会主义发展的必然道路，而市场经济的发展所必然引发的社会生活的消极现象，如人与劳动、人与人以及人的个性发生严重异化等现象都会阻碍人的解放。因此，人的解放与自由发展何以可能的问题将构成当代中国社会主义实践最真实的内容。“以人为本”的发展理念，是属人的发展、为人的发展、依靠人的发展，它秉承马克思“人的本质的现实生成”精神，既坚持人民群众在建设中国特色社会主义事业中的主体地位，又坚持发展为了人民群众、发展依靠人民群众、发展成果由人民群众共享，不断实现好、维护好、发展好最广大人民群众的根本利益。在这一发展理念的指导下，中国特色社会主义的建设，将人置于当代中国社会发展主题的价值核心地位，确保社会发展内在的人本主义精神坐标，从实质上保证了人的权利的落实，尊重和保障了人权。“以人为本”以追求每个人的自由而全面的发展为核心与目的，最终实现人的解放与全面发展。“以人为本”的发展理念是对马克思的“人的本质的现实生成”的复归，是对每个人的“自由个性”发展的追求。在历史实践中贯彻“以人为本”的价值原则和发展理念，本质上就是马克思人类解放理论的实现方式。“以人为本”的解放指向与解放目标牢固地根植于中国特色社会主义的发展进程中，并将社会发展与人类解放紧密关联起来，真正实现了社会发展与人类解放之间的历史生成逻辑。从马克思人类解放理论的叙事逻辑中审视“以人为本”，更显示出“以人为本”宽广的理论图景，展现了人类解放理论的宏大视野。

中国特色社会主义道路的探索，是中国马克思主义者在实践探索中的伟大理论创新，具有鲜明的中国特色；是中国共产党人在深刻领会和把握马克思人类解放理论叙事结构的基础上，立足本国国情，研究前人的学术探究和借鉴他国的实践经验创造性地开辟出来的实现马克思人类解放理论的全新方式。中国特色的社会主义道路，既坚持人类解放这一共产主义运动的最高价值目标，将其作为改造社会现实的根本尺度，又辩证地看待最高理想与当前现实的差距，稳健地采取合理性和合目的性的建设方略，通过具体的现实实践活动不断实现“人的本质的现实生成”。人类社会的发展作为自然历史过程既不会因为资本主义在世界历史中的确立而宣告结束，也不会因为苏联模式社会主义的失败而宣告“历史的终结”，而是必将沿着世界历史的发展方向，毅然地走向人类解放的新境界。

三

马克思对启蒙理性及现代性的批判性重构*

摘　要： 反思和批判启蒙理性是启蒙本身不可或缺的重要部分，是现代人制衡启蒙神话及现代性危机的重要力量，是全球化时代政治哲学发展的一个重大理论主题。对启蒙理性的反思和批判需要从外在的社会历史发展角度及内在的思想史视域来加以把握、检审，在充分肯定启蒙理性及现代性成就的同时，正视其自身的内在矛盾，揭示其所导致的社会危机，并梳理、反思和借鉴后现代主义对启蒙理性及现代性的否定性批判，以此为启蒙理性及现代性危机提供更有深度与广度的解决路径。马克思把对启蒙理性及现代性的批判转化为对资本逻辑、资本主义生产方式的批判性重构，把对启蒙理性及现代性种种弊端的克服转化为对资本主义私有制的超越，将启蒙理性批判主题推向制高点，为现代社会向更高形态的发展找寻到方向和道路。

关键词： 马克思　启蒙理性　现代性　后现代性　资本逻辑

启蒙理性是一个多维度的现代性课题，它既是崇尚理性权力、重塑

* 本文以首篇位置发表在《中国社会科学》2015 年第 2 期，原文题目为：《启蒙理性及现代性：马克思的批判性重构》。

理性权威的思想史命题，也是推动现代社会改变生活方式、制度结构和文化形态的历史力量。启蒙理性为近现代社会发展提供了一套全新的宇宙论、生存论和价值论，开创了崭新的世界秩序，即资本主义世界体系。这种开创完全是一项现代性的设计，理性与资本的结合在其中扮演着决定性的角色，并逐渐成为“必然性”的代名词，充分显示出人类社会实践重新建构世界秩序以克服机运、摆脱偶然性的欲望与能力。但随着启蒙理性自我解放过程中隐含的自我毁灭因素的凸显以及资本逻辑对启蒙理性自我分裂的推动，启蒙理性逐渐自我逆转、蜕变为现代性矛盾的重要因素，陷入“多重隐忧”之中，引起了灾难性的社会危机，由此导致的反思和批判启蒙理性成为现代人制衡现代性的重要力量。然而，启蒙理性是纠合了资本逻辑和现代性的复杂领域，对启蒙理性的批判不能仅仅停留在自身的领域之内，企图通过调校启蒙理性或者对启蒙理性采取全面否定的方式来解决根本问题是行不通的；而是需要既从内在的思想史视域来加以检审，又从外在的历史社会结构视角来规定和把握。对启蒙理性的批判内含了对资本的批判、对现代性的批判和对极端反启蒙的批判。批判启蒙理性是为启蒙理性寻找出路的立足点，马克思主义超越现当代哲学对启蒙理性的批判路径，将对启蒙理性的批判转化为实践批判、社会批判和资本批判，从而能够在肯定现代性的同时克服现代性的缺陷，为以启蒙理性为核心的现代社会向更高形态的发展找寻到努力的方向和可靠的救赎道路。

（一）启蒙理性兴起的双重考察

理解世界历史的发生与展开，必须把握“启蒙运动”这一关键性的转折点。西方之所以成为今日的西方，成为在全球化时代被接纳或被拒斥的“西方中心主义”的西方，主要就在于启蒙运动以来的发展。启蒙运动的发展是对既有世界秩序和精神秩序的变革，它既是“生产方式和交换方式的一系列变革的产物”,① 也是人类价值理念秩序的断裂与重构，并被认为是对人类公开运用理性以摆脱自身不成熟状态过程的标志。在《答复这个问题：“什么是启蒙运动?”》一文中，康德就指出：“要有勇气运用你自己的理智！这就是启蒙运动的口号。”② 启蒙哲人坚信，运用不断生成与进步的理性，能够消除种种错误的认识、祛除迷信和无知，使人类获得关于自然、社会和自身的真理性认识，并消除人类社会固有的一切弊病，由此启蒙理性成为衡量世界万事万物的标准。诚如恩格斯所述：“在法国为行将到来的革命启发过人们头脑的那些伟大人物，本身都是非常革命的。他们不承认任何外界的权威，不管这种权威是什么样的。宗教、自然观、社会、国家制度，一切都受到了最无情的批判；一切都必须在理性的法庭面前为自己的存在作辩护或者放弃存在的权利。思维着的知性成了衡量一切的唯一尺度。”③

启蒙理性是“与对神的敬畏、对权威的崇拜相对立，与自发的情感、主观的感受相对立的人的明智的判断、独立的思考和自我选择的能力”。④ 这种理性能力表面上是对古希腊理性主义精神的复活，其代表人物也大多是熟稔古代哲学思想的近代理性主义哲学家，如培根、笛卡尔、霍布斯、卢梭、洛克等，而实质上是对古代理性主义的背离与重构。因为启蒙理性是在资本主义运动瓦解封建社会和唯名论革命摧毁中世纪神学基础的过程中萌生的“自我筹划”能力，根植于其中的“自我肯定”“自我创造”等现代性因素是古代理性主义所不具备的。因此，必须从社会历史需求和思想史逻辑相结合的视角对启蒙理性的兴起作溯源式的

① 《马克思恩格斯文集》第 2 卷，人民出版社 2009 年版，第 33 页。

② 〔德〕康德：《历史理性批判文集》，何兆武译，商务印书馆 1990 年版，第 22 页。

③ 《马克思恩格斯文集》第 9 卷，人民出版社 2009 年版，第 19-20 页。

④ 甘绍平：《启蒙理性·传统理性·非理性主义·当代合理性》，湖北大学哲学研究所《德国哲学》编委会编：《德国哲学论文集》第 11 辑，北京大学出版社 1991 年版，第 123 页。

考察，从源头上还原启蒙理性的本真面目。

1. 启蒙理性兴起的社会历史需求

从社会历史发展的角度看，启蒙理性的出现是新时代、新秩序的需求及其在观念上的表现。人们不再承认超自然的权威、不再敬畏传统秩序，只相信自身的理性判断、只服从真理性的认识，一切事物都无法超越理性的审视。由此，启蒙理性摧毁了一切旧秩序、旧理念，将理性推向了权力的顶峰，把人推向了表征现代性理念的自主自治的位置。这表明，启蒙理性的兴起是资本主义生产方式运动的产物，是以思想斗争的形式表现出来的资产阶级政治革命，表征着资产阶级冲破封建主义的旧市民社会和中世纪神权政治的束缚以掌握自身命运的过程。

对于这一资本主义的解放方式，马克思认为："政治解放同时也是同人民相异化的国家制度即统治者的权力所依据的旧社会的解体……旧的市民社会直接具有政治性质，就是说，市民生活的要素，例如，财产、家庭、劳动方式，已经以领主权、等级和同业公会的形式上升为国家生活的要素。"① 由此造成在旧的市民社会即封建社会之中形成了一个个分离的、特定的等级秩序，封建社会的个体隶属于每个特定的等级秩序，与国家整体分离开来，这种特定社会组织的生产生活条件具有等级政治性质，使得封建社会个体的特定的活动和地位变成了个体的普遍的活动和地位。对于封建社会而言，"等级不仅建立在社会内部的分离这一主导规律上，而且还使人同自己的普遍本质分离，把人变成直接与其规定性相一致的动物。中世纪是人类史上的动物时期，是人类动物学。"②

资产阶级政治革命推翻了旧有的统治权力和秩序，摧毁了"一切等级、同业公会、行帮和特权，因为这些是人民同自己的共同体相分离的众多表现。于是，政治革命消灭了市民社会的政治性质"。③ 正所谓"资

① 《马克思恩格斯文集》第 1 卷，人民出版社 2009 年版，第 44 页。
② 《马克思恩格斯全集》第 3 卷，人民出版社 2002 年版，第 102 页。
③ 《马克思恩格斯文集》第 1 卷，人民出版社 2009 年版，第 44 页。

产阶级在它已经取得了统治的地方把一切封建的、宗法的和田园诗般的关系都破坏了。它无情地斩断了把人们束缚于天然尊长的形形色色的封建羁绊"，[①] 资产阶级政治革命把直接具有政治性质的旧的市民社会分割为原子式的独立个体，独立个体得以从原先的特定的社会组织中解放出来，与国家整体建立了普遍关系。在此基础上，"公共事务本身反而成了每个个体的普遍事务，政治职能成了他的普遍职能"。[②] 政治革命激发了人民在封建社会被分散的政治精神，从而引发了反思自身的理性需求，焕发了投身公共政治的激情。换言之，在一切等级和固定的因素烟消云散之后，在一切神圣的因素被亵渎之后，人民需要用冷静的、理性的眼光重新审视他们的生活地位和相互关系。虽然在康德看来，即便一场革命能够推翻神权和绝对王权的统治，也绝不可能完全实现思想方式的真正变革，但国家事务被提升为人民普遍事务的政治事实提出了对人民进行理性启蒙和引导人民自我启蒙的历史任务，可以说，公共领域、公共自由的出现必然要求人民充分运用自身的理性能力对公共事务作出判断。正是在这个意义上，康德坚决要求"在一切事情上都有公开运用自己理性的自由"和"必须永远有公开运用自己理性的自由"。[③] 资产阶级政治革命开创的新世界需要人们大胆运用自己的理性，推崇人的自我解放和自我实现，号召人们勇于创造自己的历史，这无疑正是启蒙理性兴起的社会历史要求。

我们也必须看到启蒙理性兴起带来的巨变。启蒙理性的出现进一步推动了资本主义的发展，一方面，其与资本的结合几乎成了无坚不摧的绝对力量，奔袭全球，击溃了一切地方的和民族的自给自足和闭关状态，使各个国家的物质和精神生产、消费都成为世界性的，把一切民族都卷

① 《马克思恩格斯文集》第 2 卷，人民出版社 2009 年版，第 33～34 页。

② 《马克思恩格斯文集》第 1 卷，人民出版社 2009 年版，第 45 页。

③ 〔德〕康德：《历史理性批判文集》，何兆武译，商务印书馆 1990 年版，第 24 页。

入世界历史中来，并“使农民的民族从属于资产阶级的民族，使东方从属于西方”,[①] 形成了“西方中心主义”的世界观；另一方面，其与科学技术的结合推动了西方工业文明的迅猛发展，极大地膨胀了人类控制自然、掌握自身命运的野心，甚至认为工具理性能够完全解决人类的道德与宗教、自由与正义等所有问题，导致了工具理性的凸显与价值理性的遮蔽，从而埋下了启蒙理性危机的隐患。

2. 启蒙理性兴起的思想史逻辑

从思想史的视域看，启蒙理性是中世纪晚期神学家邓斯·司各脱和威廉·奥卡姆发起的唯名论革命的结果。唯名论革命是一场针对中世纪经院学者普遍持有的实在论的革命，它将一种源自柏拉图流经奥古斯丁直至托马斯·阿奎那的必然的、等级的存在论破除殆尽，进而把偶在论作为新的存在论与新的世界逻辑，由此彻底清除了事物自身具有必然性规定的自然目的论观念。偶在论的世界观使人类失去了“存在链条”中的尊贵地位，成为大地上无所依靠的原子式个体，迫使人们唯有依托自身理性去理解和掌控自然，并建构合乎理性的世界新秩序，这就是康德所谓的“人为自然立法”的思想史背景。

古代理性主义者认为，理性是“作为宇宙之本源和世界之灵魂的一种本体论意义上的实体，是‘内在于现实中的本质性的结构’，或者说，‘世界的客观的秩序原则’；同时又是指人们‘对于这样一种客观秩序进行反思的努力或能力’”。[②] 人们之所以能够对世界秩序进行理性的反思，就在于人的理性与世界秩序都源自同一个最高的存在——理性——无论是赫拉克利特的“逻各斯”还是阿那克萨哥拉的“心灵”，无论是柏拉图的“理念”还是新柏拉图主义的“太一”，甚至斯多葛学派的

① 《马克思恩格斯文集》第 2 卷，人民出版社 2009 年版，第 36 页。

② 甘绍平：《启蒙理性·传统理性·非理性主义·当代合理性》，湖北大学哲学研究所《德国哲学》编委会编：《德国哲学论文集》第 11 辑，北京大学出版社 1991 年版，第 127 页。

“世界理性”——被认为是支配世界和人自身的本源，支配世界万物发生发展的总体性结构，世界是在理性支配下的链条秩序，自然、社会和人自身都是理性的展现，所以人的使命就是理解和把握世界的理性结构，将自己融进理性秩序中，为实现理性的目标而奋斗。这种理性结构是巨大的、“链条”式的存在，具有理智和审美的特质。世界在这一必然主义的存在论图景中呈现出由上而下的、严密的、连续的等级秩序，最高的一环是终极实在、终极原因，也就是神的存在，人是巨大“存在链条”中的一个环节。世界是一个审美的和谐整体，任何环节的缺失都将破坏世界秩序的协调一致。

然而，司各脱和奥卡姆的唯名论革命摧毁了这一“存在链条”。在奥古斯丁、安瑟伦和阿奎那等基督教神学家那里，古希腊的存在论还依然占据着支配地位。特别是中世纪的经院哲学家通过诠释柏拉图的“理念论”，对世界持一种实在论的存在论，认为共相高于殊相，共相是真实存在的，世界是神的理性范畴的展示。如美国学者吉莱斯皮指出，经院哲学家“体验、相信和断言的并不是殊相的终极实在性，而是共相的终极实在性。他们以三段论逻辑来阐明这种体验，这种逻辑被认为对应着或反映了神的理性。创世本身便是这种理性的体现，人作为理性的动物和神的形象处于受造物的顶峰”,① 受一种自然目的或超自然目标所指引。可是，司各脱和奥卡姆极力推崇“全能”是神的最重要性质，并提出唯意志论的神学观念，强调上帝的意志先于理性，上帝在创造世界的过程中具有绝对自由，事物的存在纯粹只是因为上帝的意愿；人类居住的世界仅仅是上帝的恩典行为，是上帝偶然的意志选择的结果，根本不存在如古希腊存在论所主张的“存在链条”。“我们这个世界只是上帝在无数的可能世界中偶然选中并造出来其中一个，他完全可以有其他也许是更好的选择。这样一来，由强调理智的优先性所导

① 〔美〕米歇尔·艾伦·吉莱斯皮：《现代性的神学起源》，张卜天译，湖南科学技术出版社2012年版，第22页。

致的上帝与其造物之间的必然性关联打破了，两者之间的关系乃纯粹偶然的；造物即宇宙万物并非充满了上帝赋予的有机的、必然的理智秩序，而是偶在的。”① 唯意志论神学彻底割断了肇源于古希腊存在论的因果链条，使得世间万物的存在成为偶然的、个体性的事件，认为共相实际上不存在，共相的名称只是纯粹的符号，这种存在论层次上的革命就是唯名论革命的实质。

面对这一偶然的、个体主义的存在论语境，以共相存在为基础的自然目的论也就不再成立，但这并不代表世界是混乱无序的。因为既然神是纯粹的、主动的意志或力量，世界是由神的意志所决定的持续不断的运动，那么神的意志就具有机械因果性。② “人应当如何生活”的设想不再是要求作为个体或群体的人在“存在链条”中规范自己的心性、实现自己的德性，相反，摆脱了存在链条束缚的人类是自由的，具有自我创造的意志自由，能够运用自己的理性来研究神的意志的形式和结构，即研究自然和社会的运作逻辑。人们相信通过人的理性的发现或发明可以如上帝创世般“无中生有”地建构合乎理性的社会。培根的“知识就是力量”、笛卡尔的人是“自然的主人和所有者”以及康德的“绝对律令”等，正是启蒙理性在这一思想史背景中兴起的证明。

启蒙理性肇兴于唯名论革命之后的思想史语境，旨在解决中世纪世界秩序崩塌所留下的问题，其重构世界秩序的雄心所彰显出来的理性之光确实在不断地推动现代世界的迅猛发展，但“理性万能论”以及漠视价值理性、崇拜工具理性的畸形理性观，也确实导致人变成手段而不再是目的。启蒙理性在反对宗教神话与迷信精神的过程中逐渐塑造了自身的神话，但也使其面临着自我毁灭的危险。

---

① 林国基：《神义论语境中的社会契约论传统》，上海三联书店2005年版，第73页。

② 参见〔美〕米歇尔·艾伦·吉莱斯皮：《现代性的神学起源》，张卜天译，湖南科学技术出版社2012年版，第48页。

（二）启蒙理性的光亮与阴影

在“古今之变”的视域下，启蒙运动既是一场现代性的多维度的历史运动，也是一种社会发展方向和人类价值理念的“总体转变”，集中体现在社会制度组织转型、生存价值理念重估和个体精神气质重塑等方面。“在这场运动中，社会层面的变化导致了新的知识价值理念的形成，浸润在此种新形式的价值理念结构中的‘现代人’，其心性结构、实存样式逐渐地发生了变化。”① 启蒙运动及其所孕育的启蒙理性，不仅通过与资本主义工业和科学技术的结合创造了“比过去一切世代创造的全部生产力还要多，还要大”② 的生产力，而且通过更新欧洲思想的自我理解，全面改变了人类的生存样式。在某种意义上说，启蒙理性之光的力量确实无与伦比，启蒙运动以来的变化似乎都在应验启蒙哲人所持有的绝对理性主义信条——随着理性的不断生成和进步，人类最终能够自如地拥有和掌控自然，为自身构建理想的世界。

随着现代性的急剧开展，人们也逐渐觉察到启蒙之光的阴影。价值理性的失落、工具理性的张扬、反理性思潮的出现等悲剧性的历史现实一次次地反讽美好的启蒙理性设计。启蒙理性并不是“全知全能全善”的上帝，并不能绝对拥有真理，也不能拥有绝对真理，但启蒙理性却恰恰要充当真理，充当一种“新的宗教”。所以，20 世纪初以来的所有哲学思潮——无论是现象学式的存在主义，还是以法兰克福学派为代表的批判理论，无论是结构主义、后结构主义还是技术批判主义、后现代主义——几乎都在批判启蒙理性的绝对话语霸权，揭示启蒙之光的阴影。

1. 启蒙理性的光亮：建构合理性的现代世界

迄今为止，尽管人们对“现代性的本质”有着诸多歧异见解，但对

---

① 刘同舫：《中国语境的现代性及其现实意义》，《天津社会科学》2010 年第 1 期。

② 《马克思恩格斯文集》第 2 卷，人民出版社 2009 年版，第 36 页。

“启蒙理性”作为现代性核心理念的理解，则基本达成共识。在西方社会“走出中世纪”、摆脱当时占支配地位的神权政治体制和神学式文化的过程中，正是启蒙理性之光“从根本上清除基督教的二元论之超自然形态，力求建立内在的、理性的世界解释，使所有生活领域变成一个自在的有机组织”,① 从而指引着人类摆脱宗教神学与封建社会的双重压迫。

在社会制度组织层面，启蒙理性使世界秩序斩断了此岸与彼岸的关联，并以抽象的个人主义和社会契约论为理论基础论证了现代国家的建构原则，所谓“真理的彼岸世界消逝以后，历史的任务就是确立此岸世界的真理”。② 启蒙哲人一方面通过对宗教神学的批判，提出天赋人权是人与生俱来而不可剥夺的权利，令人们明确地意识到自身作为一个理性个体所拥有的自由权利，即摆脱神以及其人间“代理”对人的统治而自我做主，如狄德罗所说：“没有一个人从自然得到了支配别人的权利。自由是天赐的东西，每一个同类的个体，只要享有理性，就有享受自由的权利。”③ 另一方面则通过对神权体制的批判，彻底击溃了“君权神授”的国家建构理念，阐述了“政教分离”的世俗政治原则，提出了“主权在民”的社会契约论，改变了过去一部分人对另一部分人进行奴役统治的状况，成就了以“平等主权参与者”为基础的民主社会架构。据此，现代性重构了人类社会的制度组织，推动了现代民族国家的崛起和政治制度的进步，打破了封建制的经济秩序，促进了大工业生产和自由市场经济的扩张，使得“在后封建的欧洲所建立起来的而在20世纪日益成为具有世界历史性影响的行为制度与模式”④ 比任何古代的秩序类

① 刘小枫：《现代性社会理论绪论——现代性与现代中国》，上海三联书店1998年版，第176页。

② 《马克思恩格斯文集》第1卷，人民出版社2009年版，第4页。

③ 北京大学哲学系外国哲学史教研室编译：《十八世纪法国哲学》，商务印书馆1979年版，第427页。

④ 〔英〕安东尼·吉登斯：《现代性与自我认同：现代晚期的自我与社会》，赵旭东、方文、王铭铭译，生活·读书·新知三联书店1998年版，第16页。

型更具有活力，也更加注重自由、民主和平等。

在生存价值理念层面，启蒙理性冲破基督神学的思想牢笼，重估了关涉现代个体和群体安身立命的价值理念，突出人的个性、主体性和自我意识，强调把价值实质还原为主体的意识，自由和平等理念被指认为现代性最重要的原则。启蒙运动之前，由于宗教的神圣纽带作用，个体都被系于以神为本体的具有连续的、封闭的、等级的有机整体之中，个人失去了独立和自由，只能在宗教的客观价值理念中生存，人们被束缚于他律的自在的价值秩序，如尼采所抨击的："'道德世界秩序'意味着什么？意味着：有一个神的意志一劳永逸地存在，它规定人可以做什么、不可以做什么；一个民族、一个个人的价值，是根据他们顺从神的意志的多少来衡量。"① 但通过唯名论革命对古代世界图景的摧毁以及启蒙运动对宗教的猛烈批判，启蒙理性开辟了对人类价值理念秩序的重新建构，人们"把自己理解成新的，也就是把自己理解成自我发源的、彻底自由的和有创造性的，而不仅仅由传统所决定，或由命运或由天意所主宰"，② 从而形成了平等的、自由的、个体主义的世界图景。在这种世界图景中价值被主体化，康德的绝对律令取代了客观价值理念的绝对性，天赋平等自由的现代性理念剥夺了封建等级理念的正当性，使得每个个体或群体捍卫和追求属于自身的权利具有天然的合理性。

在个体精神气质层面，启蒙理性重塑了现代个体的精神气质和生存样式，形成了舍勒和西美尔所论及的"现代人"类型。中世纪封建社会向现代资本主义社会的历史转变过程既是宏观维度的社会制度组织、生存价值理念的转换，也是微观维度的个体精神气质、存在样式的更新。在封建主义的文明秩序中，人们在生活理想上受到宗教伦理和贵族道德

① 吴增定：《〈敌基督者〉讲稿》，生活·读书·新知三联书店 2012 年版，第 172 页。

② 〔美〕米歇尔·艾伦·吉莱斯皮：《现代性的神学起源》，张卜天译，湖南科学技术出版社 2012 年版，第 7 页。

的宰制，从而在人的心性结构中，禁欲主义的生存样式占据中心地位，宗教伦理始终在行为层面压抑人们对现世生活的功利主义享受，人们则习惯于从充满权欲、专横和奴性的文明中满足自身的现世追求。但在现代资本主义文明秩序中，随着“世界的除魅”即世界的理性化，上帝的神圣启示不再作为人类世俗生活的价值标尺，生命的爱欲转而朝向一种权力意志的自我肯定，享受现世生活被当成天经地义，并导向无限的赢利欲与旺盛的工作欲，力图通过持续性的、理性的资本主义方式的企业活动来获取再生性的利润，形成了一种强调无止境自我创造的资本主义精神气质。这种资本主义精神气质体现了启蒙理性改造自然与社会的伟大理想，推动了人类社会向合乎理性与合乎目的性相统一的方向发展，这是我们必须充分肯定的。

启蒙理性所开创的现代性作为一场“总体转变”，在构建社会制度组织层面更加趋向世俗化和理性化，实现了合理性的目标；在更新人的价值理念和精神气质方面更加趋向自治化和感性化，实现了主体化的目的，这些都在促使现代社会走向更加人道、文明的世界历史道路，显示了启蒙理性之光的巨大力量和伟大贡献。但是，随着启蒙理性自身所秉有的内在矛盾的凸显，其光亮也受到了难以避免的遮蔽，从而留下了无限的历史阴影。

2. 启蒙理性的阴影：走向反理性的神话世界

启蒙运动以来，人类普遍相信理性的力量，认为凭借理性之光不仅能够走出黑暗的中世纪时代，而且能够绝对合理地重新建构自然和社会秩序。现代性是合理性或者说理性化的建构过程，它旨在用启蒙理性的设计来构筑全新的世界秩序。这一理性设计在资产阶级政治革命中也确实发挥了巨大的作用，促使人类历史从宗教神学的统治秩序中挣脱出来，实现了世界秩序的除魅化、世俗化和科学化，推动了人类在物质和精神生活领域的极大进步。然而，现代性并不是没有崎岖与挫折的光明大道，启蒙理性之光也并非只有光亮。伴随着内在的理性自身分裂机制和外在的资本逻辑增殖冲动的作用，现代性所带来的危机正在不断地敲击启蒙理性的幻梦，催促着人们正视启蒙理性自身的内在矛盾。

第一，从大众理性走向精英理性。启蒙运动倡导人民对自身秉有的自然理性的运用，“启蒙运动就是人类脱离自己所加之于自己的不成熟状态。不成熟状态就是不经别人的引导，就对运用自己的理智无能为力”。① 启蒙理性具有全人类性，是一种大众理性，是以对天赋的自然理性的开发来确定、彰显人的目的和价值。但是，启蒙理性的发展却背离了这种美好的初衷，从大众理性走向了精英理性。启蒙之后的现代社会虽然比中世纪世界更加自由、平等和民主，然而不同的个体或群体的生存始终要受到政治体制、经济和社会条件的限制，也要受到各种自然禀赋条件与不同社会地位深刻而持久的影响。因此，由于个体偶在性的差别以及实际教养、实际权力和实际资产的极大差异，理性的权力被把持在那些有资本、有地位以及资质、素养较高的精英群体手中。在理性与权力交织成的统治网络中，精英们打着“真理”“中立”“客观”“正当”“合理性”“社会正义”等旗号骗取大众的信任，实行自身的制度、法制和规则程序。在《德意志意识形态》中，马克思就已深刻地剖析了这一将为资产阶级利益辩护的“意识形态”视为“普遍理性”的行为。启蒙理性从大众理性蜕变成精英理性，形成了支撑精英统治的政治合理性和价值合理性，这种精英合理性是一种新的更加隐蔽的社会等级制度的精神基础，是资本逻辑的统治力量在理论意识上的实现。恩格斯敏锐地指出了启蒙理性的这一局限：“当法国革命把这个理性的社会和这个理性的国家实现了的时候，新制度就表明，不论它较之旧制度如何合理，却决不是绝对合乎理性的。理性的国家完全破产了。”② “总之，同启蒙学者的华美诺言比起来，由‘理性的胜利’建立起来的社会制度和政治

① 〔德〕康德：《历史理性批判文集》，何兆武译，商务印书馆 1990 年版，第 22 页。

② 《马克思恩格斯文集》第 9 卷，人民出版社 2009 年版，第 272 页。

制度竟是一幅令人极度失望的讽刺画。”①

第二，从科学理性走向工具理性。如果说在政治经济制度层面启蒙理性产生了从大众理性到精英理性的蜕变，那么在知识价值理念层面则发生了从科学理性向工具理性的转化。科学是启蒙理性批判宗教神学的强有力武器，费尔巴哈曾指出，近代哲学从宗教精神中创立了“纯粹人性的、自由的、自我意识的、博爱的、无所不包的、无处不在的、普遍的、有独立思考能力的科学精神”，② 这种新创立的科学精神使得“否定性的宗教精神遭到贬谪，把它从世界统治的宝座上推下来，把它拘禁在处于历史急流彼岸的那个狭窄领域之内，而自己则成为世界的原则和本质，成为新时代的原则”。③ 从费尔巴哈的观点看，科学理性是涵盖了价值理性与工具理性的现代理性主义精神。但是，科学理性在运用于社会实践的过程中破坏了其自身的价值理性追求。一方面，自笛卡尔通过“主体性哲学”确立主客体二分的原则以来，世界成为主体的客观对象物，是没有意义的物质存在，只有通过理性之光的观照、规整与重构，才能成为有意义的世界，由此科学理性对主体而言是一种认识、改造和控制世界的工具性存在，科学理性变成理性的工具化，工具理性成为科学理性的本质；另一方面，由于科学理性运作的社会条件受制于资本逻辑的宰制，而资本出于自我增殖的冲动，需要将客体化的世界和人类都视为材料、工具来加以利用，因此在资本逻辑增殖冲动的支配下，科学理性的发展必然转变为企图对外部自然和人的内部自然的全面支配与利用，从而异化为工具理性。工具理性虽然能够给人类带来巨大的物质财富，但按照工具理性组织起来的极权化的政治经济体制、工业化的机器大生产和各种物化的社会结构将使得人类不得不屈从于一种异化秩序的

---

① 《马克思恩格斯文集》第 9 卷，人民出版社 2009 年版，第 273 页。

② 〔德〕路德维希·费尔巴哈：《费尔巴哈哲学史著作选》第 1 卷，涂纪亮译，商务印书馆 1978 年版，第 15 页。

③ 〔德〕路德维希·费尔巴哈：《费尔巴哈哲学史著作选》第 1 卷，涂纪亮译，商务印书馆 1978 年版，第 15 页。

统治，人反而没能成其为人。

第三，从工具理性走向“反理性”。启蒙理性一旦蜕变为工具理性，人也就不可避免地成为工具性对象，成为理性的手段而不再是理性的目的，从而造成对人的价值理性的排斥，甚至完全否定一切未能得到工具理性证明的价值或规范，使工具理性走向压抑人类发展的“反理性”。在资本逻辑的推动下，工具理性的支配领域一再扩大，确实产生了如哈贝马斯所言的“自主化的工具理性的扩张”导致“生活世界的内在殖民化”：“我们错误地将来自工具理性的标准应用于生活世界的问题中，以及应用于那些完好地存在于它们自己的社会领域的制度中。”① 资本逻辑主宰下的工具理性膨胀为“总体性”，成为控制人类世界的绝对权力。启蒙理性期望通过主体的觉醒与解放走出一条从“神话”到“启蒙”的道路，但在其瓦解了宗教秩序的同时，却没有形成新的价值理性，反而是在资本逻辑和理性分裂机制的支配下，演化为日益片面化、绝对化的工具理性。工具理性凭借其巨大的技术效益和经济效益不断自我神圣化、自我绝对化，形成工具理性主导的“天命”秩序，最终蜕化为“反理性”——启蒙理性自身成为不容置疑的启蒙神话。“如同神话已经实现了启蒙一样，启蒙也一步步深深地卷入神话。启蒙为了粉碎神话，吸取了神话中的一切东西，甚至把自己当作审判者陷入了神话的魔掌。”② 启蒙理性之光也随之消融在无边无际的黑暗之中。

启蒙理性作为现代性秩序的支撑理念，当今全球文明的许多观念要素都是由启蒙理性奠基的，其伟大贡献不可磨灭，而我们时代的许多问题也在启蒙理性中有其根源。正是在理性的自我分裂机制和资本逻辑的作用下，启蒙理性不断损害人的主体性价值，给人类社会带来

① 〔英〕尼格尔·多德：《社会理论与现代性》，陶传进译，社会科学文献出版社 2002 年版，第 136 页。

② 〔德〕马克斯·霍克海默、西奥多·阿道尔诺：《启蒙辩证法：哲学断片》，渠敬东、曹卫东译，上海人民出版社 2003 年版，第 9 页。

了生存和发展的危机。

（三）启蒙理性的蜕变与现代性危机的产生

启蒙理性作为兴起于西方资本主义社会的思想形态，在西方社会“走出中世纪”、改变人的生存形态的过程中具有关键作用，但同时也给西方社会带来了巨大危机，并借助资本的全球化将危机扩散至全世界，启蒙所推崇的理性发生了蜕变。而启蒙理性蜕变所带来的社会危机是以“现代性问题”的形式凸显出来的。现代性作为涵盖了世界图景、生产方式、价值理念、个体心性结构等的“总体转变”，既给人类社会的发展与进步带来了巨大的成就，却也由于其本身固有的内在局限与矛盾使人类社会陷入了多重的“现代性隐忧”之中。如吉登斯指出：“现代性是一种双重现象。同任何一种前现代体系相比较，现代社会制度的发展以及它们在全球范围内的扩张，为人类创造了数不胜数的享受安全的和有成就的生活的机会。但是现代性也有其阴暗面，这在本世纪变得尤为明显。”①

启蒙理性的现代性方案在17世纪末18世纪初的“古今之争”中不断遭到质疑。源自培根、笛卡尔、伏尔泰等现代哲学家的新知识观、新时间观对人类持有一种线性的发展观念，主张现代优于古代、现代人优越于古代人，即便作为完美典范的古希腊人与现代人相比也还不够成熟，它不过是人类的童年。而乔纳森·斯威夫特、约翰·德莱顿、卢梭则对这种现代主张持质疑的态度，坚决捍卫古典思想的权威，如卢梭在其《论科学与艺术》一文中认为，科学与艺术不但没能“敦风化俗”，使人类更加完善，反而是让人类变得更加伪善与羸弱，“科学研究都更会软

① 〔英〕安东尼·吉登斯：《现代性的后果》，田禾译，译林出版社2011年版，第6页。

化和削弱勇气，而不是加强和鼓舞勇气”。① 德国社会学家乌尔里希·贝克强调，启蒙理性的现代性方案导致了“风险社会”的形成。在贝克的社会理论中，“风险社会”概念描述的是现代性社会制度的性质，是从社会机体结构的角度挖掘现代性危机的潜能，反映现代性社会秩序的风险程度。显然，贝克侧重于从制度层面来描述“风险社会”。笔者认为，集中体现现代性危机的“风险社会”实质上是启蒙理性蜕变带来的世界与人自身的危机，应包括以下四个方面：制度上的极权主义危机、环境上的生态危机、价值理念上的虚无主义危机以及精神气质上的怨恨心态危机。②

1. 极权主义社会的显现

自古希腊罗马至中世纪时期，人类主要是从自然、神、上帝等“存在巨链”的创造者那里获得存在的价值和人生的意义；但启蒙运动以后，人类通过反抗宗教神学彻底清除了其生存价值的神义论根据，进入“上帝死了”的偶在论时代，呈现出“价值真空”的境遇。对这一“价值真空”的填补，启蒙了的“现代人”诉诸人类权力意志的自我创造以及自由的、解放的历史未来，从而论证自身的存在正当性。“我们的日常生活、学习和工作都被组织在这个通向未来的时间之流中，没有这个目的论的时间叙事，我们就不知道我们生活、工作和学习的意义。”③ 然而，由于启蒙理性具有高度的普遍性和同一性，往往声称所构建的理论体系具有无所不包的、客观的、必然的性质，能够用来解释世间的一切，且其所张扬的主体性也体现了理性独断宰制一切的性质。因此，启蒙理

① 〔法〕让—雅克·卢梭：《论科学与艺术》，何兆武译，上海人民出版社 2007 年版，第 49 页。

② 笔者在此更突出“风险”一词所体现的危机是“人造危机”的特别含义。“风险的相对概念不是稳妥，而是危险。风险与危险的差异在于：风险取决于人的决断，它引致的损害亦是由人的决断决定的；危险则是先于人的行为决断而给定的，引致的损害亦是由外在因素决定的。”参见刘小枫：《现代性社会理论绪论——现代性与现代中国》，上海三联书店 1998 年版，第 49 页。

③ 汪晖：《死火重温》，人民文学出版社 2000 年版，第 5 页。

性的历史目的论叙事带有不容置疑的垄断性和强制性。这样，一旦走向美好未来的社会建构之途被权力精英、财富精英和知识精英等所把持，所有与精英们设定的历史目的及其实现途径不相符合的人和物都会有被排斥、被压制，甚至被消灭的危险，启蒙理性的历史目的论叙事反而成了制度上极权主义的合法性论证。霍克海默和阿道尔诺就认为："启蒙带有极权主义性质。"① 在启蒙运动的推动下，以追求普遍的自由、平等、人权、博爱的法国大革命转变为一场专制暴行，恰恰印证了霍克海默和阿道尔诺的观点。

2. 全球生态危机的泛滥

在古代和中世纪世界中人与自然是相统一的，但这种人与自然的和谐关系被启蒙运动打碎并重建。作为一种主体理性，启蒙理性将自我从世界中抽身出来，预设为自明性的绝对前提，笛卡尔的"我思故我在"、康德的"人为自然立法"就是其体现，而由此建构起来的主客体对立的二元论关系模式使得自然界成为失去生命的物理世界、资源世界，自然是"有用"之物，对自然的征服与使用是理性的目标。在资本逻辑的推动下，启蒙理性进一步表现为客观的、可计算的工具理性形式，它将事物的价值都转化为"交换价值"，把世间万物都对象化为"资源"，成为粉饰资本统治秩序的意识形态，这必然导致生态危机：一方面是无止境地追求剩余价值，理性征服自然世界的欲望不断引诱、刺激人的贪欲和占有欲；另一方面是工具理性所主导的生产主义、经济主义的发展模式成为现代社会的生活基础，由征服世界所诱发的消费主义、享乐主义的生活模式成为现代社会的生活主轴。这样，以工具理性表现出来的"生产力"最大限度地开发、利用自然资源和不断地向自然界排放各种废弃物，造成全球化生态危机。理性与资本相结合所形成的经济发展的扩张主义必将致使启蒙理性的美好社会构想淹没在全球生态危机的泛滥之中。

① 〔德〕马克斯·霍克海默、西奥多·阿道尔诺：《启蒙辩证法：哲学断片》，渠敬东、曹卫东译，上海人民出版社 2003 年版，第 4 页。

正如有论者所指出的："以前人们往往比较注意在马克思那里有对资本主义'第一重矛盾'，即资本主义生产无限扩大趋势与劳动人民有支付能力需求相对缩小之间的矛盾的分析，而实际上马克思还有对资本主义'第二重矛盾'，即资本主义生产无限扩大的趋势与自然界承载能力有限性之间的矛盾的探讨。"① 一旦理性与资本主导的现代性生产逻辑突破了世界的生态底线，那么资本主义所构筑的文明世界就有可能被埋葬。

3. *虚无主义危机的威胁*

价值上的虚无主义危机是现代性危机在人类精神层面的表现，是启蒙理性走向工具理性、逆转为反理性的必然结果。按照马克斯·韦伯的区分，价值理性侧重对人类的伦理道德、宗教艺术等实质性价值的表达，认可道德理性在人类社会实践中的主导性，坚持对永恒价值的信仰；工具理性则注重对生产制作的可计算性、精确性等纯粹理性的表达，认可普遍性、可操作性等形式理性标准。然而，在资本逻辑、消费主义、科技力量等因素的推动下，工具理性逐渐淹没价值理性而成为启蒙理性的主流。在马克思看来，这一转变表征的正是资产阶级在现代历史上的作为："它使人和人之间除了赤裸裸的利害关系，除了冷酷无情的'现金交易'，就再也没有任何别的联系了。它把宗教虔诚、骑士热忱、小市民伤感这些情感的神圣发作，淹没在利己主义打算的冰水之中。它把人的尊严变成了交换价值，用一种没有良心的贸易自由代替了无数特许的和自力挣得的自由。"② 道德品质在以工具理性为核心价值理念的现代社会中失去了主导性的地位，"使用价值""交换价值"凌驾于道德责任、道德意义之上，一切神圣的因素都被纳入市场体系之中，贴上价格标签，成为商品。只要在经济上是有效益的，在道德上就是正当的，这无疑是价值理念的"本末倒置"。无论资本逻辑抑或科技力量都无法对人类的生存价值给予奠基，由此，一方面，价值的客观来源无从谈起，

① 陈学明：《资本逻辑与生态危机》，《中国社会科学》2012 年第 11 期。

② 《马克思恩格斯文集》第 2 卷，人民出版社 2009 年版，第 34 页。

导致价值设定依赖于个体的不同感受，陷入价值主观主义；另一方面，工具理性的僭越将一切原有的价值逻辑转化为商业逻辑，导致个体安身立命的根基被抽空，生活缺乏理念上的凭靠，陷入价值虚无主义。列斐伏尔就曾指出："虚无主义深深地内植于现代性，终有一天，现代性会被证实为虚无主义的时代，是那个无人可预言'某种东西'从中涌出的时代。"①

4. 怨恨心态的滋生

在对怨恨心态的社会学考察中，德国社会学家马克斯·舍勒指出，怨恨心态是个体或群体的生存性价值比较的结果，怨恨心态的滋生源自两方面的因素：个体或群体在实际权力、实际资产和实际修养等方面出现极大差异，某种平等的政治权利或其他权利受到社会的广泛承认。②事实上，滋生怨恨的两个因素正是资产阶级的政治革命和启蒙理性的平等理念。一方面，政治革命消灭了旧市民社会的政治性质，将束缚于特殊等级中的人民解放出来，形成了原子式的平等个体，平等个体在政治领域都是国家主权的平等参与者，但在市民社会中却是不平等的私人。"国家是以自己的方式废除了出身、等级、文化程度、职业的差别"，而"国家根本没有废除这些实际差别，相反，只有以这些差别为前提，它才存在"。③ 另一方面，根据理性的形式原则，天赋人权和自由平等是人生而有之的不可剥夺的自然权利，启蒙理性极力倡导自由、平等、人权的现代性价值理念，而且这种价值理念在启蒙之后早已深入人心。当个体或群体在市民社会的实际地位与其在政治国家的虚幻地位不相符合时，怨恨心态往往就会在这种生存性的比较中凸显滋生，如舍勒所说，"群体的与宪政或'习俗'相应的法律地位及其公共效力同群体的实际权力

① Henri Lefebvre, *Introduction to Modernity*, trans, John Moore, London: Verso, 1995, p. 224.

② 参见〔德〕马克斯·舍勒《价值的颠覆》，罗悌伦、林克、曹卫东译，生活·读书·新知三联书店 1997 年版，第 13 页。

③ 《马克思恩格斯文集》第 1 卷，人民出版社 2009 年版，第 30 页。

关系之间的差异越大，怨恨的心理动力就会越聚越多”。①

启蒙理性所开启的“现代性”在给人类社会带来“多重隐忧”的同时也令自身陷入了饱受质疑的“现代性危机”之中，即便为现代性辩护的哈贝马斯也不得不将现代性说成是“未完成的方案”，以区别于现代社会的历史进程，认为现代历史过程是对现代性方案的歪曲和异化。现代社会历史发展中形成的社会危机及其导致的灾难性后果与启蒙理性的现代性方案密不可分，而历史进程中显现的对现代性方案的误解、歪曲，彰显出现代性方案的致命缺陷。因此，在后现代主义者看来，“反启蒙”是一项名正言顺的后现代事业。

（四）启蒙理性的后现代境遇

近代以来，启蒙理性一直是西方社会最高的精神权威，也是整个资本主义社会发展成就的显著标志。然而，启蒙理性的现代性方案却导致西方社会乃至全球都陷入巨大的社会危机之中，世界大战、极权主义、种族屠杀、局部战争、生态危机等局部的或全球性的灾难彻底击溃了启蒙理性的合法性根基，全面动摇甚至摧毁了启蒙运动所张扬的理性至上的现代性理念。启蒙理性从 20 世纪上半叶以来就不断受到越来越严厉的质疑与批判，其中最尖锐的质疑和批判来自后现代论者。

20 世纪 60 年代，西方学术界兴起了一股“后现代性”思潮，这股思潮在 20 世纪 80 年代达到兴盛，并在各个人文社会科学领域急剧扩张，刮起了一股坚决要与启蒙理性的现代性运动及其种种理念相决裂的旋风。后现代主义者赋予现代性诸多必须予以鞭挞、批判的标签：理性主义、逻各斯中心主义、基础主义、普遍主义、绝对主义、总体主义、人本主义、本质主义等，但归根结底是要反对启蒙理性奠定的现代社会秩序。

① 〔德〕马克斯·舍勒：《价值的颠覆》，罗悌伦、林克、曹卫东译，生活·读书·新知三联书店 1997 年版，第 12 页。

在后现代主义者看来，现代性秩序就是一个充满危机的霸权主义或精英主义秩序，它是现代社会种种危机与灾难的总根源，反启蒙就是对启蒙理性及现代性的批判，就是要推翻尚带有乌托邦色彩的现代性秩序。美国著名的后现代文学理论奠基人——伊哈布·哈山声称："这样的精英秩序也许是世上最后的神秘祭仪，在我们这些被末日灾难和极权主义吓得心惊胆颤的人心中，它们已经不再有位置了。"① 美国后现代主义神学家大卫·格里芬也认为："我们可以，而且应该抛弃现代性，事实上，我们必须这样做，否则，我们及地球上的大多数生命都将难以逃脱毁灭的命运。"②

与现代性针锋相对是后现代性的自我定位，"如果说后现代主义这一词汇在使用时可以从不同方面找到共同之处的话，那就是，它指的是一种广泛的情绪而不是任何共同的教条"，③ 一种人类可以而且必须超越现代性的情绪。后现代性作为一种倡导多元主义的文化社会秩序构想，从其出现伊始就将自身定位为对现代性的质疑、批判和超越，定位为对启蒙理性的解构实验。这种对启蒙理性的怀疑、批判与超越贯穿整个后现代性的论述，虽与20世纪上半叶的非理性或反理性思潮颇有渊源，但还不至于激进地陷入"非理性"或"反理性"的盲目处境，而更多的是对启蒙理性阴影的指控及其统治合法性的否定。后现代性是一种否定性的思潮，其对启蒙运动、对现代性的批判是否定的，其思想的力量不在于提出什么观念，而在于反对什么观念，不在于建构更加自由平等的秩序，而在于揭露秩序背后的隐性统治。尽管后现代性的否定主义给现代性贴上了许多标签，但最关键的则是反对以下三种肇端于启蒙运动以来的支撑性理念：作为话语霸权主义的理性中心主义、作为西方中心主义

① 〔美〕伊哈布·哈山：《后现代的转向——后现代理论与文化论文集》，刘象愚译，时报出版社1993年版，第83页。

② 〔美〕大卫·格里芬编：《后现代科学——科学魅力的再现》，马季方译，中央编译出版社2004年版，第19页。

③ 〔美〕大卫·格里芬编：《后现代科学——科学魅力的再现》，马季方译，中央编译出版社2004年版，第20页。

的普遍主义和作为人类中心主义的主体主义。

1. 反对作为话语霸权主义的理性中心主义

作为现代性的理论基础，启蒙理性与近代以来的全球现代化成就有着密切的关系，后现代性对现代性的批判最重要的就是解构启蒙运动以来的理性中心主义。在后现代论者看来，启蒙运动的理性中心主义完全是绝对主义的话语霸权、宏大叙事，这种理性中心主义的话语霸权源自柏拉图主义，但直到启蒙运动才达到顶峰，所以要超越现代性就必须拒斥作为话语霸权的理性中心主义。美国哲学家理查德·罗蒂就认为，海德格尔和杜威抱有的信念值得肯定——“希腊人的‘智慧’追求为人类一大错误，这种智慧的意义是，一种凌驾一切之上的知识系统可一劳永逸地为道德和政治思考设定条件”。① 后现代性论者认为，两千多年哲学史的“诸神之争”已表明启蒙理性无法为人类实践提供真理性的知识，其所设计的现代性方案的合法性依据也不是来自真理，而是来自理性中心主义的话语霸权，是“宏大叙事”压制了“小叙事”建构出来的权威。“如果没有一种观点能够为所有哲学家所信服，那么在某一时期某一种观点占据了统治地位只能是出于霸权主义；如果哲学家们不能就知识基础问题达成一致，而又试图让哲学充当全部知识的基础，那么这只能说明哲学在利用自己的特权在知识中推行一种霸权主义。”② 后现代性要求打破“宏大叙事”的权威，张扬一直以来受到压抑的“小叙事”，解构“大写主体”，尊重在多样性、差异性的文化政治斗争中崛起的“小写主体”。如果说现代性宣告“上帝死了”，那么后现代性则宣告“人也死了”，当然，这里的“人”是抽象意义上的人，是指忽视、贬斥、压抑人的情感和意志的“理性主体”。后现代性论者通过打破同一性、提倡多样性、拒绝虚假共识、激活现实分歧，为“小写主体”的“小叙事”正名，打破了启蒙理

① 〔美〕理查德·罗蒂：《哲学和自然之镜》，李幼蒸译，商务印书馆 2011 年版，第 10 页。

② 姚大志：《后现代主义与启蒙》，《社会科学战线》2005 年第 1 期。

性的话语霸权主义，“后现代主义的轮廓至今仍不清楚，但其中心经历——理性的死亡似乎宣告了一项历史工程——现代性的终结”。①

2. 反对作为西方中心主义的普遍主义

启蒙理性在理论层面追求绝对的、适用于任何时空的普遍真理，在实践层面则希望通过普遍真理的指导实现全人类的解放，在尘世建构一个自由平等的天国，启蒙理性及其所开创的西方资本主义现代化模式曾被认作是达到这一“尘世天国”的最可靠路径。近代西方资本主义的现代化发展模式的确建构出了全新的世界体系，使得西方世界在经济发展、政治文明、科技创新、文化生产等各个领域都占有压倒性的优势，“西方的道路就是我们的道路”“西方的今天就是我们的明天”“西方的就是普遍的”等意识形态牢固地笼罩住人们的思想，从而造成种种特殊的、源自西方的发展理念、利益诉求、政治观念，甚至其人生意义都被视为历史发展中的“普世价值”强加给其他区域的个体、族群或民族国家。也正是依托这种普遍主义或文化帝国主义话语权，形成了种族、政治、价值、思维等不同层面的“西方中心主义”，而“西方中心主义”的背后实质上还是启蒙理性主义的话语霸权在发挥作用。后现代性的出场既然要批判理性中心主义，自然也要毫不留情地批判作为西方中心主义的普遍主义。既然启蒙理性的真理只不过是权力叙事，那么其所谓的普遍性道路就更不过是权力的制造、理性的僭越。在后现代性论者看来，以“西方”为中心建构出来的资本主义世界体系，人为地强制构筑了“前现代”与“现代”、“文明”与“野蛮”、“先进”与“落后”等一系列二元对立的秩序框架，只有打破这一框架，才能激活宗教、种族、性别、职业等特殊性的多元身份话语。任何其他的非西方的特殊性主体如果要作为独立的价值世界存在下去，就必须“像现代西方那样进入普遍性与特殊性的辩证法，在文化和政治的逻辑中，将现代性变成自我认识和自

① 转引自王治河：《扑朔迷离的游戏——后现代哲学思潮研究》，社会科学文献出版社 1998 年版，第 11 页。

我表述的语言——不是把它作为‘普遍性’的规律，作为一种一成不变的形式，而是用这种材料和语言讲出自己的故事，塑造一个生活世界和价值世界的自我形象，表达一种集体的意志和富有感染力的理想”。① 利奥塔倡导的“异教主义政治学”，罗蒂宣扬的“种族中心主义”，福柯论证的“真理政治学”，都是对普遍主义、文化帝国主义、西方中心主义批判路径的寻求。

3. 反对作为人类中心主义的主体主义

消解“中心”、解构“主体”是后现代性的目标之一，因此，反对和解构作为人类中心主义的主体主义是后现代性的题中应有之义。在德里达看来，自柏拉图以来的西方哲学都在追求“中心”“基础”和“本源”，并且将这些“中心”“基础”和“本源”当作先验的、自明的现象加以维护，但这些“中心”都是由理性建构的，是虚幻的、根本不存在的。德里达的解构主义以及后现代性的种种论述就是要消解“中心”，达到“去中心化”的目的。现代性张扬人性解放和人的主体精神，使得人类的世界观从以“自然”或“神”为中心转向以“人自身”为中心，主张人为自然立法，人为自身确立道德责任，人靠自己解放自己。这种人类中心主义的实质正是启蒙运动提出的主体主义，人从“存在巨链”中抽身出来，凸显于世间万物之上，成为自主的、自我构成的主体，成为自然和社会的主人，从而形成了主客体分离的二元论局面。然而，后现代性论者认为主体主义的二元论世界观导致了全球性的生态危机，因为它“为现代性肆意统治和掠夺自然（包括其他所有种类的生命）的欲望提供了意识形态上的理由。这种统治、征服、控制、支配自然的欲望是现代精神的中心特征之一”。② 虽然现代世界已经不再是古代的“存在

① 张旭东：《全球化时代的文化认同：西方普遍主义话语的历史批判》，北京大学出版社 2006 年版，第 24 页。

② 〔美〕大卫·雷·格里芬编：《后现代精神》，王成兵译，中央编译出版社 2011 年版，第 23~24 页。

秩序”，但世界还是一个有机的、整体的结构，世界如果不包含于我们，我们便不完整，我们如果不包含于世界之中，世界也不完整。人类作为全球生态系统的一个物种，不能凌驾于其他物种之上，而是要融入生态系统之中。“后现代人世界中将拥有一种在家园感，他们把其他物种看成是具有其自身的经验、价值和目的的存在，并能感受到他们同这些物种之间的亲情关系。借助这种在家园感和亲情感，后现代人用在交往中获得享受和任其自然的态度这种后现代精神取代了现代人的统治欲和占有欲。”①

后现代性以其极具反叛性的思维、话语和主张向启蒙神话和资本主义制度刺出了锋利一剑，打破和消解了启蒙理性的桎梏，向人们展示了掩盖在理性、文明、自由之下的另一种面相，从而促使人们积极深入地展开对启蒙运动和资本主义体系的历史性反思。在某种程度上，后现代性的反启蒙和解构现代性是有意义的，其所倡导的异质、多元和个性开启了人类思想的新视域，给人类的社会实践注入了新鲜活力。然而后现代性的批判同时也具有不可忽视的问题，作为一种否定主义的思潮，它解构理性、消解“中心”，将“真理”还原为叙事的霸权，把评判事物的标准——善恶、是非、对错、意见与真理——悬置起来，从另一个角度推进和延续了现代性的虚无主义，再一次陷入了现代性的悖论之中。后现代性对现代性的资本主义文明体系的批判只是采取了局部救治和改良的方案，没有从根本上质疑和改变现实的资本主义制度，所以其对现代性的批判仅仅是文化上的翻新，而不可能是实践上的革命。对马克思来说，批判启蒙理性和现代性并不是要简单否定其全部思想，而是要寻找超越资本主义现代化发展模式的路径，真正实现人类的自由和解放。

---

① 〔美〕大卫·雷·格里芬编：《后现代精神》，王成兵译，中央编译出版社2011年版，第38~39页。

（五）马克思的启蒙理性批判路径

后现代性思潮无疑是当今世界上最激烈的反启蒙思潮之一，其反启蒙的批判路径揭示了启蒙理性的矛盾与困境，所给出的后现代解决方案也为现代社会的发展与进步注入了新鲜活力。然而，启蒙理性的矛盾与困境的根源并不在于理性自身，而在于理性背后的“物质的生活关系”①这一本质性领域的矛盾。但因后现代性对启蒙理性、现代性运动、资本主义文明体系的批判路径注重于消解理性中心、解构宏大叙事等，没有从根本上质疑、批判和解决本质性领域的矛盾，这就注定后现代性的批判路径不可能获得成功。而马克思主义的批判之所以能够超越后现代性及当代哲学对启蒙理性和现代性的批判，就在于它“不是为批判而批判，而是为某种社会（基础、制度）的以及文化（观念）的变革开辟道路”，② 从而将对启蒙理性的批判转化为实践批判、社会批判和资本批判，最终实现对现代性弊端的克服。

从马克思人类解放理论的视域来看，对启蒙理性及现代性运动的批判不能停留于意识形态层面，“批判的武器当然不能代替武器的批判，物质力量只能用物质力量来摧毁”。③ 只有深入批判启蒙理性存在论基础，才能命中启蒙理性蜕变的要害；只有根本克服启蒙理性异化的缺陷，才能为启蒙理性及现代性找寻到出路。而马克思的唯物史观强调，不是社会意识决定社会存在，而是社会存在决定社会意识。包括理性在内的一切意识观念的存在论基础都是活生生的现实生活，是“物质的生活关系”。因而，对启蒙理性的批判必须转向深入探究“物质的生活关系”，并依照当前的历史语境转变为对资本逻辑及资本主义生产关系的批判。

---

① 《马克思恩格斯文集》第 2 卷，人民出版社 2009 年版，第 591 页。

② 程广云：《后现代：走向“多元”的现代性》，《哲学研究》2005 年第 5 期。

③ 《马克思恩格斯文集》第 1 卷，人民出版社 2009 年版，第 11 页。

1. 对启蒙理性及现代性的批判转向为对“物质的生活关系”的探究

从马克思的视域来看，对启蒙理性及现代性的批判必须超出启蒙主义的视界，直抵启蒙思想体系的本源性根基。只有对本源性根基的批判才是真正本质性的批判。这种自觉的批判路径对马克思来说是一以贯之的。在对“犹太人问题”的研究中，马克思即认为，鲍威尔虽然致力于宗教批判和政治批判，但由于受到自由主义思想体系的限制，其批判混淆了政治解放和普遍的人的解放，还只是落在启蒙理性主义的泥沼内，囿于由霍布斯等现代政治哲人所开启的现代性视域内。马克思认为，要解决“犹太人问题”——实质上是现代性问题的体现——必须将批判向纵深推进，完成对现代国家的根本性批判。这就决定了马克思和鲍威尔不同的批判理路，他在吸取了鲍威尔长处的基础上，将对现代性的批判推到全新的理论境域。面对启蒙理性开启的现代性历史处境，青年马克思确实表现出了天才者的敏感与深邃，他不是去探求与鲍威尔的一致性方面，而是密切关注着自身与鲍威尔的分歧，并将分歧上升到政治哲学理念的高度。马克思一开始就把鲍威尔的批判路径看作“矛盾体”，因为鲍威尔“提供了一些条件，这些条件并不是政治解放本身的本质引起的。他提出的是一些不包括在他的课题以内的问题，他解决的是一些没有回答他的问题的课题”,① 并将其解释为“毫无批判地把政治解放和普遍的人的解放混为一谈”② 的现代性批判。鲍威尔论证“犹太人问题”的出发点，遵循的是启蒙理性所开启的现代性原则，这一原则将“现代国家”作为最高的统治秩序，认为其所达到的秩序形态就是人的自由状态所能达到的限度。但马克思指出，鲍威尔“批判的只是‘基督教国家’，而不是‘国家本身’，他没有探讨政治解放对人的解放的关系”。③ 鲍威尔没有超越现代性的原则来看待问题，这与后现代性的批判立场具

① 《马克思恩格斯文集》第1卷，人民出版社2009年版，第25页。
② 《马克思恩格斯全集》第3卷，人民出版社2002年版，第168页。
③ 《马克思恩格斯文集》第1卷，人民出版社2009年版，第25页。

有相似性。马克思超越现代性立场，坚持要深刻理解“政治解放与人的解放”的关系，必须探讨“现代国家”本源性、基础性问题，即要探讨启蒙理性及现代性的本源性问题。只有将“现代国家”还原到其本质性领域，才能透彻地把握现代性统治秩序的特点与局限，洞悉启蒙理性的真正界限，也才能由此重新奠定人类自由的基础。这一本质性领域、本源性基础是什么呢？马克思通过阐述宗教与政治的复杂关系、论述公民权与人权的分离原则，探讨了“现代国家”的本源性、基础性问题。他指出：“封建社会已经瓦解，只剩下了自己的基础——人，但这是作为它的真正基础的人，即利己的人。因此，这种人，市民社会的成员，是政治国家的基础、前提。”① 市民社会成员及其所生活的领域——“物质的生活关系”就是现代政治国家的基础。在《〈政治经济学批判〉导言》中，马克思明确指出：“我的研究得出这样一个结果：法的关系正像国家的形式一样，既不能从它们本身来理解，也不能从所谓人类精神的一般发展来理解，相反，它们根源于物质的生活关系，这种物质的生活关系的总和，黑格尔按照18世纪的英国人和法国人的先例，概括为‘市民社会’”。② 马克思以原创性的方式回答了启蒙理性及现代性的本原问题，开辟了一条鲜明的批判路径。

2. 对“物质的生活关系”本质性领域的性质及其与理性、宗教、文化等领域关系的探究

在马克思看来，无论是理性、政治、宗教抑或是文化、道德、艺术诸如此类的意识形态领域都不具有绝对的自主性。自启蒙运动以来，意识形态的各类形式被划分为各种相对独立的文化领域，并被认为具有天然的自治性，甚至将“从这些不同的思想中抽象出‘思想’、观念等等，并把它们当做历史上占统治地位的东西，从而把所有这些个别的思想和

① 《马克思恩格斯文集》第1卷，人民出版社2009年版，第45页。

② 《马克思恩格斯文集》第2卷，人民出版社2009年版，第591页。

概念说成是历史上发展着的概念的'自我规定'"。[①] 这使得政治、宗教、文化、道德都成为不相统属的领域，彼此之间的论题只存在交叉，而不存在层次。马克思则与这种哲学方式、哲学理念相决裂："我们判断这样一个变革时代也不能以它的意识为根据；相反，这个意识必须从物质生活的矛盾中，从社会生产力和生产关系之间的现存冲突中去解释。"[②] 马克思只将"物质的生活关系"这一带有存在论性质的领域指认为"绝对自主的"领域，这种自主与其说是在物质生活领域的自主，毋宁说它是政治、宗教、文化和道德等所谓的自主领域的更深层次的基础。对马克思来说，所谓启蒙理性是自主的、道德价值是自在自为的各种命题并非不言而喻；只有在人们忽视了事物的核心、对作为一切事态根源的"物质的生活关系"视而不见的时候，这些命题才会被认为是理所当然的。尽管一个人可以在各个"自主性领域"中是具有自由决断能力的个体，但"物质的生活关系"始终向他提出作为一个人不能回避和忽视的物质、金钱、世俗的问题，这些问题不仅涉及霍布斯所言的惧怕暴死而力求保存生命的生存欲望，而且从根本上涉及黑格尔所述的获取承认的生命欲望，以及实现自身自由的终极理想。

马克思对"物质的生活关系"这一领域的探究消解了理性、政治与宗教等的"自主性"神话，重新奠定了理性、政治、宗教等领域的本源性基础。从"物质的生活关系"来看待人的本质和人的理性，表明历史的和现实的实践是孕育理性的土壤，使得启蒙理性无法凌驾于历史与实践之上，突破和超越了对人的理性的先验哲学式的理解。社会实践的不断生成替代了抽象的理性逻辑对人的本质的规约，呈现出历史与现实的多样性，消除了理性中心主义的观念。并且由于"物质的生活关系"是不断生成变化的，因而理性对现实的改造必须遵循一定的限度，但"物质的生活关系"毕竟具有一定的运动规律与目标，把握规律、实现目标

① 《马克思恩格斯文集》第1卷，人民出版社2009年版，第553页。

② 《马克思恩格斯文集》第2卷，人民出版社2009年版，第592页。

又要求理性能够具有超前的洞察力。在马克思看来，理性面对“物质的生活关系”领域需要保持一定的、适当的平衡。

3. 将对启蒙理性及现代性的批判转化为对资本主义生产关系的批判

近现代以来的“物质的生活关系”的集中体现就是作为“社会生产过程的最后一个对抗形式”① 的资产阶级的生产关系，启蒙理性及现代性的存在基础也是由资本主义的生产方式所界定的。所以，对启蒙现代性及其所承诺的解放图景的批判不能停留于意识形态层面，只有深入批判并超越资本主义的生产方式，才能真正解释与克服启蒙现代性的工具主义、虚无主义、霸权主义以及生态污染等危机。后现代性对现代性的批判虽然刚强猛烈，最终却与现代性形成共谋关系，原因在于其批判的核心始终瞄在理性中心主义，瞄在意识形态层面的话语争夺，没有深入培育启蒙理性的资本主义生产方式中。启蒙现代性不仅是理性力量的体现，更是资本逻辑的霸权体现，只有将批判深入现代性背后的“物质的生活关系”，才不会重新陷入现代性的怀抱。在笔者看来，马克思的批判分为三个层面。

一是解剖“商品拜物教”。在《资本论》开篇的第一章，马克思即指出：“资本主义生产方式占统治地位的社会的财富，表现为‘庞大的商品堆积’，单个的商品表现为这种财富的元素形式。因此，我们的研究就从分析商品开始。”② 商品表面看似简单，内里实则古怪，充满了形而上学的奥妙和神学的怪诞。因为由资本主义生产方式所支配的商品生产过程把私人劳动的社会属性反映成劳动产品的物性，反映成物的社会属性，将劳动者同劳动的社会关系，劳动者之间的社会关系都当成劳动者之外的物与物的社会关系，彻底掩盖了人与人之间的关系，这种普遍的错觉形成了现代资本主义社会的“商品拜物教”。事实上，在前资本主义社会那里，人与人之间的关系是显在的、直接的人身依附关系，封

① 《马克思恩格斯文集》第 2 卷，人民出版社 2009 年版，第 592 页。

② 《马克思恩格斯文集》第 5 卷，人民出版社 2009 年版，第 47 页。

建等级秩序天然不可侵犯，人与人之间天然不平等，“存在链条”思想正是这一社会现实的观念反映；而在资本主义社会，表面上推翻了天然不可侵犯的封建等级秩序，形成了人人自由平等的现代世界，实质上人与人之间的关系被隐蔽的、伪装的商品拜物教方式所掩盖，这也正是启蒙现代性各种观念的思想根基。

二是批判“资本逻辑”。“资产阶级生存和统治的根本条件，是财富在私人手里的积累，是资本的形成和增殖；资本的条件是雇佣劳动。”① 资本的出现完全改变了世界的面貌与运作逻辑，使得整个社会的生产与再生产都变成资本的自我繁殖。资本逻辑的运作以资本的形成、保全和增殖为目标，在支配劳动的同时也支配了劳动者，资本的主体性支配了理性的主体性。人的理性主体性是由资本逻辑所塑造出来的，一旦产生必然遵循资本逻辑利己主义的、自私自利的运转规律，而且不断为资本及资产阶级的存在提供合法性辩护。马克思多次将资本家称为“人格化的资本”，② 其所表征的正是资本作为一种物的社会关系反过来统治和支配着人自身，资本的物化逻辑支配了人的自由自觉的发展逻辑。

三是扬弃“资本主义私有制”。“商品拜物教”和“资本逻辑”导致现代社会不断出现巨大危机，而资产阶级对其危机束手无策。从应对周期性的经济危机来看，“资产阶级用什么办法来克服这种危机呢？一方面不得不消灭大量生产力，另一方面夺取新的市场，更加彻底地利用旧的市场”。③ 不触动和扬弃资本主义制度、资产阶级私有制，应对启蒙现代性种种危机的举措就都不可能从根本上解决问题。根本的解决之道只能是彻底摧毁资本的统治，也就是要改变资本主义制度为社会主义制度，改变资本主义私有制为社会主义公有制，不再把“有用性”当作价值的标准，不再把工具理性当作理性本身，不再把对自然的猎取当作生存的

① 《马克思恩格斯文集》第2卷，人民出版社2009年版，第43页。

② 《马克思恩格斯文集》第5卷，人民出版社2009年版，第683页。

③ 《马克思恩格斯文集》第2卷，人民出版社2009年版，第37页。

手段，从而切断资本逻辑运转的社会条件，重建人与自然、人与人之间的和谐关系。

启蒙理性是一个现代性课题，是资本主义文明体系的思想根基，对启蒙理性的反思与批判同时就是对现代性和资本主义生产方式的反思与批判。启蒙给近现代社会带来了非凡的成就，这是不可否认的，但同样不可否认的是，它也给社会带来了各种各样的危机和灾难。所以，“反启蒙”“反现代性”必须也应当被看成是启蒙及现代性本身不可或缺的重要部分，没有“反启蒙”“反现代性”的制约，启蒙和现代性就无法克服和超越自身制造的迷信与危机。反思和批判启蒙理性是全球化时代政治哲学发展的重大理论主题，也是推进马克思主义政治哲学发展的重大理论课题。

马克思一生的理论构思另辟蹊径地展开了对启蒙理性及现代性的批判，其直抵问题本质的批判路径超越了现当代诸多西方哲学家以及各类后现代思想流派的批判方式，将对启蒙现代性的批判最终转变为对资本主义生产方式的批判，将对启蒙现代性种种弊端的克服转化为对资本主义私有制的扬弃。在马克思所描绘的历史发展的三大形态中，从第二大形态向第三大形态飞跃的过程，所揭示的正是人类从以资本主义为代表的现代性生存方式向一种能够克服现代性缺陷的社会主义生存方式的转变，这为以启蒙理性为核心的现代社会向更完善形态的发展探寻到了一条全新的救赎道路。

四

马克思唯物史观叙事中的劳动正义*

摘　要： 寻求和探明劳动正义的本真内涵与现实表征贯穿马克思唯物史观叙事的始终。马克思立足于人的存在方式和自由解放的本质需要，在审视人类劳动与人类历史的相互关系中阐明了劳动正义与生产正义、社会正义之间的层级结构，确立了劳动正义在这一结构中的逻辑先在性，并确立了作为劳动正义前提的自由向度和解放维度。唯物史观与现代性批判的叙事方式是马克思论述劳动和正义命题时的基本遵循，他从劳动异化和私有制角度对劳动的"非正义性"进行历史解构与前提批判，批判了"资本正义""经济正义"的非正义性实质。马克思揭示了劳动与资本及其衍生的劳动内部关系的悖论，从"劳动自由"的高度破解理论谬误。马克思劳动正义思想内蕴的叙事力量以及批判向度在21世纪经济全球化论域之中可被重新激活并启发新知。

关键词： 唯物史观　劳动正义　劳动关系　劳动生产形态

劳动正义问题是关涉人的生存方式和社会价值的重大议题，在多维学科视野中具有重要的地位。劳动正义伴随着人的存在方式的变迁和社

* 本文以首篇位置发表在《中国社会科学》2020年第9期。

会结构的变动而呈现出不同的形式，这种形式上的多样与其观念上的差异密切相关，其实质反映出正义诉求背后不同阶级之间的利益关系。劳动正义问题对人的自由本质和劳动力量的深层关怀始终深嵌于历史发展之中，而在资本主义主导的生产方式和社会关系中，资本正义与劳动正义之间的矛盾是资本主义社会发展的重大挑战。马克思唯物史观的构建与其对劳动正义问题的阐发紧密关联，他抓住了资本主义时代劳资关系的轴心，并从人类劳动本质出发，通过审视劳动方式和劳动关系的历史演变来为探讨劳动正义以及其他正义性问题提供真实的起点。① 马克思唯物史观叙事中的劳动正义思想，既在政治哲学层面揭示了资本主义时代私人生活与公共领域在正义观念上的矛盾，又在世界历史的理论层面阐明了将人的劳动建立在既有秩序之上的资本逻辑及其现实展开。生产

① 学界对马克思劳动正义思想的研究成果主要集中在对马克思正义理论的解读中。“塔克—伍德命题”是马克思正义理论研究中的经典论题，针对这一问题，学界大都认为马克思肯定一般的正义理念，但谴责资本主义社会的抽象正义观，并基于此对劳动正义问题展开了不同视域的阐释。有学者立足于道德哲学批判的视域，揭秘马克思的劳动正义与其人性正义论的关系（参见李长成：《马克思的市民社会正义批判思想探论》，《伦理学研究》2019 年第 1 期）。有学者从政治经济学批判的视角阐释马克思的劳动正义思想在其正义体系中的理论地位（参见房广顺、司书岩：《论马克思恩格斯正义思想的深刻内涵》，《马克思主义研究》2019 年第 2 期）。有学者基于法哲学批判视角，探索马克思劳动正义思想与权利正义、分工正义等正义观的内在关系（参见欧阳英：《马克思的权利观、正义观与生产力观》，《哲学研究》2019 年第 8 期）。还有学者从意识形态批判的维度切入，肯定马克思劳动正义在整个社会正义价值中的根本意义（参见毛勒堂：《马克思的劳动正义思想及其当代启示》，《江汉论坛》2018 年第 12 期）。学界立足于马克思的正义观视域来解析劳动正义思想，准确定位了劳动正义在马克思正义思想框架中的历史地位，对彰显马克思批判思维中劳动正义的逻辑进路和时代意蕴具有积极意义。但马克思的批判思维和方法基于人类社会的总体发展逻辑，其正义论具有历史唯物主义根基，其劳动正义思想属于历史唯物主义正义观的视域范畴。笔者认为，唯有从唯物史观叙事中深究马克思劳动正义思想的发展脉络，才能在更深层次上透视其具体展开的历史语境，进而厘清马克思在批判中建构的思维方法。

过程中劳动与资本关系的形式转换在资本逻辑支配下显露出诸多难题：劳动正义赖以存在的合法性根据是什么？劳动正义与现实生产领域的正义原则和社会结构性正义主题的关系如何？从传统生产领域的劳动方式到技术性劳动形态的转变对重新理解劳动正义问题和全球社会公共生活方式有何意义？这些难题成为理论研究面临的新挑战。探寻和明确劳动正义问题要立足于彰显人存在的自由本质需要，扬弃资本主义社会中劳动与现实生命发展相对立的抽象原则。

（一）马克思唯物史观叙事中劳动正义的层级结构

马克思以“现实的人”为历史出发点，开启了以“人类社会”或“社会化的人类”为理论立足点的唯物史观叙事。他在对黑格尔理性思辨和费尔巴哈人本主义历史观的批判与超越中明确了历史的本质，肯定了物质生产劳动之于人的现实存在及其全部生活的基础性地位，创立了唯物史观的基本叙事方式和思维逻辑。在马克思的唯物史观叙事中，“现实的人”如何以劳动的方式存在是逻辑起点，劳动对人类的本质规定性贯穿整个逻辑进路，实现劳动自由与正义并推动其转化为人类解放的现实力量构成的逻辑归宿。马克思始终将劳动正义视为考察人类社会历史正义与否的根本尺度，在唯物史观的叙事框架中呈现了以物质生产活动为基础的劳动关系和社会关系，将劳动正义与生产正义、社会正义的关系问题置于现实的物质生产实践中加以考察。马克思的唯物史观与其劳动正义思想的展开具有叙事上的一致性，旨在揭示人类劳动与现实的人的生存方式、人类社会形态的深层关联，表征为劳动正义的逻辑先在性、围绕生产正义的总体展开、以社会正义的主题为参照的三重结构。

马克思将人的现实生存境遇同超越现实的价值追求关联起来，在历史进程中彰显劳动正义在人与世界关系中的逻辑先在性。马克思在确证劳动正义逻辑先在性地位的基础上，明确了“现实的人”的劳动在具体生产领域的总体展开，体现了对生产领域和社会公共生活中正义性思想的观照。因此，马克思的劳动正义思想的三重结构呈现为由内及外、相互设定的层级结构。

马克思的劳动理论是其阐发劳动正义思想的基石，他立足于人独特的存在方式，在人类劳动与社会历史的互动中，深刻把握人类存在的劳动根基。马克思在唯物史观叙事中澄明人的内在规定，通过确证劳动的本质地位来为人的内在超越性提供可能。他在对黑格尔和费尔巴哈历史观的批判中揭示了“现实的人”的根本立足点，确定了以人的现实活动为主体的历史观。在《1844 年经济学哲学手稿》中，马克思重审了黑格尔以“自由精神”为主体而循环行进的历史观，扬弃了其唯心史观所依托的思辨形式，肯定了其辩证法的否定性原则所蕴含的推动性与创造性力量，并将其辩证法本质的载体还原为现实中的人及其实践活动。马克思指出，“整个所谓世界历史不外是人通过人的劳动而诞生的过程，是自然界对人来说的生成过程”。① 然而，此时马克思仍在人所谓“类”劳动的视野下理解人的存在本质。直到《关于费尔巴哈的提纲》，马克思在反思费尔巴哈将人的感性存在与其实践活动相分离的历史观中，摒弃简单抽象的哲学推演方法，在哲学变革的高度上将人的劳动阐释为对象性的感性活动，即体现了人对自然能动关系的物质生产实践，并进一步指出，“环境的改变和人的活动或自我改变的一致，只能被看做是并合理地理解为革命的实践”，② 由此确认了人的实践在人与世界关系中的核心地位。《德意志意识形态》的完成标志着以生产逻辑为基础的唯物史观的形成，表明马克思的理论叙事重心已由“实践”向“物质生产”过渡。马克思将物质资料生产方式视为唯物史观的基础，提出了“生产关系”“交往方式”和“所有制形式”等劳动范畴，着重从物质生产劳动

① 《马克思恩格斯文集》第 1 卷，人民出版社 2009 年版，第 196 页。

② 《马克思恩格斯文集》第 1 卷，人民出版社 2009 年版，第 500 页。

的具体方式认识社会历史与结构的客观规律，揭示了人类劳动实践的社会条件限制和社会关系规定。

马克思在澄清“现实的人”与其社会关系问题的基础上明晰了劳动的正义性思想价值。他在阐述“现实的人”的存在本质时揭示了人在生存、生产过程中对正义的需要，认为“现实的人”是“从事活动的，进行物质生产的，因而是在一定的物质的、不受他们任意支配的界限、前提和条件下活动着的”① 存在物，“现实的人”在来源和存在方式上都体现出受动性与能动性的双重特征，展现于自然与社会的双重维度。当人在社会交往中扩大物质生产劳动时，其存在方式就会被各种社会关系所限定，人通过实践创造新的社会关系，显现出人在诸多社会关系中对正义的需要。人对正义的需要在实现自身生存发展中逐层显示出来，即从通过物质生产劳动满足“生活的第一需要”，发展为从事复杂多变的实践活动以实现自身独特生存方式延展的需要，进而在劳动的推动下产生更新、更高级的需要。在分析人的自然存在需要与社会存在需要的相互关系时，马克思认为人的自然存在需要只有在社会存在框架中才能真正实现，他犀利地指出现代市民社会中实现人的生存需要的结构性矛盾，即个人在社会公共生活中热衷于追求自身的权益而与他人陷入利益冲突时，“每个人都互相妨碍别人利益的实现，这种一切人反对一切人的战争所造成的结果，不是普遍的肯定，而是普遍的否定。关键倒是在于：私人利益本身已经是社会所决定的利益，而且只有在社会所设定的条件下并使用社会所提供的手段，才能达到；也就是说，私人利益是与这些条件和手段的再生产相联系的”。② 在马克思看来，物质生产是劳动本质力量发展的必然要求，而劳动逐利性则是资本主义发展的必然结果并阻碍劳动能力的真正发展，这一指认隐含着马克思对正义价值问题的思考——如何超越自然人纯粹利己需要以满足社会共同体的普遍需要。尽

① 《马克思恩格斯文集》第 1 卷，人民出版社 2009 年版，第 524 页。

② 《马克思恩格斯文集》第 8 卷，人民出版社 2009 年版，第 50 页。

管他并未直接论述劳动正义的理论内涵与实现方案，但已经提出人能够且需要按照社会规定的正义尺度和价值进行劳动。马克思的劳动正义，是以“现实的人”的劳动实践及其需要为出发点来规定正义理念的存在依据和价值旨趣，蕴含了对劳动活动与交往过程中主体自由及其相互间公平、和谐正义价值的诉求。① 只有劳动正义才能接近人的本质诉求和现实需要，使劳动成为人自身创造历史的实践过程。

随着马克思对“现实的人”的存在方式与物质生产劳动的深入分析，劳动正义的逻辑先在性地位在唯物史观的理论叙事中愈渐凸显，这既是唯物史观理论成熟的表征，也是促使人在现实社会生产中领会到自身劳动的本质力量的历史必然。马克思的劳动正义思想经历了抽象批判与现实超越的深层推进过程。他在批判抽象正义观念中划清了现实劳动的正义性与唯心主义、人本主义抽象正义观的原则界限，反对黑格尔从抽象的实践理念分析市民社会的运行机制，摒弃了以抽象的方式批判抽象的思维方法，并在深究社会生产力与生产关系变革的维度上解剖了费尔巴哈强调人生幸福的人本主义正义观，最终在物质生产领域指认“劳动”为市民社会的主要内容。通过对人的存在的辩证理解，马克思将人的劳动理解为有限性与无限性的内在统一，认识到劳动正义对人存在发展的本质力量。马克思认为，人总是在具体的历史条件下才能从事劳动，而劳动的本质力量使人拥有不断超越历史规定、营造自我发展空间、逐步走向解放道路的根本动力。马克思将劳动正义视为一种本质力量，其促使人在历史发展中彰显超越的本性，进而使人“认识到产品是劳动能力自己的产品，并断定劳动同自己的实现条件的分离是不公平的、强制的，这是了不起的觉悟，这种觉悟是以资本为基础的生产方式的产物，而且也正是为这种生产方式送葬的丧钟”。② 马克思对劳动正义与具体社

① 参见毛勒堂：《劳动正义：一个批判性的阐释》，《上海师范大学学报（哲学社会科学版）》2016 年第 5 期。

② 《马克思恩格斯文集》第 8 卷，人民出版社 2009 年版，第 112 页。

会生产关系的分析表明，劳动作为人的本质力量在现实社会生活与物质生产领域具有复杂多变性。

马克思在唯物史观的理论基础上揭开了历史向世界历史行进的一般过程，阐明了社会生产力普遍发展的历史动力，在世界历史的宏大叙事中重新审视人与世界的关系，澄清劳动本质的复杂性，挖掘劳动正义性价值的存在根据。人与世界的关系主要表现为人与自然、人与人的社会关系两个层面。在人与自然的关系层面，“人们生产自己的生活资料，同时间接地生产着自己的物质生活本身”。① 生产劳动使得人在自然存在中超越自身、在与自然的矛盾关系中达成内在统一，使人与世界在世界历史进程中结合为动态的否定性统一关系。在人与人存在的社会关系层面，人与世界的辩证统一关系要以人与人存在的社会中“类”的关系为中介，马克思强调从人的社会关系角度来省思人的存在，在社会关系中考察人与世界的关系，突出劳动把人、自然、社会三者辩证统一起来的实践本质。马克思阐释了劳动作为人的存在方式的基础地位，并在交往范围日益扩大的世界历史进程中，从劳动正义出发反思人生存于现实生活世界结构中的深层根据问题：劳动正义如何在具体的物质生产活动和社会生活实践中确证自身的逻辑先在性地位？笔者认为，马克思在唯物史观理论叙事中所体现的劳动正义思想始终与生产正义、社会正义的主题密不可分，并在唯物史观的发展中澄明了劳动正义在与生产正义、社会正义“共在”层级结构中的逻辑先在性地位。

在马克思的唯物史观叙事中，生产正义处于“现实的人”存在方式的核心层级，生产正义性原则是劳动正义价值的具体化，在总体展开中体现了劳动正义的需要。② 马克思认为，正义是处于持续创生中的运行

① 《马克思恩格斯文集》第 1 卷，人民出版社 2009 年版，第 519 页。

② 劳动正义和生产正义是马克思劳动正义思想结构中两个不同位阶的基础范畴，彼此既相互联系又相互区别。其中，劳动正义更为根本，指“人是目的不是手段”的劳动最本原的基质性正义和“有意识的自由的活动”正义；生产正义是劳动正义的具体呈现和展开，是第一性物质生活 （转下页注）

原则，劳动正义作为人本质的存在方式和价值追求，内在规定了人感性地确证自身存在过程的现实性。人在现实的物质生产过程中逐渐认识到劳动正义的需要，但这种自我认识致使人在生产领域中的劳动正义诉求与私利欲望之间的矛盾愈臻复杂，人既意识到劳动正义能够契合人本质的存在而推动人走向自由解放，又在具体的劳动活动中为满足自身生存和发展需要，而不断展开扩张性的物质生产。在人类物质生产的历史中，生产方式的变革和生产关系的调整构成了正义性原则的决定性因素，生产正义成为马克思探寻正义原则经济根源和制度前提的新向度。马克思指出，劳动正义需要在经济领域表现为生产正义的原则，揭示了生产正义之于人的存在和社会发展的动力之源。在马克思看来，物质生产“是一切历史的基本条件”，① 人领会到物质生产劳动逐渐确证了自身存在的合理性，围绕生产总体展开的方式来表征生活状态，这种生产方式“是他们表现自己生命的一定方式、他们的一定的生活方式。个人怎样表现自己的生命，他们自己就是怎样。因此，他们是什么样的，这同他们的生产是一致的”。② 马克思充分肯定生产在展现人类力量上的核心作用，在“生产什么”“怎样生产”的问题上凸显了正义性原则，认为生产方式决定生产正义原则的内容和实质，唯有生产方式的正义才能确保生产关系的正义，使人在把自然关系变更为属人关系的生产中明确正义范畴的规定性，即生产正义作为现实变化的层级既塑造着多重矛盾关系构成

（接上页注②）生产和由之产生的第二性精神生活生产的现实化“生活的生产”正义。换言之，“劳动正义”是就马克思的劳动“类本质”的意义而言，从根本上与劳动的异化性非正义区隔开来；“生产正义”是就马克思政治经济学批判论域的“生产、分配、交换、消费”结构中的物质生产环节而言的生产性正义，即生产、分配、交换、消费各环节虽然有时两两互为前提而又始终彼此依存，但生产最终起着决定性作用，由“生产、分配、交换、消费”结构中所产生出来的正义问题归根结底是一种生产性正义。（参见《马克思恩格斯文集》第8卷，人民出版社2009年版，第5~21页）

① 《马克思恩格斯文集》第1卷，人民出版社2009年版，第531页。

② 《马克思恩格斯文集》第1卷，人民出版社2009年版，第520页。

的正义的存在状态，又从根本上回应了渗透于人本质力量的劳动正义需要。

在马克思看来，生产正义推动了社会正义主题的形成，折射出劳动正义价值在社会正义主题中的体现程度，肯定劳动正义内蕴的共产主义正义观。唯物史观的社会正义主题旨在通过构建正义的社会关系而走向自由人联合体，潜在地肯定了人之发展需要的内在动力，依托以生产方式变革为推动力的构建逻辑展现社会正义的内涵指向。唯物史观揭示了个体利益与普遍利益的内在冲突，主张只有重构正义的生产方式才能培养人对现实正义的自主认识。马克思认为，生产正义是人类意识对社会关系的反映，决定着社会正义的内容和形态的变迁，由变革生产方式而确立起来的社会正义必定在一定历史时期形成总体的层级结构，即形成社会共同体的正义秩序与基本遵循，社会关系的正义发生变革必定产生影响生产方式及其正义尺度的力量。“马克思从社会发展阶段上肯定了‘正义’存在的社会形态性，即是某一生产方式下的正义，但作为‘生产方式下的正义’绝不是马克思所追求的社会正义，他所追求的社会正义是人类解放视域下的社会正义。”① 唯物史观叙事基于社会形态理论来把握社会正义存在的历史背景，借由生产正义的现实动力中介与劳动正义的根本价值诉求形成了双向辩证的呼应式层级结构。

马克思的劳动正义思想具有由内及外的层级结构划分，也指向相互对照的多样层级性发展。马克思立足于“现实的人”及其存在方式的理论视域，在唯物史观的理论叙事中将劳动视为人的生存根基，使劳动的正义性诉求成为人类历史前进的内在动因，并在阐释人与世界的现实关系中形成了人、自然和社会“三位一体”的矛盾性结构，其在现实的社会历史进程中表现为劳动正义、生产正义和社会正义深度耦合而成的系统性正义层级结构。在这一结构中，劳动正义作为基始层次，体现了人

① 牛小侠：《马克思双重向度“社会正义观”的当代阐释及意义》，《吉林大学社会科学学报》2018 年第 4 期。

本质力量的正义需要；生产正义是劳动正义的核心层级，塑造了人类社会现实发展方式的正义原则；社会正义是劳动正义的表层结构，生产正义则衍生出人与社会整体关系的正义规范。以劳动正义为基点的层级结构与唯物史观的理论叙事框架具有内在逻辑的一致性，马克思在分析人类劳动形式演变的过程中，夯实了其正义思想历史性观念的唯物主义基础，实现了正义思想从劳动本质维度向生产领域、社会整体结构的深入探进。在物质生产领域的核心层次，生产方式与生产关系的复杂矛盾性必定使得劳动正义范畴带有多样性的现实特征。随着生产方式的正义问题延展到社会关系的总体层次，马克思转而从社会存在的视角求索现实正义的深层根据，在肯定生产正义为社会正义必要条件的同时，强调基于物质生产发展来获取伦理、政治、文化等领域所滋生的正义观念，促使这些正义观念为社会正义总体的存在提供合理性论证，从而为走向自由人联合体指认正义性存在方式的基础。

（二）马克思对劳动“非正义性”的前提批判与历史解构

马克思唯物史观的创立与其对异化史观的扬弃是同一历史过程，劳动异化是异化史观的建构基础，构成了马克思批判资本主义社会中非正义性劳动生产的理论切入点。生产正义和社会正义问题集中表现在资本主义社会中。在资本主义社会中，人的本质被遮蔽，劳动活动产生异化，非正义劳动成为人形成劳动自觉意识的主要障碍。马克思既高度评价资本主义社会运作中劳动的历史动力作用，更在对异化劳动的解秘中阐明“资本正义”“经济正义”支配下非正义劳动生产的存在形式与危害，呈现了资本主义私有财产的制度根源和理论前提，从劳动异化和私有制的关系视角打开了劳动正义问题的解答思路。

马克思将资本主义社会视为考察人的生存方式和劳动过程的主要场

域，根据生产正义和社会正义在资本主义社会的现实表征，辩证地阐发了劳动的双重属性。马克思肯定生产正义对社会正义的奠基作用，认为物质生产劳动在资本主义社会充分发挥了人的本质力量，肯定“资产阶级在它的不到一百年的阶级统治中所创造的生产力，比过去一切世代创造的全部生产力还要多，还要大。”① 但他同时指出，资本主义生产方式并未彰显人的本质力量，明晰了资本主义主导的生产正义、社会正义与劳动正义之间的矛盾。在马克思看来，资本主义的生产方式推动劳动从体现劳动者本质力量的实践活动转变为资本增殖所需的生产要素，将“活劳动”置换成积累剩余价值的手段，促进资本的扩大再生产，在这一过程中资本与生产之间的非正义交换暴露无遗。资本主义生产方式促使现实生产能力和劳动者的自由生产意识获得一定程度的解放，然而，虽然劳动生产率得到提升，劳动者却面临每况愈下的生存困境。在对资本主义生产过程的批判中，马克思意识到劳动成果与产品所有权的分离是资本剥削劳动的必然结果，指认这一后果是资本主义社会中劳动“非正义性”的体现，即人类劳动被动融入资本增殖的同一过程，成为达致资本主义社会正义与生产正义的条件。

在《1844 年经济学哲学手稿》中，马克思将研究对象从人类劳动转换到资本主义社会中的“异化劳动”，发现“异化劳动”背后的“现实的人”的存在样态的异化，认为“异化劳动”是对人本质力量的颠倒和异化，在资本主义社会表现为工人阶级的劳动异化。马克思从劳动产品、劳动活动、人自身的“类本质”以及社会关系的四个维度阐述了劳动异化问题，其中，在论述工人与资本家的社会关系时，他指出“一个人同他人相异化，以及他们中的每个人都同人的本质相异化。”② 在资本主义社会制造的劳动异化中，资本家也被无形地异化为虚假的主体，其实质是将自身抽象化为资本（物）的支配权力。马克思从“经验事实”的维

① 《马克思恩格斯文集》第 2 卷，人民出版社 2009 年版，第 36 页。

② 《马克思恩格斯文集》第 1 卷，人民出版社 2009 年版，第 164 页。

度分析劳动异化的必然性，解构了“异化劳动”的非正义表征。他将资本主义生产方式置于历史的发展逻辑中进行考察，针砭整个资本主义社会关系的“事实正义性”表象，即“只要与生产方式相适应，相一致，就是正义的；只要与生产方式相矛盾，就是非正义的”。[①] 资本家以与资本主义生产方式相匹配的资本主义社会正义观为雇佣劳动制度的合理性辩护，将不符合资本增殖的生产视为非正义劳动，而在马克思看来，真正的劳动“非正义性”是资本家对工人劳动的剥削所导致的。

马克思在反思资本主义生产方式过程中解构了由“资本正义”所引致的劳动“非正义性”，认为未能彰显正义的劳动在现实生产领域是“资本正义”逻辑强行压制劳动力发展的必然后果。资本主义在缔造劳动生产与资本增殖相统一的历史过程中创造了劳动自觉依附于资本的“正义”规则，将资本主义工厂幻化为“温和监狱”的“正义”社会图景。伴随对生产领域物质基础和经济根源研究的推进，马克思在资本主义生产关系中把握了“资本正义”与资本生产劳动“非正义性”之间的历史同构性，生产正义问题通过生产力发展与资本增殖的相互依存得以显现。资本逻辑在资本主义生产方式中证实自身增殖的“天然正义”，即资本获取的生产增殖得益于其本身生发的价值而非源于劳动力的创造，从而创设出社会生产与劳动无关的“资本正义”。生产力的产生和增长是依附于资本主义生产方式的动力要素，生产劳动在保证资本增殖的过程中确证了“资本正义”的理论基础。“资本正义”的实现饱含对物质财富和剩余价值的极度贪婪、对劳动者物质生产劳动能力的霸权统治以及对个人与社会关系的抽象颠倒，物质生产在加深资本普遍“正义”的同时也裹挟着强制性话语，企图使整个社会生产领域在潜移默化中接受资本逻辑的宰制。人的劳动不是天生采取雇佣的形式并依靠于资本，而是在物的关系笼罩下逐渐形成对“资本正义”的推崇和对资本抽象统治的趋附。马克思发现：“劳动所生产的对象，即劳动的产品，作为一种

① 《马克思恩格斯文集》第 7 卷，人民出版社 2009 年版，第 379 页。

异己的存在物，作为不依赖于生产者的力量，同劳动相对立。”① “资本正义”并非资本家天生的幻想，而是“异化劳动”的产物，“资本正义”一经产生就会以法权的形式确认劳动能力与劳动条件相分离的正当性，进而将物质生产规定为与“资本正义”相一致的“劳动正义”，这种忽视了人本质力量的劳动无法真正实现生产力水平的高度发展。

马克思在解剖“资本正义”中将研究的触角深入经济生活领域，从资本主义经济领域的“正义”现象入手，解构了现实生产中的非正义因素。“资本正义”和劳动“非正义性”之间的关联依随物质生产力的发展而逐步凸显为“经济正义”与劳动“非正义性”的必然关联。在经济利益的驱动下，资本逻辑从对生产资源的暴力掠夺转化到对经济活动和金融资源的隐性掌控。资本逻辑逐渐将“资本正义”的目的寄托于经济利益领域，将追求经济利益的最大化、合法化的“经济正义”视为资本“天然正义”的实现。资本逻辑宰制下的经济利益增长成为生产力发展水平的判定标准，经济生产与交换的最终目的是实现利润增长。人类生产劳动是决定社会结构和生产方式的基础，而资本逻辑主导的“经济正义”理念彻底颠覆了劳动之于社会整体发展的根基地位，必定造成劳动正义与“经济正义”相背离，无法带来经济利益的劳动被视为对“经济正义”原则的违背。马克思认为，在资本主义“经济正义”的社会关系中，生产劳动最初以占有和获取基本生存资源为目的，劳动正义本质上符合人自由本性的正义价值，但以物质利益和经济效益至上的“经济正义”致使追逐物质财富成为首要目的，社会关系被嵌入经济体系之中，根本体现人自身价值的劳动方式被遮蔽，劳动演化成单纯追求经济利益的现实力量，其“非正义性”的现实表征逐渐扩散，“而这首先又只有通过异化的形式才有可能。”②

在揭示资本主义社会中劳动的非正义性时，马克思展开了对资本主

① 《马克思恩格斯文集》第1卷，人民出版社2009年版，第156页。

② 《马克思恩格斯文集》第1卷，人民出版社2009年版，第205页。

义社会生产方式中的抽象“经济正义”观和现实经济利益关系的双重批判，并对资本主义社会总体关系及其“正义”原则进行深度批判，认为资本生产中劳动的“非正义性”始终与体现人本质力量的“劳动正义”相违背，因此，必须挖掘出深藏于经济利益和社会整体关系中的“合理性”存在根由。在分析经济利益关系时，马克思指责资产阶级政治经济学借用“经济事实”掩盖“社会现实”的企图，揭露经济运行中以物质利益为量化标准来规定劳动运作的非正义实质。针对资产阶级经济学家对资本生产的辩护，马克思通过剖析资本主义经济活动方式和生产关系，创造性地把握了限制资本主义生产力发展的根源——资本本身，即资本增殖固化了经济发展的模式，最终导致非正义的劳动。

马克思从资本主义私有制的根源对劳动的“非正义性”进行了前提性批判。他指出，资本主义生产关系中使资本价值得以保存和实现增殖的正义尺度，以及经济生活中人们所渴求的自由、平等的正义秩序，都是资本主义私有制伪造的虚假“外衣”，都要依靠私有制和资本力量共同构筑的“锁链”才能获得保证。马克思在《资本论》中着力批判了资本主义制度，深刻透视资本主义私有制度下劳动的“非正义性”及其对人的否定力量。正如马克思在分析资本主义生产剥削方式时所指出的：“从资本主义生产方式产生的资本主义占有方式，从而资本主义的私有制，是对个人的、以自己劳动为基础的私有制的第一个否定。但资本主义生产由于自然过程的必然性，造成了对自身的否定。这是否定的否定。”① 资本主义在私有制基础上所建立的经济运行规律，开启了对劳动力无情的压制和奴役的历史进程。马克思认为，资本主义制度本身带有剥削的非正义属性，资本主义剥削的形成根源于私有制内生的普遍性社会关系，进而明确了资本主义制度建基于阶级对立式思维的实质，而剥削的秘密隐藏于生产劳动的合法性支撑之下，“资本主义生产过程在本身的进行中，再生产出劳动力和劳动条件的分离。这样，它就再生产出

① 《马克思恩格斯文集》第5卷，人民出版社2009年版，第874页。

剥削工人的条件，并使之永久化”。① 马克思批判了资本主义制度的剥削本性及其不断衍生的消极力量，认为私有制度所安排的社会关系遮蔽了劳动的正义性价值需要。他从制度根源上对资本主义劳动的非正义因素所展开的批判，在唯物史观的叙事中是关于历史前提的批判。他将资本主义社会生产置于人类历史演进的过程中，指明资本主义生产方式在私有制度支配下无法克服的必然矛盾及其昭示的暂时性、阶段性的历史“正义性”。

（三）劳动关系悖论的求解与劳动正义的实现

马克思在对资本生产劳动“非正义性”进行历史解构和前提批判时，澄明了“资本正义”“经济正义”在现实生产过程中的剥削实质。马克思对资本逻辑支配下劳动方式的剖析涵盖经验事实和社会历史现实的双重维度，体现了逻辑与历史相统一的研究方法。马克思所解析的劳动正义问题，归根结底旨在揭示劳动能力与劳动所得之间的悖论：一是从劳动与资本的外在关系分析“资本正义”“经济正义”与劳动正义的异质性矛盾；二是从劳动内部运行的关系探求劳动能力与劳动所得的分立式冲突，并在此过程中从劳动自由和人的自由发展的高度求解劳动关系的悖论，得出资本主义生产方式中劳动关系非正义的阶级性和暂时性特质，明确劳动正义才是真正体现人本质力量的价值诉求。马克思阐明了实现劳动正义所面临的现实障碍，澄清了劳动正义具有符合人类劳动自由本性和现实劳动动态生成的双重特质，以唯物史观的立场和方法扬弃现实的劳动关系困境，为实现劳动正义奠定基础。

在唯物史观的视域中，劳动关系是社会生产关系中最基本的组成，劳动关系必然涉及劳动与资本、劳动者与资本持有者之间的关系。马克

---

① 《马克思恩格斯文集》第 5 卷，人民出版社 2009 年版，第 665～666 页。

思对资本主义生产方式中“资本正义”“经济正义”和劳动“非正义性”内容的阐发，实质上体现了其对劳动与资本关系的深刻理解，证实了生产力发展未能破除“资本正义”“经济正义”对劳动正义诉求的压制，进而从这一历史困境中揭示了劳动与资本的固有矛盾。在马克思看来，生产力的发展致使资本主义生产方式的社会化模式得以巩固，构建了迎合社会生产需要的正义价值体系，掩盖了生产过程中的非正义性实质，抹杀了劳动在生产过程中的正义诉求。资本主义生产方式致力于发掘并极力占有劳动能力，强行催动人的劳动价值与经济利益的增殖需要相一致。资本主义以物质利益为“正义需要”置换了劳动正义的价值理念，它们强调资本生产劳动的巨大能量，以“自由”“解放”为诱饵将劳动者引向资本的扩大再生产中，以规避审视和质问劳动能力与个人所得之间的关系及其正义问题。资本自身的生产使得劳动的物质利益组成逐渐成为资本主义生产链的重要一环，而劳动正义却被资本积累与经济增长的价值所吞噬，使得资本与劳动能力的交换演变为固定的经济关系。马克思在分析劳动与资本关系的变化中指出，“历史的过程使在此以前联系着的因素分离开；因此，这个过程的结果，并不是这些因素中有一个消失了，而是其中的每一个因素都跟另一个因素处在否定关系中：一方面，是自由的工人（可能性上的）；另一方面，是资本（可能性上的）”。①尽管劳动与资本之间的关系形式发生了变化，但资本占有劳动的实质未变，只不过在劳动与资本之间将产生“否定性”的对抗关系，劳动所具有的一切生产力均化为资本的内生力量，劳动正义的社会需要也被资本的“物性”及其统治强力所遮蔽。

马克思从交往关系的维度探析资本主义生产关系，洞悉了资本主义社会的本质以及剩余价值生产过程中劳动与资本的深层矛盾。马克思认为劳动与资本关系的矛盾形式已在剩余价值生产中从资本对劳动的直接占有转变为商品、货币和资本对劳动关系的颠倒。马克思着重从交换和

① 《马克思恩格斯文集》第8卷，人民出版社2009年版，第156页。

分配领域揭露剩余价值剥削劳动的独有方式。他认为，资本主义生产方式在交换领域通过劳动与资本的市场结合生成了更强劲的生产力，劳动与资本的交换关系在表面上遵循着正义原则，但实际上“工人在把自己出卖给资本家以前就已经属于资本了。工人在经济上的隶属地位，是通过他的卖身行为的周期更新、雇主的更换和劳动的市场价格的变动来实现的，同时又被这些事实所掩盖”。[①] 劳动者遵循着资本持有者所制定的以平等、自由为核心要义的“正义规则”，在交换地位上已然具有先在的非正义性。而资本持有者正是利用劳动生产剩余价值的潜能，才将货币转化为能够再次购买劳动力特殊商品的资本。在分配领域中，马克思指出，资本家将劳动等同于一般商品而支付劳动力价值，无视劳动能力的“使用价值本身具有成为价值源泉的独特属性”，[②] 劳动与资本的冲突在分配领域表现为资本迫使劳动不断创造剩余价值的强制剥削。劳动与资本关系的实质在于凭借简单商品交换的“正义原则”抹平了劳动者与资本持有者在现实交往中可能存在的非正义性。

劳动与资本的外部关系促进马克思对劳动内部关系进行省思。他洞察到劳动能力与劳动所得之间的深层矛盾。马克思以资本主义生产方式为参照，对比劳动自由理想中的正义价值，从劳动能力的开掘、劳动客观条件的初始持有和劳动成果的实际获取等层面深思劳动内部关系的正义性。在劳动能力层面，他肯定劳动能力在彰显劳动正义性中的基础地位，认为劳动能力的正义性标志着人对自身生活的合理预期和自由选择，同时客观分析了资本主义生产中劳动能力自由选择的限度，即“这里所谓自由，一方面，是指工人支配他作为商品的劳动能力，另一方面是指他不支配任何别的商品，一贫如洗，没有任何实现他的劳动能力的对象条件”。[③] 资本所有者强行占据劳动的客观条件，致使劳动者为了生存必

① 《马克思恩格斯文集》第5卷，人民出版社2009年版，第666页。

② 《马克思恩格斯文集》第5卷，人民出版社2009年版，第195页。

③ 《马克思恩格斯全集》第32卷，人民出版社1998年版，第42页。

须出卖劳动力，从而被迫放弃了自身对劳动能力的支配和交换自由的权利，这一有限的自由构成了资本主义非正义劳动关系的基石；在劳动客观条件层面，资本家在资本原始积累中对劳动客观条件暴掠攫取，否定了劳动者对劳动客观条件的初始持有，将“大量的人突然被强制地同自己的生存资料分离，被当做不受法律保护的无产者抛向劳动市场”，① 劳动者在客观条件的限定中被迫从事依附于资本的雇佣劳动；在劳动成果层面，马克思认为雇佣劳动关系中的劳动成果完全由资本持有者操控，劳动客观条件和生产资料的私有性无法确保劳动者的自由权利与机会，资本主导的分配机制必定将劳动者的权利排除在外，最终造成劳动能力与劳动所得之间不可调和的矛盾。

化解劳动关系悖论是马克思观照人类历史和劳动自由的理论主题，最终旨在求解劳动关系悖论中确定真实的劳动正义价值。马克思将劳动视为人的本源性存在方式，将劳动正义置于充实人的现实的生存意义、提升人的生命质量的优先地位，而劳动关系悖论归根究底是劳动与劳动者之间的对立。马克思认为，资本、商品对劳动能力、劳动的客观条件、劳动交换以及劳动成果所得的全面支配，使劳动者的权利在生产的各个环节处于绝对“失语”状态，这与劳动者通过生产过程发挥自身潜能和维护自身权利的诉求相违背。劳动既包含了对人的自由解放的承诺，又隐藏着戕害人性的倾向，体现劳动者本质力量的劳动活动具有促进人的自由的积极意义，而依附于资本逻辑所衍生的生产劳动则具有压制自由的弊病，劳动的双重悖论使得劳动关系的理论叙事变得复杂多样。

马克思从契合人自由本性的劳动活动出发，把劳动关系阐明为“现实的人”的存在及其在人类历史进程中自我实现程度的真实反映，在反思现实劳动关系中把握劳动正义价值。唯物史观自创立起就以实现劳动正义价值为重要关切。马克思肯定物质生产劳动是人类劳动的基本方式，物质生产劳动本质上决定了人的总体生活样态。他认为“劳动不仅在范畴

① 《马克思恩格斯文集》第5卷，人民出版社2009年版，第823页。

上，而且在现实中都成了创造财富一般的手段”，① 无论是社会生产和经济发展的问题，还是伦理道德和哲学思辨的难题，都离不开对劳动的现实把握。在马克思看来，劳动构造了现实的社会历史，人与世界之间通过劳动建立起基本价值关系。唯物史观关注人的本质存在及其自我实现，并在历史进程中追求劳动的自由和解放。真正观照人的主体性、体现人文关怀的劳动解放，才是劳动状态和劳动关系正义性的真实表征和价值诉求。

将劳动正义奠基于人的本质存在方式，把劳动的解放阐释为劳动正义的价值诉求，构成了马克思唯物史观叙事中最基本的理论关怀。马克思在洞察资本主义劳动方式和劳动关系中确立了实现劳动正义的两个基本方面：一是“解蔽”并深刻透视社会历史中实现劳动正义所面临的现实障碍，二是基于共产主义的正义价值理想探求实现劳动正义的路径。马克思认为，劳动解放的实现与对现实劳动异化、自由丧失和物质贫乏的克服是同一过程，尽管人在本质上是自由劳动创造的存在，但现实中诸多束缚人本质力量的异质性关系总是构成人生存状态无法割裂的部分。人的劳动创造了资本生产和社会所需要的价值，但其社会权利却没有得到保障，而资本的无限积累和雇佣工人贫困的加剧在生产扩张中形成了固定的结构性关系，工人所获劳动报酬只能在资本主义生产需要所容许的范围内进行调整，创造财富与愈发贫困之间的对立成为困扰劳动正义的顽固“病灶”，阻碍了人对劳动正义问题的觉醒。马克思从资本主义生产过程分析贫困的致因，认为资产阶级想方设法延长工作日，鼓励雇佣工人之间的竞争以加剧劳动强度，导致工人创造的价值与其所得财富成反比。立足于对资本逻辑和私有制的批判，马克思进一步探究无产阶级贫困问题的根源，指出私有财产及其滋生的权力关系是造成贫困问题的根本原因，“尽管私有财产表现为外化劳动的根据和原因，但确切地说，它是外化劳动的后果”。② 任何强调劳动与资本关系“自由”“平

① 《马克思恩格斯文集》第 8 卷，人民出版社 2009 年版，第 28 页。
② 《马克思恩格斯文集》第 1 卷，人民出版社 2009 年版，第 166 页。

等”的形式都无法改写工人在劳动关系中的被动地位和贫困境遇的历史。马克思将克服贫困问题、实现劳动正义的路径聚焦于消灭资本主义私有制，提出消灭私有制是践行共产主义劳动正义观的首要关切，必须消除私有制的经济根基和政治法权依附，通过对异化现象的批判向人们展示自由解放的境界，使人在对现状的反省中形成将自我意识贯彻到革命、批判的实践中去的思维，达到人对自身本质的“真正占有”。

（四）劳动生产形态的转变与劳动正义问题的重置

立足于劳动正义性问题的探析，马克思说明了劳动方式和劳动关系的理论性质与原则。随着唯物史观的发展，马克思从世界历史和全球化的角度对劳动方式与劳动关系的变化提出了新的见解。资本主义生产的扩展加速了人类历史的整体性发展，马克思认识到资本主义生产方式在世界历史阶段中的作用，明确了资本与技术进步的合流及其对劳动生产形态和劳动关系变更的影响，并以此为着眼点揭示了人类社会在世界历史进程中发展的客观规律。马克思从人类社会形态和社会关系总体的变动中，反思劳动主体及其性质的变化，确认了技术型劳动生产形态与知识型经济生产关系的实质内容，从而对资本逻辑支配劳动的状态展开深刻批判，探讨了扬弃资本逻辑主导的历史条件。在马克思的世界历史理论观照下，劳动正义问题从与资本的直接对立关系中转换到劳动中的“知识产权”领域，劳动正义价值如何实现的问题在资本主义全球化时代被搁置，对劳动正义问题的重构仍然归诸资本主义私有财产法权制度之内。

纵观马克思的世界历史理论，技术进步及其与资本的融合改变了劳动能力的基本构成和劳动生产形态。马克思承认资本主义生产扩张开启了世界历史的客观事实，认为资本主义寻求剩余价值的生产方式和逐利性在世界历史演化中没有改变，为了实现以世界市场为基础的生产方式的全面社会化，资本主义通过扩张资本的生产方式和制度手段实现了与科学技术的结合。资产阶级在世界历史进程中逐渐意识到，要想获取更多剩余价值，必须克服不同民族主体参与全球生产格局的界限，深切感受到科学技术在生产过程中对克服生产限制、攫取物质利益的强大效用。在世界历史发展进程中，资本持有者为了使生产资源在世界范围内实现最优配置以获取财富积累最大化，必定倾力推动科学技术的发展，以此重塑劳动能力的技术构成，并在技术进步中创造新的劳动生产形态。马克思在对“异化劳动”批判中逐渐阐释了技术劳动的思想，他建构了科学技术的对象化、异化及其扬弃的理论叙事，澄明了技术性劳动在资本掌控的世界历史中逐渐被视为人的“类本质”并引导人发展的逻辑。随着资本与技术的联合，技术进步成为劳动能力的主要构成，技术性劳动成为人本质力量和“类本质”活动的集中体现，技术化劳动生产自然被粉饰为解放人的力量。

随着世界历史的发展，劳动生产形态的新特点在于技术进步成为人与自然关系的中介力量，这种新特征在深层次上指向技术进步中全球劳动关系的变化。技术进步通常表现为人类改造自然和社会生产能力的增强，“在给定的技术背景下，技术系统效能的增加，可以很容易被解释为人的能力的增加，以确保该系统所施加的实际行为与人的目标一致”。① 技术进步中的生产方式旨在塑造社会生产与人的劳动解放需求相一致的模式，倾向于将与生产效率、经济效益相一致的客观价值作为劳动能力与技术效能发展的测量标准。马克思对生产劳动中的工业扩展和技术进步进行深入分析，指出劳动中技术因素比重的提升会增强劳动者在生产过程中的组织力量，劳动者在反省资本剥削中积蓄了抵制能力，但工人的对抗性运动却无法从根本上改变资本对劳动的抑制关系。尽管资本增殖与技术进步是同一个历史过程，都旨在为世界历史的发展提供

---

① 吴国林、程文：《技术进步的哲学审视》，《科学技术哲学研究》2018 年第 1 期。

物质支撑，但资本对技术仍具有绝对先在的控制权，技术进步中劳动关系形式的变化依然隶属于资本逻辑扩张下的生产范围。技术进步对人力、技能等可变资本的要求不断提升，催促劳动者为获取文化、知识和技能来提高自身劳动生产力而投入更多的精力、时间等成本。资本主义生产过程在改变劳动能力构成的同时，实现了资本积累方式的更新，资产阶级通过购买高科技含量的机器提高劳动生产率，以获取更多剩余价值进而扩大再生产。

资本通过与技术进步的结合实现了对劳动关系愈加隐秘化的控制，造成并加深了劳动关系中资本积累和劳动收益的分化，扩展了资本对劳动能力的剥削空间。资本主义生产方式具有生产物质商品与阶级剥削的天然二重性特征：确立了劳动与所有权相统一的“正义”规则，即资本家对工人劳动过程及其产品拥有绝对所有权；构造了劳动力为资本增殖服务的非正义关系。资本主义生产过程的展开促使劳动力愈益成为生产剩余价值的依附力量，而技术进步在生产过程中发挥主要推动作用。技术进步通过缩短生产过程中损耗的社会必要劳动时间而改变了资本的有机构成，使得不变资本中的知识信息因素相应增加。技术对资本扩张的加持粉饰了资本主义生产方式的内在矛盾，营造资本逻辑自我消化和调节矛盾的能力不断提升的假象，其中，最主要的特征体现在其所确立的内在组织机制对经济生活的制度安排与执行产生的影响。技术进步确立了对“技术—经济”活动系统的自组织机制功能，其所确立的组织机制深刻形塑了独特的分配制度和“正义”标准。“正义”制度关注经济主体投入生产劳动过程中的正义诉求，在其中“占统治地位的只是自由、平等、所有权和边沁”。[①] 技术进步确立了生产过程中“正义”原则的自由特质，通过提高劳动的技术构成来确证劳动方式对“自由”本性的诉求，致使劳动者“自主”成为经济生产过程中的“生力军”而丧失支配生活的自由权益，从而强化了“经济正义”的合理性。

---

① 《马克思恩格斯文集》第5卷，人民出版社2009年版，第204页。

资本通过与技术的结合确立了新的生产组织方式，这种生产组织方式将人的劳动所创造的价值主要归功于技术进步，以助推劳动方式的变革来实现与所有权相对等的“正义”关系，最终诱导劳动主体在“资本正义”“经济正义”环境中放弃了对劳动正义的诉求，其实质是对劳动正义问题的消极搁置。技术进步促进了劳动生产力的提高，技术性劳动生产模式推动劳动服务于资本增殖和经济增长的目的，使得劳动正义与“资本正义”“经济正义”之间的冲突得到“消解”。但其背后隐藏着对技术权力的盲目崇拜。拒斥人性的现实冲突和劳动生成过程中的矛盾，反映了追捧技术性劳动能力为“终极实在”的过程论思维局限，势必造成对劳动生产价值的颠覆，导致劳动正义问题的实质内容被消极搁置。正义价值冲突关系的“消解”前提是劳动的技术构成与劳动方式的解放程度、社会生产的需求相一致，即劳动正义的诉求在资本主义生产方式制造的正义价值形态中得以“实现”。但“资本正义”价值形态归根究底是追求物质利益诉求的观念反映，本身包含深层的内在悖论：“资本正义”以劳动的历史性、矛盾性为生产基础，却企图在生产过程中摒弃和遗忘劳动的历史性、矛盾性，坚信技术进步能够激发劳动的无限活力以建立摆脱生产有限性的世界。技术进步中生产领域的正义价值形态通过技术权力建构了解决一切难题和挑战的终极意义，以资本主义主导的生产领域的正义价值涵盖并超越了所有正义价值目标，妄图在生产过程中实现不同领域的正义价值观念的统一，把人的生存本性与物质生产世界的普遍联系割裂开来，把劳动的工具性与目的性分离开来，忽视劳动作为一个整体的关系性存在，瓦解了劳动关系、社会关系与人的存在方式之间的密切关联，造成以劳动正义作为评价生产过程的尺度向被动接受生产方式抽象评判的颠覆。

技术进步中劳动生产形态和劳动关系的改变及其对劳动正义问题的搁置，根本原因在于对技术权力来源的忽视，而在技术权力与劳动权力的关系视域中审视劳动正义必然引起对劳动正义问题的重置。技术进步通过提高劳动的技术构成提升了生产效率，掩盖甚至否定了劳动作为满足人基本生存需要的根基地位，但在摧毁劳动的历史性和矛盾性后却并未确立技术性劳动的根基地位。生产过程中的劳动能力与体现劳动者生存需要的本质力量相背离，致使生产领域的劳动正义问题隐匿未彰。劳动是整个生产过程中的基本动力，技术劳动的无限“活动性”及其对传统劳动局限的克服伴随技术的不断进步而愈益凸显，但作为“活动性”范畴的技术性劳动所内含的本体论设定却被刻意“遗忘”。与一般的经济生产活动不同，技术进步中的劳动生产具有天然的不确定性，“不确定性即由于信息缺乏而使得准确预期某事的不可能性或区分相关或不相关数据的不可能性”,① 技术发展预期的“不可能性”表明技术难以掌握生产需要的发展趋势。技术性劳动方式虽然展示出在物质生产上的强劲功能，但仍无法使劳动的本性得到充分释放，它事先设定了劳动过程与资本增殖、经济增长目的相一致，终将因抑制劳动自由发展而以无效告终。技术劳动是劳动特殊的存在形态，其存在根基和载体是劳动本身，技术进步中的劳动正义依存于劳动本真正义理念的表达，但技术性劳动方式与生产关系是资本主义生产方式的附庸，孕育于其中的劳动正义理念被强制与经济生产过程的价值需要相契合，实际上体现了劳动能力与劳动所有权在全球化生产领域内产生了新的分离形式。马克思在分析资本主义生产方式时指出“异化劳动”与私有财产形成了相互作用的关系，即劳动在私有财产的关系中被异化为工人的生产和资本家的所得。在世界市场中，劳动正义的问题被放大为世界范围内的生产、分配与劳动者所有权的实现问题。

在资本逻辑主导的当今全球化社会和技术性劳动关系中，全球性的资本积累和贫困分化在各主体国家之间形成了以“知识产权”为核心议

① Frances J. Milliken. “Three Types of Perceived Uncertainty about the Environment: State, Effect, and Response Uncertainty”, *Academy of Management Review*, Vol. 12, No. 1, 1987.

题的新的等级形式。“知识产权”问题事关劳动财产和所有权的主要问题，在全球化以及技术创新时代显得尤为突出。为了与劳动能力和劳动所得之间的正义关系相呼应，应对“知识产权”给予制度形式的保护。但保护“知识产权”的制度仍然为资本逻辑所掌控，就变成保护资本持有者的利益，而非维护劳动能力与劳动所得的对等，便违背了劳动正义的价值本义。马克思在阐发劳动能力与所有权分离中说明了私有财产的起源问题，认为私有财产是“劳动借以外化的手段，是这一外化的实现”,① 同时指出私有财产是劳动外化的产物，证明劳动的对象化给劳动者在生产领域带来了有限的所有权，而劳动异化则使劳动者全部生活的所有权被无偿占有。“知识产权”是劳动者在一定时期对其成果的所有权，其现实特质及制度安排源于私有财产和私有权理论，在技术性劳动为主的全球化时代，“知识产权”与劳动正义性问题产生密切关联。而在资本逻辑施行支配强权的语境中，资本持有者为了掠夺更多利益，抑制劳动者发出的抗议，从制度层面确定知识生产权力的独占性和成果占有的排他性，实际上是采取资本主义私有财产权的方式、利用技术的高效率来应对知识生产中劳动与资本之间的利益冲突。罗尔斯认为，正义的主题表现为“社会主要制度分配基本权利和义务，决定由社会合作产生的利益之划分的方式”,② 即对“知识产权”的制度设计旨在化解现实的利益冲突，但寄生于资本逻辑关系中的“知识产权”制度本身就是资本持有者的利益主张及其理性选择，知识从产出到转化为现实生产力的过程涉及创造者、传播者和使用者等多方权利主体，不同权利主体力量的悬殊必然导致制度设计向强势的利益主体倾斜，反而造成利益的多元分化和冲突，导致了不同主体国家对知识生产中强权倾向的制度惯性和路径依赖。这种全球范围内“知识产权”制度的非正义性在现实的劳动

① 《马克思恩格斯文集》第 1 卷，人民出版社 2009 年版，第 166 页。

② 〔美〕约翰·罗尔斯:《正义论》，何怀宏、何包钢译，中国社会科学出版社 2009 年版，第 6 页。

正义问题上必将造成难以弥合的鸿沟。

在资本主义社会历史结构中审视劳动正义及其内部关系的演变问题，是马克思唯物史观叙事所包含的基本思想。马克思在唯物史观的建构中阐明了劳动正义、生产正义和社会正义的层级结构，对全部资本主义社会的基石即资本的人格化与资本逻辑主体性提出质疑，敏锐地洞悉资本主义生产结构的内在矛盾及其造成的劳动"非正义性"问题，揭露以资本主体为基点、建立在物质利益有用性上的正义价值尺度的弊端，指责"资本正义""经济正义"原则否定劳动正义本真内涵的内在局限。马克思在批判资本主义社会生产过程中体现的劳动正义思想，是以"现实的人"的本质存在及其生存方式为理论前提，并基于此确立了社会生产生活中劳动的正义性规范；反对颠倒劳动与资本主客体地位而把物质利益视为立法准则，指出其后果在于劳动规范基础的缺失。马克思劳动正义思想中内蕴解放的叙事、对美好未来社会生活的构想、物质生产走向的规范力量以及对现实社会存在的批判等向度，向我们展现了解读正义思想的重要问题域和研究生长点。解决劳动正义性问题的关键在于探寻以何种方式通达正义性的规范基础，从而揭示资本主义强权话语对人类劳动正义与交往自由的扭曲，最终将劳动正义问题的化解归本于人的劳动本身，这构成马克思正义价值理想的根本前提和本真意义。我们只有在对劳动正义的不断追求中，才能免于资本生产逻辑所制造的异化劳动的消极影响，一以贯之地保持人类本质力量的自我超越性。虽然社会生活中的劳动正义，在不同的生产发展阶段都带有局限性，但在现代社会，我们应该坚持以劳动正义的原则扬弃资本和技术力量所奠定的社会公共生活正义观念的规范基础。马克思的劳动正义思想蕴含对社会生活"理应如此"的价值诉求，是从理想的价值状态出发批判现实社会并超越现存状况的实践哲学，促使人们在全球化发展的现代社会中挖掘和培植劳动正义的规范资源并达成价值共识，最终促进人们在社会交往中实现"自由联合"和团结协作。

五

西方马克思主义的理论性质与中国意义*

摘　要：研究西方马克思主义，应力求进入西方马克思主义本身的脉络去阅读与思考，厘清其问题逻辑，即判断其基本性质，把握其理论特质，考究其历史与逻辑的边界问题，并勘定其问题意识。西方马克思主义研究中的基本问题疑窦丛生，根本原因在于西方马克思主义不是一个统一的思潮，而是“家族相似”。依此认识而揭示西方马克思主义的问题意识，有助于我们把握住西方马克思主义的理论成就与问题所在，形成自己权衡取舍的广阔视野，进而明确研究西方马克思主义之于中国的意义。

关键词：西方马克思主义　“家族相似”　问题意识

在马克思主义发展的历史长廊中，西方马克思主义无疑是一道独特的理论景观。这道景观随着我国的对外开放正式进入了中国学者的视野，它以独有的话语体系和犀利的思想锋芒，刺激着中国学者的理论神经。一次次研讨与争鸣，一本本译作与著作，成果不可谓不丰。然而“中国语境中的西方马克思主义”在今天仍然是一个疑窦丛生的问题性存

* 本文原载于《中国社会科学》2010 年第 5 期。

在——对西方马克思主义的基本性质、理论特质、学科边界、问题核心、历史与逻辑的主脉等基本问题既没有形成整体性的认识，也没有达成共识性的见解。这种状况也许源于西方马克思主义自身的复杂性。独立细致的专业化研究是必要的，但如果缺乏问题逻辑和整体意识，不自觉地将某一部分或某一方面的西方马克思主义的主题视为中国马克思主义研究的正题，就会出现认识上的偏差。

（一）西方马克思主义的理解前提

西方马克思主义的理论性质，之所以是一个无法跨越的理论环节，就在于这是理解西方马克思主义的首要前提。

作为西方马克思主义的奠基者之一，德国的卡尔·柯尔施（Karl Korsch，1886-1961）在1923年发表了《马克思主义和哲学》的长篇论文。在该文中，柯尔施尖锐地批判了第二国际理论家的“正统马克思主义”，并间接地批评了列宁的一些观点。因此，该文一发表就受到了共产国际的严厉指责。但柯尔施没有因此而放弃自己的观点，反而进一步扩大了批评的范围。1930年他发表了《关于“马克思主义和哲学”问题的现状——一个反批判》的论文（此文作为增补材料附在1930年重版的《马克思主义和哲学》一书之后），对《马克思主义和哲学》发表之后所遭到的批判进行反驳。在反驳中他指出了这样一个“现状”：1923年格奥尔格·卢卡奇（Ceorg Lukacs，1885—1971）的《历史与阶级意识》和他自己的《马克思主义和哲学》问世以后，一个富有创造性的哲学派别在马克思主义内部诞生了。这个派别的诞生使得马克思主义阵营内出现了对立的两派：一派是以考茨基为代表的马克思主义旧正统派和俄国列宁主义新正统派的联盟；另一派是以卢卡奇和他本人为代表的在当代无产阶级运动中带有批判性的哲学流派。柯尔施坦承了这两个派别的对立性，他说：“我们这些西方共产主义者形成了共产国际自身内部一个敌对的哲学流派。"① 这里的"西方共产主义"，就是他后面所说的"西方马克思主义"。在该文中，柯尔施不止一次地使用了"西方马克思主义"这个新概念。

柯尔施使用的西方马克思主义概念，具有内涵和外延上的明确性。从内涵上看，柯尔施所说的西方马克思主义，是指与"正统马克思主义"相对立的一股"理论趋向"。这股"理论趋向"在论及俄国革命、西欧各国革命的成败等问题上，认为俄国革命的成功经验不适用于西欧及整个西方。在列宁主义指导下的俄国革命主要是在东方的特殊历史条件下进行的，西方革命要想取得成功，必须结合西方文化的特点，从马克思哲学中挖掘强调辩证法的黑格尔主义源头，把总体性革命特别是主观意识革命置于重要地位，决不能像"正统马克思主义"那样，用旧的形而上学代替辩证法，导致把马克思主义被自然化与实证化。从外延上看，柯尔施所说的西方马克思主义，是指植根于西欧大陆各国尤其是德国、法国和意大利等国的马克思主义，它的代表人物主要有卢卡奇、柯尔施等。可见，柯尔施的西方马克思主义概念在意义上是明晰的，不存在逻辑上的混乱。但是，这一概念在提出之后的 20 多年里，一直没有引起人们的关注。

直到 1955 年，法国存在主义哲学家梅洛·庞蒂（Maurice Merleau-Ponty，1908—1961）出版了《辩证法的历险》一书，西方马克思主义概念才开始流传开来。在《辩证法的历险》一书中，梅洛·庞蒂把西方马克思主义作为第二章的主题进行了专门的讨论。尽管他没有对西方马克思主义概念作出直接的说明，也没有指明哪些人的理论属于他所说的西方马克思主义，但从他的有关论述可以察觉，他所说的西方马克思主义，是指以卢卡奇的《历史与阶级意识》一书开始的、同第三国际的马克思主义特别是同列宁主义相对立的理论。这种理论突出强调主体能动作用

① 〔德〕卡尔·柯尔施：《马克思主义和哲学》，王南湜、荣新海译，重庆出版社 1989 年版，第 72 页。

的历史辩证法，把恩格斯的自然辩证法看成是其对立面；突出强调“意识形态理论”，为意识和意识形态恢复地位；突出强调“实践哲学”，把阶级意识等同于实践；突出强调“历史相对主义”，注重偶然性的历史作用，等等。显然，梅洛·庞蒂是从思想路线的角度论证了西方马克思主义同列宁主义的对立。据此，可以把梅洛·庞蒂的西方马克思主义概念看成是对柯尔施西方马克思主义概念的沿用，只不过在具体用法上略有差别而已。

如果说柯尔施与梅洛·庞蒂的西方马克思主义概念属同一种用法，那么英国新左派理论家佩里·安德森（Perry Anderson，1938—　）的西方马克思主义概念则是另一种用法。1976年安德森出版了题为《西方马克思主义探讨》的小册子。在这本书中，“安德森是从马克思主义发展史的角度界定其西方马克思主义概念的”。[①] 在安德森看来，马克思主义诞生以后的历史继承表现为几代人的更迭：第一代马克思主义的直接继承者是拉布里奥拉等四人，他们都来自“落后的东欧或南欧地区”[②]；第二代马克思主义继承者包括列宁等七人，他们“毫无例外地都来自柏林以东的地区”[③]；第三代马克思主义继承者（其理论具有了与第一、二代继承者完全不同的崭新学术结构）包括卢卡奇等13位新一代理论家。第三代马克思主义继承者有一个地域上的显著特点——他们“都来自更远的西部”[④]。正因为如此，安德森继续使用了梅洛·庞蒂用过的术语，把他们称作“西方马克思主义”。

安德森的西方马克思主义概念与梅洛·庞蒂的西方马克思主义概念

---

① 段忠桥：《试析徐崇温的“西方马克思主义”概念的逻辑矛盾》，《吉林大学社会科学报》2004年第3期。

② 〔英〕佩里·安德森：《西方马克思主义探讨》，高铦、文贯中、魏章玲译，人民出版社1981年版，第12页。

③ 〔英〕佩里·安德森：《西方马克思主义探讨》，高铦、文贯中、魏章玲译，人民出版社1981年版，第15页。

④ 〔英〕佩里·安德森：《西方马克思主义探讨》，高铦、文贯中、魏章玲译，人民出版社1981年版，第38页。

在用法上存在差异。前者从马克思主义发展史的角度把西方马克思主义界定为第三代马克思主义者的理论，后者从思想路线的角度把西方马克思主义界定为与列宁主义相对立的理论。安德森是从外延的角度来界定西方马克思主义概念的，而梅洛·庞蒂则是从内涵的角度来界定这一概念的。从逻辑上讲，这两种界定概念的方法都是有效的，都能从特定的角度明确概念的意义。但是，仅从外延的角度或仅从内涵的角度来界定概念，都会带有某种程度的局限性。在很多情况下，仅从内涵的角度来界定概念，其外延会比较模糊；同样仅从外延的角度来界定概念，其内涵会比较模糊。梅洛·庞蒂的西方马克思主义概念，有比较清晰的内涵，但外延不甚明确；而安德森的西方马克思主义概念，有比较清晰的外延，但内涵却模糊不清。如何克服这种片面性？一个现存的且合乎逻辑的办法就是，将梅洛·庞蒂与安德森二者的用法结合起来，先从内涵的角度进行定义，再从外延的角度进行划分。

中国学者徐崇温先生的关于西方马克思主义的概念就是这样界定的。作为国内研究西方马克思主义的先驱，徐崇温在1989年出版的《“西方马克思主义”论丛》一书中指出，西方马克思主义“在政治方面，它在对现代资本主义分析和社会主义的展望上，在革命的战略和策略等问题上，提出了不同于列宁主义的见解，在哲学方面，它提出了不同于恩格斯、列宁的辩证唯物主义和历史唯物主义的见解，而主张按现代西方哲学中某些唯心主义流派，首先是黑格尔主义的精神，以后还有弗洛伊德主义、存在主义、新实证主义、结构主义以及分析哲学的精神，去解释和发挥马克思主义，以‘重新发现’马克思原来的设计”。①

上述表达包含了内涵与外延的双重规定。其中，“不同于列宁主义的见解”“不同于恩格斯、列宁的辩证唯物主义和历史唯物主义的见解”，作为西方马克思主义的特有属性或本质属性，构成了这个概念的内涵；而“黑格尔主义、弗洛伊德主义、存在主义、新实证主义、结构

① 徐崇温：《“西方马克思主义”论丛》，重庆出版社1989年版，第2~3页。

主义以及分析哲学”等流派的马克思主义，作为对西方马克思主义的划分，则构成了它的外延。徐崇温先生是把梅洛·庞蒂的内涵定义与安德森的外延定义结合起来了。这种结合本来是很自然的事情，而问题在于，梅洛·庞蒂的西方马克思主义概念与安德森的西方马克思主义概念并不是同一个概念，或者说，前者所揭示的内涵与后者所揭示的外延分属于两个不同的概念。这两个不同的概念尽管具有相同的语词形式（这是十分常见的语言现象），但它们却不能很好地吻合，因为它们所指称的对象之间只是交叉关系而不是全同关系。将这样的两个概念捏合在一起，必然造成意义上的混乱，造成内涵与外延上的不一致。①

意识到西方马克思主义定义的困难，徐崇温先生在其2000年主编的《西方马克思主义理论研究》一书中，没有再给这一概念赋予明确的定义。国内其他研究西方马克思主义的学者，也都非常谨慎地对待这个问题，没有轻易给出“西方马克思主义”的定义。俞吾金、陈学明主编的《国外马克思主义哲学流派新编·西方马克思主义卷》一书，就没有关于西方马克思主义概念的明确定义；张一兵、胡大平的《西方马克思主义哲学的历史逻辑》一书，也只有大致的背景描述，没有严格的性质定义。这样做确实避免了某种不必要的麻烦，但它同时又引发出另外一个问题：没有西方马克思主义的明确定义，我们该怎样认识西方马克思主义的性质呢？这两个问题显然是同一个问题的两个不同方面，解决了其中一个，另一个也就迎刃而解了。

（二）认识西方马克思主义性质的核心问题

上面的考察没有得出具体的结论，只是明确了如下的事实：西方马克思主义是难以精确定义的。问题是，这一事实背后的原因是什么？学术界

① 参见段忠桥：《试析徐崇温的“西方马克思主义”概念的逻辑矛盾》，《吉林大学社会科学报》2004年第3期。

对此的普遍看法是：西方马克思主义不是一种统一的思潮，而是一场多线索多形态、内容庞杂的理论运动。对复杂的理论“织体”给出严格的学术定义是困难的，难怪有人因此怀疑西方马克思主义概念本身的合法性。①“不统一”的现象却获得了“统一”的名字——西方马克思主义，并且广为流传，这一现象本身就很值得人们深思。然而要真正思考这一现象必须借助“他山之石”，这不能不使人想起维特根斯坦的“家族相似”理论。

“家族相似”理论是作为共相理论的对立面出现的。人们想当然地认为一些事物之所以归在一个语词之下是因为它们具有某种共同的属性。英籍奥地利裔的世界著名哲学家路德维希·维特根斯坦（Ludwig Wittgenstein，1889—1951）以“游戏”为例否定了这一观念。他指出种种游戏并没有共同的属性。娱乐性不是游戏的共同属性，因为激烈的棋类比赛并不具有娱乐性；竞争性也不是游戏的共同属性，因为单人纸牌游戏或单人球类游戏也不具有竞争性……总之，在“游戏”这类事物中根本就找不到一个贯穿所有成员的共同之处，有的只是家族相似，即其中一些和另一些有相似之处，另一些又和其他的一些有相似之处，如此等等。维特根斯坦说：“我想不出比‘家族相似’更好的说法来表达这些相似性的特征；因为家族成员之间的各式各样的相似性就是这样盘根错节的：身材、面相、眼睛的颜色、步姿、脾性，等等，等等。——我要说：各种‘游戏’构成了一个家族。”②

维特根斯坦的“家族相似”理论因其强烈的反本质主义倾向而受到一些学者的诟病，这是十分正常的。因为共相观念的巨大惯性，不可能使人完全放弃对本质的追求。但另一方面，家族相似的存在也不容否定。为了克服这一矛盾，人们对维特根斯坦的“家族相似”理论进行了批判

① 参见杜章智：《“西方马克思主义”是一个含糊的、可疑的概念》，《马克思主义研究》1988年第1期。

② 〔奥〕维特根斯坦：《哲学研究》，陈嘉映译，商务印书馆2016年版，第36页。

性拓展，提出了“建构型的反本质主义”的理论，这种理论主张在家族相似的基础上仍然可以寻找事物的本质，并指明了寻找本质的基本方法，其方法主要有三种：第一，以各个成员的共有属性为本质；第二，以多数成员具有的属性为本质；第三，以众多属性中的核心属性为本质。所谓核心属性也就是具有典型意义的属性，它最能代表该类事物的本质。这种属性往往不是所有成员共同具有的，甚至也不是多数成员所具有的，很多情况下可能只为少部分成员所具有。核心属性在典型事例中显示得最为突出。因此，典型分析对于确认一类事物的本质具有非常重要的意义，决定了探讨的形式和特征。①

西方马克思主义作为不够统一的理论思潮无疑也是一个家族相似。也正因为如此，西方马克思主义的性质问题即西方马克思主义与马克思主义的关系问题，一直是处于争论中的问题。有学者主张干脆绕过这一问题，去进行具体的理论研究。这当然不失为一个有用的策略，但这一策略显然只是暂时的应对而不是长久之计。其实，如果换一个角度，站在家族相似的立场上，并借鉴“建构型的反本质主义”所提供的方法去探求西方马克思主义的本质，我们会发现，这个问题的解决并不那么困难，因为基于家族相似的求本质的方法并不指望找到所有成员共同具有的“普遍本质”，它所要把握的只是那些具有典型意义的“区别性特征”。

这一视角转换的效果是明显的。因为西方马克思主义的区别性特征——它与“正统马克思主义”特别是与列宁主义的区别，从一开始就是公认的事实，柯尔施和梅洛·庞蒂在使用“西方马克思主义”概念的时候早就揭示出来了。柯尔施和梅洛·庞蒂的“西方马克思主义”概念所抓住的正是西方马克思主义的区别性特征，它集中体现在早期代表人物卢卡奇、柯尔施和葛兰西等的理论中。

这一结论蕴含着历史的视角。众所周知，柯尔施和梅洛·庞蒂最初

① 参见张志林、陈少明：《反本质主义与知识问题——维特根斯坦后期哲学的扩展研究》，广东人民出版社 1995 年版，第 47 页。

使用“西方马克思主义”概念的时候，西方马克思主义作为一股新的“理论趋向”还处在早期发展阶段，它的内部是统一的、同质的。在柯尔施和梅洛·庞蒂那里，“西方马克思主义”概念所反映的是这一思潮的“共同属性”或“多数成员具有的属性”。随着时间的推移，新的流派开始增加，各种不同旗号的理论开始出场。当阿尔都塞、德拉·沃尔佩等人举起“科学主义”大旗的时候，西方马克思主义内部更是出现了分化。此时，早期代表人物所具有的个性鲜明的区别性特征，在“众声喧哗”的历史舞台上逐渐被遮蔽。但是，这并不表明它就此退出了历史舞台；相反，它在历史与逻辑的统一中被深深地积淀在了历史的底部，成了这个理论思潮的“硬核”。这类似于树木的年轮，越是早出现的越是占据“核心”位置，一切后来者都只能围绕这个“核心”扩展自己，它们会越来越远离这个“核心”，却不会完全脱离它。我们可以得到启示：西方马克思主义这个家族相似，尽管理论流派纷呈复杂，但绝不是一盘散沙，在这个家族内部，有一个具有统摄作用的理论“核心”，这就是早期代表人物卢卡奇、柯尔施和葛兰西等的理论。究其所以占据“核心”地位，除了因为他们是西方马克思主义的奠基者，更重要的是他们的理论给这个思潮定下了“基调”。正是这个“基调”使得西方马克思主义成为一个“家族”，也正是这个“基调”使得“不统一”的思潮获得了“统一”的名字——西方马克思主义。

西方马克思主义这种“形散而神不散”的特性，给我们把握它的性质带来了困难，同时也提供了可能。问题的关键在于，必须在庞杂的外表下抓住其具有统摄意义或典型意义的“核心”，只有这样，性质问题才能得到解决。目前，我国学术界在经过了广泛的讨论之后，对西方马克思主义的性质问题即西方马克思主义与马克思主义的关系问题作出了三种不同的解答。第一，认为西方马克思主义是非马克思主义；第二，认为西方马克思主义是发展了的马克思主义；第三，认为不能笼统地定性，必须针对不同人物、不同时期进行具体分析。三种观点相比较而言，前两种观点是对立的，第三种观点具有“折中”的性质。

究竟应该怎样认识西方马克思主义的性质？根据上面提供的思路可以证明，把西方马克思主义笼统地定性为马克思主义或非马克思主义都是片面的。西方马克思主义作为一个家族相似，不存在贯穿所有成员的共同属性。只要对西方马克思主义的具体人物及其思想稍加分析，我们就能清楚地看到这一点。例如，卢卡奇从1918年参加匈牙利共产党直至生命的最后一息，始终坚持对马克思主义和社会主义的信念，他的《历史与阶级意识》一书就是用马克思主义辩证法阐述了阶级意识在历史发展中的作用，因而他被很多人誉为“现代马克思主义的典范”；葛兰西是意大利共产党的创始人之一，1926年被法西斯监禁，在狱中继续坚持探索革命真理，写出了《狱中札记》这部优秀的理论著作，无疑也是杰出的马克思主义者；柯尔施1920年加入德国共产党，曾是德国共产党的意识形态领导人，他的《马克思主义和哲学》一书是想把马克思主义应用于对哲学和革命的理解，其理论框架总体上是马克思主义的，只是后来由于各种原因脱离了共产主义运动，从一个马克思主义者变成了非马克思主义者；梅洛·庞蒂是法国存在主义哲学家，他宣称要用马克思主义观点来分析社会和文化，但他对马克思主义的解释大多是歪曲的；科莱蒂是德拉·沃尔佩的学生，也是新实证主义学派最出众的成员，他于1950年加入意大利共产党，1964年退出，后来成为公开的反马克思主义者；至于法兰克福学派，最初大多都是马克思主义者，但在20世纪40年代以后，某些理论家越来越远离了马克思主义的观点……由此可知，在西方马克思主义思潮内部，不同流派、不同人物甚至同一人物的不同时期，其思想倾向、政治态度都存在着很大的差别。因此，若进行“一揽子”评价，无论是把他们笼统地归入马克思主义还是归入非马克思主义，都是失之偏颇的。

但是否意味着我们只能接受第三种观点？是否意味着我们只能针对具体的理论作出具体的分析，而不能对西方马克思主义思潮作出整体性评价？当然不是。根据上面提供的思路，西方马克思主义的整体性质是可以评价的。既然西方马克思主义是一个具有理论核心的家族相似，这一核心统摄整个“家族”，那么西方马克思主义的整体性质应该从这个核心来得到说明。前面已经指出，在西方马克思主义思潮中占据核心位置的，乃是其早期代表人物卢卡奇、柯尔施和葛兰西等的理论。这些人的理论观点、政治倾向除个别之外都可以纳入马克思主义的范畴，都符合马克思主义的基本精神。因此，我们有理由得出结论：西方马克思主义从“总体上”说是马克思主义而不是非马克思主义。这一结论显然具有统计学的意味，它是基于统计推理而不是演绎推理的结果，它没有排除西方马克思主义思潮中存在着非马克思主义的成分，但不认为这些成分具有代表性从而可以决定整个“家族”的性质；恰恰相反，这些成分只是非典型意义上的“特例”，它们在“正态分布”中处于边缘位置。

把西方马克思主义纳入马克思主义的范畴，除了事实的依据之外，还有一个逻辑上的理由。如果“西方马克思主义是非马克思主义”这个命题成立，那么只能这样进行理解：西方马克思主义不是我们所说的马克思主义。但问题是，“我们所说的马克思主义”就是真正的马克思主义吗？这显然不是一个不证自明的前提，相反，它还处于争论之中。以这样的前提为出发点，其结论必然是可疑的。因此，“西方马克思主义是非马克思主义”的观点蕴含着逻辑上的困难，它不是一个逻辑自洽的命题，它与“白马非马”的命题如出一辙，把普遍性与特殊性割裂开来了。其实，无论是从逻辑自洽还是从“名实相符”的角度来看，西方马克思主义都只能是马克思主义。这个命题既合乎逻辑又合乎直观。

（三）西方马克思主义思潮的边界

在西方马克思主义的各种定义中，柯尔施和梅洛·庞蒂的定义值得推崇。因为他们的定义是基于“典型特征”或“区别性特征”的意义作出的，它抓住了西方马克思主义这个“家族”的“核心属性”，从而在“总体上”揭示了它的本质特征。据此，柯尔施和梅洛·庞蒂的西方马克思主义概念具有较强的科学性。但是，正如前面所指出的，柯尔施和梅洛·庞蒂是从内涵的角度来界定西方马克思主义概念的，他们的定义并没有明确其外延，我们从中不能看出西方马克思主义思潮的边界在哪里。这不能不说是一个逻辑上的缺陷。

我们必须在明确其内涵的基础上进一步明确它的外延。概念的外延由概念的内涵所决定，一个概念的内涵确定了，其外延也就随之确定。但是，西方马克思主义这个概念似乎不那么简单，即使阐明了它的内涵，其外延仍然难以把握。问题在于：20 世纪 70 年代以后在英美兴起的马克思主义思潮是否属于西方马克思主义范畴？这个问题之所以会引起争议，归根到底还是基于同样的原因——西方马克思主义不是一个统一的理论思潮，而是一个家族相似。家族相似的复杂性特征决定了它的内涵难以精确定义，同时也造成了它的外延难以明确划分。西方马克思主义究竟包括哪些流派？不同的学者有不同的看法。徐崇温先生在 2000 年出版的《西方马克思主义理论研究》一书中指出，如果按照思想路线来划分，西方马克思主义大致上可划分为五个流派，即以卢卡奇、柯尔施、葛兰西、布洛赫等为代表的黑格尔主义的马克思主义，以赖希、马尔库塞和弗洛姆为代表的弗洛伊德主义的马克思主义，以梅洛·庞蒂、萨特、高兹和列菲弗尔为代表的存在主义的马克思主义，以德拉·沃尔佩和科莱蒂为代表的新实证主义的马克思主义，以阿尔都塞和普兰查斯为代表的结构主义的马克思主义。俞吾金和陈学明先生在 2002 年出版的《国外马克思主义哲学流派新编·西方马克思主义卷》一书中，除了论述上述流派之外，还把分析的马克思主义、生态学的马克思主义、马克思主义的批判学派和后马克思主义等最新流派纳入西方马克思主义范畴中予以论述。该书前后共涉及 32 位作者的 87 部著作，可谓视野开阔、取材宏富。张一兵和胡大平先生在 2003 年出版的《西方马克思主义哲学的历史逻辑》一书中，则以安德森所说的“原本的西方马克思主义”为主要论述对象，同时兼顾了东欧“新马克思主义”、分析学派的马克思主义。至于20世纪70年代以后兴起的各种马克思主义思潮，张一兵、胡大平先生将它们排斥在西方马克思主义范畴之外而以“晚期马克思主义”“后现代的马克思主义”和“后马克思思潮”等概念来标志。因为在他们看来，从20世纪60年代阿多尔诺出版《否定辩证法》开始，作为哲学理论逻辑的西方马克思主义思潮已经终结。①

西方马克思主义的对象问题与其性质问题一样，也是一个争议颇多、悬而未决的问题。这个问题可以从现象和本质两个方面来看。从现象上来看，西方马克思主义的对象问题集中表现为“20世纪70年代以后兴起的各种马克思主义思潮是否属于西方马克思主义范畴”；从本质上看，西方马克思主义的对象问题可以理解为“西方马克思主义思潮是否有一个明确的边界”，如果有，这个边界是什么；如果没有，应如何把握西方马克思主义的对象。显然，本质的方面具有决定性意义，本质的问题解决了，现象的问题也就相应地解决了。因此，必须从“边界”问题着手来解决对象问题。

西方马克思主义思潮究竟有没有一个明确的边界？这个问题和家族相似问题是联系在一起的。如果西方马克思主义思潮不是一个家族相似而是经典意义上的“封闭集合”，那么其对象问题就不是一个问题，它直接蕴含在概念的内涵之中，而内涵明确了，其外延或对象也就随之明确了。但现在的情况是，即使给出了西方马克思主义的基本内涵，其外延仍然不甚清晰。这正是家族相似的典型特征。维特根斯坦在阐述家族相似的外延问题时曾以“数”为例说过这样一段话：“我可以照这样给‘数’这个概念划出固定的界线，即用‘数’这个词来标示一个具有固定界线的概念；但我也可以这样使用它：即这个概念的范围并不被一条

① 参见张一兵、周嘉昕：《如何理解“西方马克思主义的逻辑终结”？——兼答汪行福教授的质疑》，《学术月刊》2006年第10期。

界线封闭。而我们正是这样使用‘游戏’一词的。因为我们怎么把游戏的概念封闭起来呢？什么东西仍算作游戏，什么东西不再是游戏呢？你能说出界线来吗？不能。”①

“游戏”之类的家族相似，其外延不存在明确的边界而是具有一定程度的模糊性和开放性，这种开放性决定了家族相似的成员不是固定不变的而是可以增加的，就像“游戏”的种类越来越多一样。西方马克思主义思潮正是一种“开放集合”，它的成员从卢卡奇、柯尔施和葛兰西开始一直处在扩展之中。尽管 1966 年阿多尔诺《否定辩证法》的出版和 1968 年法国“五月风暴”的发生使这一思潮有了“断裂”的痕迹，从而被部分学者指认成思潮本身的“逻辑终结”②，但我们确实很难以此为界线把西方马克思主义封闭起来并圈定一份精确的对象名单。因为在 20 世纪 70 年代之后，“西方马克思主义”的身影依然飘浮在西方世界特别是英美国家的理论园地，它们像幽灵一样挥之不去，问题只是给这些“身影”以怎样的命名，是依然如故的“西方马克思主义”，还是赋予它们以“晚期马克思主义”或“后现代的马克思主义”等新的名称。

西方马克思主义的对象问题不是如何“制造”边界的问题，而是如何“处理关系”的问题——那些远离中心的“新生代”究竟还是不是这个家族的成员，它们作为“远亲”，我们还要不要把它们纳入西方马克思主义的谱系之中？这个问题的关键不在于“英美马克思主义”和“西方马克思主义”之间的关系，而在于看问题的视角。因为英美马克思主义本身也不是一个统一的思潮，它的内部包含众多不同的理论派系，它与西方马克思主义之间的关系是极其复杂的，无论我们怎样分析和比较，我们所能看到的都只能是无尽的“重叠和交叉”，不可能发现一种具有

① 〔奥〕维特根斯坦：《哲学研究》，陈嘉映译，商务印书馆 2016 年版，第 36 页。

② 参见张一兵、周嘉昕：《如何理解“西方马克思主义的逻辑终结”？——兼答汪行福教授的质疑》，《学术月刊》2006 年第 10 期。

逻辑说服力的线性关系。因此，英美马克思主义究竟属不属于西方马克思主义就不是事实问题而是价值问题，在此出现分歧是不可避免的，上述新旧名称的选择就是对这个问题的两种不同的回答。如果继续以“西方马克思主义”来指称20世纪70年代以后出现于英美国家的马克思主义，这就意味着承认了那些“远亲”还是“西方马克思主义”家族的成员；相反，如果赋予它们以新的名字，则表明它们已被排斥在这个家族之外。俞吾金、陈学明等学者的观点显然属于前者，而张一兵、胡大平等学者的观点则无疑属于后者。

对于这种相互冲突的观点，我们很难找到充足的理由去驳斥某一方而支持另一方。我们所能做到的就是调整观察的视角，即通过增加或减少概念的内涵来缩小或扩大概念的外延。具体地讲，如果不在“反对列宁主义”“植根于西欧大陆”以及“局限于哲学领域”等意义上使用西方马克思主义概念，而只是把它看成是西方自称为马克思主义的思想家所提出的不同于传统马克思主义的理论思潮，则西方马克思主义概念的外延可以是很宽泛的，它涵盖20世纪70年代以后出现于英美国家的马克思主义是不成问题的。国内近年来的研究成果表明，这种超出“原本的西方马克思主义”意义上的宽泛用法正在被越来越多的学者所接受，大部分的学者默认了这种约定俗成的用法从而不再为对象问题纠缠不休。应该说这是目前西方马克思主义研究中的一个明智之举，我们不能死守过去的用法而无视西方马克思主义本身的发展。西方马克思主义作为一种思潮超越时空的限制而发展自身，会有时空上的起点但不必然局限于这一起点，以这一起点的名字命名很大程度上是偶然的选择。事实上，柯尔施和梅洛·庞蒂当初完全可以不用“西方”这一地域性名词作修饰语而选用别的修饰语，如代表其理论特质的修饰语。

西方马克思主义的“家族成员”之间在理论上也存在一定的逻辑差异。比如，早期西方马克思主义的兴起部分缘于认为西欧革命失败的根源在于无产阶级匮乏革命精神，而这恰恰是由商品经济所产生的物化意识和资产阶级的意识形态所造成的，因而特别突出意识形态斗争和发挥马克思主义哲学批判性功能的重要性；后马克思主义则在后现代主义理论的激发下，认为传统的马克思主义理论已经遭遇了“一场突如其来的历史巨变”的挑战，需要积极地利用后结构主义和后现代主义理论来重建现代政治，并主张从“霸权”概念出发，对马克思主义传统作批判性的解构。这就从问题意识到理论构建上都与早期西方马克思主义存在着巨大的不同。此外，西方马克思主义不仅流派之间存在理论逻辑差异，而且在不同的资本主义阶段上也存在着理论差异。如当代西方最负盛名的美国文艺评论家、理论家詹姆逊①（Fredric Jameson，1934—　）所言，“从晚期资本主义的现行制度，从后现代性，从曼德尔划分的信息或跨国资本主义的第三阶段产生的各种马克思主义（各场政治运动以及知识和理论的抵抗形式），必然会不同于现代时期，即第二阶段，也即帝国主义时期产生的马克思主义。它们与全球化拥有截然不同的关系，而且，与早期马克思主义相比，也似乎更具文化性，从根本上转向迄今人们所知的商品物化和消费主义等现象”。② 虽然在发展的不同阶段上及其在各个不同流派之间固然存在理论逻辑上的差异，但西方马克思主义作为一个“家族相似”，总体上却享有共同的“理论特质”，即早期西方马克思主义者的“遗传基因”。

总之，“西方马克思主义”不能被视为地域性概念，而应当被视为是“家族相似”。当这股思潮跨越空间的限制蔓延到西欧以外的地区时，我们不能人为地剪断它们与这个家族的联系，而应该以新的视角打量它们的理论特质，审视它们的理论躯体中是否还含有早期西方马克思主义者的“遗传基因”，如果有，我们就得承认它们是这个家族的成员；如果没有，就不能勉强将它们纳入这个家族的谱系之中。以这种实事求是

---

① 有学者译为詹明信或杰姆逊。

② 王逢振主编：《詹姆逊文集》第 1 卷，陈永国等译，中国人民大学出版社 2015 年版，第 314~315 页。

的态度建立起来的西方马克思主义谱系，就不会存在对象问题上的混乱。当然，这是一件具体而细致的工作，需要脚踏实地的实证精神，需要众多理论工作者的长期努力，唯其如此，西方马克思主义的对象问题或边界问题才能得到正确的解决。

（四）研究西方马克思主义的中国意义

不同于“正统马克思主义”的理论思潮，我们研究西方马克思主义的中国意义应该与前面讨论的“定义问题”一样，在西方马克思主义的问题逻辑中既是基本的又是重要的，它作为“定义问题”的进一步展开，体现了认识过程的连续性和纵深性，是走进西方马克思主义思潮的必经之路。但是，这一问题在我国学术界却没有引起足够的重视，学者们大都热衷于探讨更为具体的理论问题而将它弃之不顾，这种状况影响了我国西方马克思主义研究的进程。虽然研究西方马克思主义需要我们深入考察理论内部的种种辩论与相互矛盾、相互关联的观念与主张，但也应当在辨析西方马克思主义的基本性质、理论特质和边界问题之后，清晰地把握支撑西方马克思主义历史进展的“问题意识”，从而明确研究西方马克思主义之于中国的意义。因此，如果说我国西方马克思主义研究远没有达到应有的水平，那么忽视对上述问题的探讨应该说是一个重要原因。

根据徐崇温先生的介绍，我国西方马克思主义理论研究的缘起是“由努力完成政治任务所带动起来的”，“在 1977—1978 年间，胡乔木来中国社会科学院主持工作后不久，找学术情报、哲学等研究所的领导前去领受任务说，中央某领导出访欧洲期间，接触到一种叫‘西方马克思主义’的思潮，要我院搞一份材料出来供参考”。① 这个最初的缘起，不能说明西方马克思主义在中国落户的必然性——即使当初没有这个“政

① 徐崇温：《徐崇温自选集》，重庆出版社 1999 年版，第 1 页。

治任务”，西方马克思主义思潮仍然会在通往中国的旅途中找到自己的路，中国学术界对西方马克思主义的研究带有必然性与紧迫性。

自近代以来，中国被西方列强以坚船利炮和廉价商品强行叩开国门，硬生生被裹挟进了以西方为主导的世界历史，全面遭遇现代性。从此，“救亡图存”与“启蒙大众”相交织，诸多西方的学术理论被引进中国社会，与中国传统学说相竞胜，并掀起了中国语境下的现代性建构。虽说中国的现代性建构一开始并非主动为之，但也属于世界历史之一部分。尤其是随着中国改革开放逐渐深入以及全球化趋势和现代化浪潮的进一步拓展，中国变被动为主动，积极融入世界历史，肇源于西方的现代性已成为中国社会的历史语境。然而，现代性建构在带来巨大的进步的同时，也日益暴露自身之矛盾和困境，这样一来，现时中国必须面对的即是“如何推进现代化同时克服现代性问题”这一全球理论难题。①

对这一难题的解答需要我们深刻领会“现代性问题”，理解造就现代社会的历史渊源，这就要求我们深入理解西方及其思想文化。中国的发展在理论研究上离不开对伴随着“全球化”从西方蔓延至世界各地的“现代性问题”的把握，更需要批判吸收西方应对“现代性问题”的理论成果。西方马克思主义作为西方思想脉络中的一员，是一种不同于传统马克思主义的“崭新的学术结构”，因反思传统马克思主义批判资本主义现代性弊病而兴起，充分彰显了马克思主义的当代意义，这对长期浸染在僵化、封闭的教科书体系中的中国学者来说，无异于他山之石。

西方马克思主义“家族相似”的理论特质在于其含有早期西方马克思主义者的“遗传基因”，即西方马克思主义本身脉络中最重要的“问题意识”。我们认为，这个“问题意识”就是对传统马克思主义的理论反思与对资本主义现代性弊病的激进批判。早期西方马克思主义，首先

---

① 参见刘同舫：《中国语境的现代性及其现实意义》，《天津社会科学》2010年第1期。

是通过反思传统马克思主义，进而反思马克思的理论而诞生的，之后的发展则衍变为在发达资本主义国家、在革命意识衰退的历史处境下批判资本主义现代性的弊病。因此，虽然资本主义的发展经历了三个不同的阶段，无论是詹姆逊划分的现实主义与市场资本主义阶段，现代主义与垄断资本主义阶段，后现代主义与晚期的、消费的或跨国的资本主义阶段；还是如英国学者斯科特·拉什（Scott Lash）及美国学者约翰·厄里（John Urry）划分的自由资本主义、组织化资本主义以及非组织化资本主义三个阶段，西方马克思主义却总是在反思传统马克思主义的理论活动中提升对资本主义现代性弊病的批判。如伴随着马克思主义和工人运动的发展出现的各种挫折（欧洲工人运动之未能制止法西斯主义、苏联模式社会主义的弊端和失败、1968 年的“五月风暴”及其失败、东欧剧变等）之后，不断有马克思主义学者对此作出反应，他们在反思传统马克思主义的同时，汲取新的理论学说，以求更好地切中资本主义现代性的矛盾与困境，并提出基于自身理论的解决方案。如道格拉斯·凯尔纳等学者在《后现代理论》一书中指出：“某些理论家（如福柯、德勒兹与加塔利、拉克劳与墨菲、杰姆逊以及许多女性主义者）力图发展一种新的激进政治；而另外一些理论家（如利奥塔）则退回到了旧的自由政治当中，并给之贴上了新的标签；同时还有一些人（如博德里拉）最终全盘放弃了政治，声称社会、政治、大众以及历史均已终结。”① 探明西方马克思主义的这一“问题意识”之后，我们可以明确认识到，研究西方马克思主义之于中国的意义有如下几个方面。

第一，反思教科书体系，提升马克思主义理论的学科品质。西方马克思主义在促进我们觉醒的同时，激活了我们沉寂多年的批判性思维，使我们在开阔视野的基础上增强了学术反思能力，从而反观自身之不足与缺陷，明确未来学术研究的路向与方法，其中最突出的应当为反思传

① 〔美〕道格拉斯·凯尔纳、斯蒂文·贝斯特：《后现代理论》，张志斌译，中央编译出版社 2004 年版，第 237 页。

统教科书体系。传统马克思主义先入为主地对经典文本进行剪裁与割舍，强制性地磨平文本之间的问题棱角，将其处理成一以贯之的同质性存在。苏联模式的教科书正是这种“打磨”后的结果。在这种“体系严整”的教科书中，一切问题似乎都获得了“圆满”的解决，剩下的只是对已有的“定论”进行补充或做些细枝末节的考证。但是，翻开卢卡奇的《历史与阶级意识》以及阿尔都塞的《保卫马克思》和《阅读〈资本论〉》等著作，我们看到的是精耕细作式的文本解读，同时还伴有超越文本的理论想象。这种被阿尔都塞称为“症候阅读法”的研究方式，具有极强的思想穿透力，它能从固化了的字里行间透视出作者思想变化的心路历程。并且，它使我们注意到，过去很多被认为是铁板钉钉的结论，在西方马克思主义那里却出现了完全不同的理解。这就警示我们，传统教科书体系的“圆满”其实是一种假象，很多没有解决好的问题被“体系”的外壳所掩盖，并因此长期得不到解决。从这个角度上来说，西方马克思主义的意义就是“揭开了盖子”。对西方马克思主义者的“离经叛道”，我们应该表示好感甚至敬意。正是他们敢于挑战“正统”理论的勇气，激活了我们沉寂多年的批判性思维和创造性思维。也正是他们缜密而多样的研究成果，开启了我国马克思主义理论研究的新视野，使得我们能够在新的起点上“回归马克思”和“推进马克思”，并将二者统一起来。

第二，反思学院式研究，注重马克思主义理论的实践品格。马克思主义是学术性与实践性、科学属性与政治属性相统一的理论。我们只有充分重视马克思主义的这种双重属性，辩证看待其双重属性的关系，才能发挥马克思主义“求真”的理性精神，凸显其在学术上的权威性、神圣性和科学属性，为马克思主义的实践诉求奠定坚实的理论基础；也才能发挥马克思主义的“求善”的价值意志，凸显其在实践上的动力性、影响性和政治属性，为马克思主义的理论发展提供现实的动力和源泉。“但是，目前国内马克思主义研究却有另一种不良的‘学院化’趋势，试图将马克思主义研究当作纯而又纯的学术活动，关进‘深楼大院’，远离现实，直接地说就是远离政治，根本无视马克思主义的实践品格，使马克思主义研究逐渐变成了一种‘中性’的概念和话语操作。”① 与此相反，西方马克思主义却以批判当代资本主义著称于世，因此，研究西方马克思主义，注重其对资本主义现代性问题的批判精神，借鉴其从理论的高度把握实践中的困境与难题，直面活生生的社会现实政治的实践品格，有助于促使我国的马克思主义研究走进现实，为解决当代中国和当代世界的现实问题提供马克思主义的解决思路。

第三，批判现代性弊病，探索中国特色的社会主义现代化路径。现代性建构虽带来了巨大的进步，却也有其自身之弊病。探索中国特色的健康合理的社会主义现代化路径，克服西方现代化过程中的各种弊端与困境，已经成为我国马克思主义理论界的重大课题。面对这样的课题，既需要我们在实践中与时俱进地推进马克思主义的理论创新，也需要我们汲取已有的理论成果，充实自身的理论建设。西方马克思主义诞生于20世纪初，其对现代性的危机有深切的体会，或者说其本身即是应对现代性弊病的产物。存在主义的马克思主义、结构主义的马克思主义、新实证主义的马克思主义、法兰克福学派的马克思主义等，都是试图融合马克思主义理论和西方新兴的理论来克服启蒙所带来的现代性危机。虽然中国的现代性处境具有历史的具体性，但是，其与西方的现代性也有一定的同质性，尤其是肇始于西方的现代性弊病随着全球化蔓延至世界各地，研究西方马克思主义这一与中国国家建设的指导思想——传统的马克思主义具有亲缘性的“他者”，无疑能够更好地增强中国在实践政治中克服现代性的诸多弊病的能力。尤其是西方马克思主义具有其难能可贵之处，即不把现代性进程中出现的问题归罪于现代性本身，而是积极地澄清现代性问题的根源，并且发挥马克思主义的实践批判精神，为矫正社会现实中出现的问题提供理论思路。

---

① 陈学明、罗骞：《充分认识研究西方马克思主义对当代中国的意义——陈学明教授访谈》，《学术月刊》2004年第5期。

第四，应对全球化趋势，推进全球化时代的共产主义伟大事业。全球化已是不可避免的大趋势，因此，如何应对全球化，是当今世界各国的重大政治议程。西方马克思主义的产生与发展，与全球化趋势不断凸显的现实背景相关联。西方马克思主义的产生和发展大多以苏联官方的马克思主义作为理论参照，希图打破其“意识形态性”的体系建构，重新梳理、阐释抑或补充马克思主义对人类解放事业的论述，以此指导当时东欧或西欧的共产主义革命运动。尤其是“二战”以后，世界冷战格局的形成，全球化趋势明确地彰显出来，西方马克思主义者无论是对马克思主义经典文本的解读，还是对新形势下共产主义革命的论述都明显带有全球化时代的理论印迹。因此，研究西方马克思主义对逐渐融入全球化的社会主义中国，无疑是一项具有现实政治意义的理论工程，既有助于提升中国马克思主义阐释全球化的理论效力，也有助于更好地指导共产主义事业在全球化时代的进一步发展。

当然，对西方马克思主义表示好感或敬意并不意味着我们接受它的一切。西方马克思主义对传统马克思主义的反思，的确不断地汲取同时代其他哲学思潮作为理论资源。但是，“当西方马克思主义者在利用这些哲学流派的理论来反对教条主义等扭曲和偏离马克思的学说的倾向时，有时的确可能存在积极的方面，但他们自己往往又受到这些流派的主观主义和相对主义等片面性学说的影响，用这些学说来重新解释马克思主义，必然在很大程度上背离马克思主义，特别是混淆了作为无产阶级革命导师的马克思与西方资产阶级思想家在理论上的原则界限”。①

西方马克思主义有其局限性，很多流派也都存在着这样或那样的理论失误。但必须承认，相对于其所取得的成就，西方马克思主义的局限是瑕不掩瑜的。更重要的是，即使是局限也不是只有消极意义——它能给我们以必要的警示和教训。因此，研究西方马克思主义的意义是双重

① 刘放桐：《从经典马克思主义到西方马克思主义》，《求是学刊》2004年第5期。

的：除了使我们登上新的理论平台从而获得更为开阔的理论视野之外，还能使我们得到一面镜子，从这面镜子中虽然不能看出我们应该怎么做，但可以看出我们不应该怎么做。西方马克思主义在很多方面存在失误，我们应引起警觉，避免重蹈它的覆辙，避免像对待苏联模式教科书那样将之神圣化。只有这样，我们的马克思主义研究才能沿着健康的轨道不断前进，“回归马克思”和“推进马克思”的建设工程才能建立在可靠的基础之上。

六

构建人类命运共同体对历史唯物主义的原创性贡献*

摘　要：构建人类命运共同体是新时代中国特色社会主义思想的一项具有战略高度和现实紧迫感的伟大构想，充分彰显了当代中国共产党人的理想追求和智识精神。构建人类命运共同体作为破解全球性治理难题的中国智慧和中国方案，是对21世纪历史唯物主义发展的原创性贡献。在历史唯物主义的理论视野中，人类命运共同体是人类社会发展道路中一个基于共同利益和共同价值而自我努力、自我创造的全球性社会形态，它立足于“人类社会”的哲学立场，促进人类真正的“普遍交往”以形成具有更高“共同性”水平的人类利益，并在变革全球治理体系的基础上推动全球生产力均衡发展，为实现人类社会更美好的世界图景奠定坚实的物质基础和精神基础。构建人类命运共同体的中国智慧为历史唯物主义的发展带来了前所未有的理论效应，创造了诠释历史唯物主义的新路径，使其具有新的思想形态，同时通过对人类命运共同体的建构性阐释，历史唯物主义也实现了自身的理论目标和价值追求，必将

* 本文以首篇位置发表在《中国社会科学》2018年第7期。

成为全球化时代的一种“建构性世界观”。

关键词： 人类命运共同体　历史唯物主义　全球治理体系　普遍交往　共同价值

构建人类命运共同体是新时代中国特色社会主义思想的一项具有战略高度和现实紧迫感的理论命题与伟大构想，它以批判性重塑当代全球治理体系为旨归，充分彰显了当代中国共产党人的理想追求和智识精神。领会与把握这一伟大构想必须面对和承担的首要任务是，在历史唯物主义的理论视野下，全面深入地检审资本主义全球化所建构起来的世界秩序及其全球治理体系。重审、反思已有的资本主义世界秩序，绝非只有历史唯物主义这一理论进路，但历史唯物主义理论视野无疑具有最为彻底的批判性取向。在历史唯物主义的理论阐述中全面深入地检视、反思和批判资本主义世界秩序是构建人类命运共同体的本质性前提。为了化解全球化发展引发的危机，近现代的理论家和政治家提出诸多方案，但都带有明显的时代和阶级局限，导源于西方资本主义零和博弈思维和强制规约世界秩序的长期作用。人类若要超越资本主义全球化所建构的世界秩序，摆脱其意识形态的蒙蔽与束缚，就不能无批判地接受、分享全球资本主义体系的诸多预设前提，而应该不断地迫使自身去迎接某种理论构想的挑战，这种挑战立足于一种全新的思维方式和实践形态。资本主义全球化所建构的世界秩序及其全球治理体系，已经完全背离了启蒙时代以来人类孜孜追求的以人为主体的“共同体”发展道路。在全球资本主义逻辑的主导下，一些伟大的思想家、政治家所殚精竭虑构想和追求的自由平等、公正合理的世界图景已逐渐暗淡，甚至悄然消逝。资本逻辑在与全球化的合谋中使得劳动力与生产资料的结合方式与条件发生了变化，不同国家在资本主义支配的全球化进程中以经济范畴的交往形式展开阶级斗争，劳动者的阶级意识被资本主义的国家机器和意识形态所掌控，很大程度上加剧了劳动者的生存困境及其相互之间的矛盾。当下时代在资本主义意识形态的灌输和蒙蔽之下，逐渐形成了将资本主义永恒化的日常意识，以至于排斥探索一套更符合人类发展的世界秩序及全球治理体系的主张。正因为停滞于资本主义永恒化的精神状态，我们时代的世界图景想象、发展道路探索一度陷入精神危机和智识衰败。在资本主义所制造的假象世界里，资本被赋予自由的意识形态话语权的属性，将全球化的演进窄化为自由市场交换的平台，且将资本设定的交换规则粉饰为个体自主选择的结果，人们日渐被全球资本主义体系生产的意识形态所蒙蔽、束缚和奴役却难以自觉地冲破，这些意识形态裹挟着不证自明的“正当性”，并试图使人们“合理”地舍弃某些世界图景和发展道路的设想与探索。但是，人们的“设想与探索”有益于促成一种更加符合人类本身的世界秩序的建构，能够推动全球化向合理良序的方向发展，其内在精神在现时代依然具有崇高性和吸引力。从历史唯物主义的角度来看，这些被湮没的“设想和探索”，可能恰恰是人类生活中最重要的问题，它们在深层意义上真正揭示和阐明了全球资本主义时代人类处境本身存在的问题。中国构建人类命运共同体思想的历史性出场，表面上是中国提出的国际外交理念，实质上是为破解全球性治理难题贡献的中国智慧和中国方案。这一方案秉持对全球资本主义体系的批判性立场，这种批判性不仅针对当代的国际政治经济秩序，而且针对当代的智识精神景观，是对 21 世纪历史唯物主义发展的原创性贡献。

（一）人类命运共同体的哲学立场

马克思在《关于费尔巴哈的提纲》第十条中提出：“旧唯物主义的立脚点是市民社会，新唯物主义的立脚点则是人类社会或社会的人类。”① 他从“立脚点”的角度区分了新旧唯物主义之间的差异。所谓“立脚点”，即是观察或判断事物时所处的地位、坚持的立场和采取的视

① 《马克思恩格斯文集》第 1 卷，人民出版社 2009 年版，第 502 页。

域。马克思认为，以费尔巴哈为代表的“旧唯物主义”是一种“直观的唯物主义”，由于“不是把感性理解为实践活动的唯物主义，至多也只能达到对单个人和市民社会的直观”，① 故其立脚点是“市民社会”。而当他确定了人类解放的终极目标后，曾一度作为社会批判武器的市民社会则随着人类社会的出场而淡出他的理论视野。马克思的“新唯物主义”从主体方面去理解“对象、现实、感性”，把它们都当作感性的人的活动，因而能够超越“直观的唯物主义”，从社会关系的角度去理解人的本质及其现实性特征，展现出“新唯物主义”以“人类社会或社会的人类”为立脚点的理论特质。在马克思看来，新旧唯物主义的区分在于它们之间截然不同的“立脚点”，也就是“市民社会”与“人类社会”的视域差异，这一视域差异深刻地揭示了资本主义经济全球化与人类命运共同体之间哲学立场的根本分歧。

1. “市民社会”与资本主义经济全球化

从学术传承的意义上看，马克思最初对“市民社会”的批判考察和合理继承是源自黑格尔的思想。他肯定黑格尔对政治国家与市民社会的区分所突出的政治解放的历史意义，但由于其只是囿于精神层面实现二者的转化，归根结底是无限地发挥精神的统摄作用以吞没一切存在。黑格尔在《法哲学原理》中指出：“市民社会，这是各个成员作为独立的单个人在一个形式的普遍性中的联合，这种联合是通过成员的相互需要，通过法治作为保障人身和财产的手段，并通过一种外部秩序来维护他们的特殊利益和公共利益而建立的。”② 在黑格尔的理解中，“市民社会”包含两个原则：一是市民社会成员作为独立的单个人把自身作为特殊的目的，二是每个市民社会成员都必须通过普遍性形式的中介才能使自身得到满足。因此，有论者认为：“黑格尔在此对市民社会的基本界定遵循的是斯图亚特、亚当·斯密这些古典经济学

① 《马克思恩格斯文集》第1卷，人民出版社2009年版，第502页。

② 〔德〕黑格尔：《法哲学原理》，邓安庆译，人民出版社2016年版，第296页。

家的自由市场模式。”① 黑格尔的市民社会原则包含着正反两方面的内容：一方面，市民社会使具体的个人从古代或中世纪的共同体束缚之中解放出来，使自身作为特殊目的获得了合法性，也促使个人生活和主体意识获得了前所未有的自由空间；另一方面，市民社会是满足个人私利的自由市场社会，具体个人之间的关联只是一种普遍性形式的联合，即成员之间关联性的建立无非是为了满足彼此之间的需要或自然欲望。黑格尔的“市民社会”概念实际上是对资本主义社会的另一种表述，旨在突出其与政治国家的对照以及同家庭的关联。市民社会的正反原则呈现出从家庭到市民社会和国家的推演逻辑，标志着以理性精神为载体的市民社会自我演进的跃迁和深化，体现了黑格尔对自由和政治哲学概念的抽象理解。

马克思批判性地吸收了黑格尔对市民社会的描绘与理解。日本学者望月清司认为，“马克思将市民社会看成是与人的共同本质相分离的、利己的人（homme）的权利领域”,② 并用于指称作为近代政治革命结果而产生的近代市民社会，“其本身同时还存在着无政府性竞争和追逐营利体系的奴隶制（市民社会的奴隶制）”,③ 据此理解，整个市民社会就是一场露骨的追逐营利的“普遍运动”。④ 在这场“普遍运动”中，市民社会成员由于受到自身自然禀赋和后天条件的限制，必然会在市民社会内部形成区别和分化，也就是黑格尔指出的个体分属于各方面的特殊体系而形成了“等级的差别”。黑格尔早已指明，作为精神特殊性的客观法“在市民社会中不但不消除人的自然不平等（自然就是不平

① 王小章：《从“自由或共同体”到“自由的共同体”：马克思的现代性批判与重构》，中国人民大学出版社 2014 年版，第 46 页。

② 〔日〕望月清司：《马克思历史理论的研究》，韩立新译，北京师范大学出版社 2009 年版，第 208 页。

③ 〔日〕望月清司：《马克思历史理论的研究》，韩立新译，北京师范大学出版社 2009 年版，第 208 页。

④ 《马克思恩格斯文集》第 1 卷，人民出版社 2009 年版，第 316 页。

等的始基），反而从精神中产生不平等，并把它提高到在技能和财富上甚至在理智教养和道德教养上的不平等”。① 基于此，马克思一方面承认市民社会是生产力与交往形式相互作用的经济基础，另一方面指认市民社会由于被资本主义掌控而带有鲜明的阶级属性，并展开对市民社会存在的深层根源的探寻，认为市民社会伴随资产阶级的出场而发展起来，其本身蕴含着等级性，是从生产与交往的等级关系中生成的组织形式。

随着资本主义经济全球化的扩展和深入，市民社会的等级性结构也随之嵌入“世界市场”的范围内。在资本主义经济全球化的意识形态叙事中，现代世界范围内的主权国家、国际组织、族群组织、跨国公司以及个体公民都是世界市场中普通的、平等的主体成员。但各层次的主体成员在经济实力、政治影响、生活水平等方面都现实地存在着等级差别，而且这些差别以它们固有的方式发挥作用，并表现出自身的特殊本质。由此，资本主义全球化显示出两种既相互矛盾又相互关联的特征：一方面在形式上宣称所有主体成员都是平等的，另一方面又在实质上使不同的主体成员形成等级差别，在经济上形成“先进—落后”的发展格局，在文化上形成“文明—野蛮”的文明史观，在政治上则形成霸权主义的国际秩序。尽管资本主义生产方式的发展带来了经济全球化，并历史性地建构出一个世界市场，但它并没有形成与之相应的民主化、法治化及合理化的全球善治秩序，在现实推进中通过全面的商品化和物化而制造了人与人在相对封闭空间内的疏离，导致全球社会中不同民族国家在非自主选择的交往实践中形成了不平衡的发展空间，反而使得经济全球化和世界市场始终只能是部分霸权主义国家的附属品。

从理论分析上说，全球化过程中所形成的霸权主义是市民社会等级性结构的政治表现，而从历史发展上说，霸权主义形成的另一个原因则

① 〔德〕黑格尔：《法哲学原理》，邓安庆译，人民出版社2016年版，第342页。

在于市民社会的殖民特性。在《德意志意识形态》中，马克思、恩格斯就指出："市民社会包括各个人在生产力发展的一定阶段上的一切物质交往。它包括该阶段的整个商业生活和工业生活，因此它超出了国家和民族的范围，尽管另一方面它对外仍必须作为民族起作用，对内仍必须组成为国家。"① 随同资产阶级发展起来的"真正的市民社会"内在地要求海外殖民，现代世界的市民社会不可能只是一国之内的自由市场社会，其伴随资本主义经济全球化的蔓延必然成为超出民族和国家的世界市场，催生这一结果的过程就是"殖民扩张"。黑格尔看到了市民社会对经济自由的趋附，认为市民社会能够彰显人的自我意识，进而促使人进入市民社会的生产环节以获致自由，他指出："市民社会受这种辩证法推动而超出自身之外，首先是超越这个特定的社会，以便向它之外的其他民族去寻求消费者，从而寻求必需的生活数据，这些民族或者缺乏它所生产过剩的物资，或者一般地在工艺等方面落后于它。"② 诸如自由贸易、海外扩张以及随之而来的战争等体现市民社会殖民性特征的历史作为，正是黑格尔"世界历史"的现实起点。在黑格尔看来，一切发达的市民社会都必然被驱使走向殖民事业，它们之间只不过存在着零散与系统的区别。黑格尔的市民社会理论是从市民与社会的伦理关系向度揭示市民社会与国家之间的冲突，指出市民社会将原本在伦理世界中相互统一的实体与个体分离开来，澄清了市民社会作为"个人私利战场"的本性。在具有等级性和殖民性的世界市场中，所谓的"发展"其实只能是"片面发展"，而不可能是"共享发展"。这种发展模式不是将全人类都作为"命运共同体"的主体成员，不是为了满足所有主体成员的需要，也不是为了促进所有主体成员的全面发展，而是为了满足一些拥有"资本"和"霸权"的主体成员的利己主义的需要与欲望。不同主体成员之间的普遍联合，无非就是一种形式上的联合，其普遍性也只

① 《马克思恩格斯文集》第1卷，人民出版社2009年版，第582页。

② 〔德〕黑格尔：《法哲学原理》，邓安庆译，人民出版社2016年版，第375页。

是“抽象的普遍性”——“一种内在的、无声的、把许多个人自然地联系起来的普遍性”,① 根本无法走向人类真正的联合与解放。

2. “人类社会”与人类命运共同体

由于市民社会本身的局限性以及资本主义经济全球化存在的等级性和殖民性问题，全球发展日益呈现出不平衡、不合理的矛盾状态：一方面，一切民族国家的生产和消费都成为世界性现象，整个世界日趋一体化和同质化；另一方面，在资本关系所到之处，各种新的经济差异和政治等级被不断地再生产出来。结果，“由跨国资本主导的特定全球化形式表现为一种‘单向度的全球化’，即发达国家单方面主导、渗透和支配不发达国家的全球化模式”。② 正是基于这种“单向度的全球化”的发展状况，由西方资本主义国家主导形成了一套西方中心主义的全球治理体系。无论是世界市场的形成还是全球治理体系的出现，都有助于将整个现代世界更加紧密地联系在一起，并使得原本分散的国家、民族之间逐渐形成互相依存的结构性关系，通过集中整合资源使全球生产力获得更大提升，也形成把国际社会成员凝聚起来的精神“黏合剂”，由此客观地推动全球性共同体的发展。但是，资本控制全球化发展的基本逻辑没有根本转变。由于当前的世界市场和全球治理体系都是以具有高度逐利性的资本作为治理全球的主要手段，因而，在这种历史条件下所形成的全球性共同体不过是立足于“市民社会”视域的“货币共同体”或“资本共同体”。马克思在《资本论》中曾探讨了资本逻辑在全球范围内扩张的现实特征，以物质生产过程为切入点揭示剩余价值的攫取对资本关系再生产的推动作用，阐释了资本生产方式与剩余价值积累模式随着世界历史的推进已经产生的新变化。在资本逻辑的推动下，通过世界市场和全球治理体系的运作，资本主义国家内部的利益结构扩展到全世界

① 《马克思恩格斯文集》第 1 卷，人民出版社 2009 年版，第 501 页。

② 郗戈：《超越资本主义现代性——马克思现代性思想与当代社会发展》，中国人民大学出版社 2014 年版，第 136 页。

范围内。诚如马克思、恩格斯所说，资产阶级按照自己的面貌为自己创造出一个世界，而这个世界与资本主义国家的内部格局具有“同构性”：在国内，“资产阶级使农村屈服于城市的统治”；在世界范围内，资产阶级“使未开化和半开化的国家从属于文明的国家，使农民的民族从属于资产阶级的民族，使东方从属于西方”。① 全球性的“资本共同体”如同“国家”一样，本质上还是一种“虚假”的共同体，也存在着某些占据霸权地位的主体成员把自身的特殊利益伪装成人类普遍利益的现象。

然而，随着社会生产总过程的全球化，一切民族国家的生产和消费都逐渐具备世界历史性特征，资本主义经济全球化所开拓的世界市场也不再只是某些霸权国家的附属品，而是愈发成长为不由单一主体成员主宰的独立自主的世界体系。这种深刻变化使得人类社会的发展有可能超越压迫性的全球资本主义再生产过程，克服“单向度的全球化”的发展状况，摆脱西方中心主义的全球治理体系，从而走向更平等、更合理、更多元的新世界秩序。在全球资本主义世界体系之后将有可能出现一个新的“世界体系”，它不再是西方中心主义式的“一国独霸”或“几方共治”，不再是为霸权主义国家利益服务的资本体系，而是奉行双赢、多赢和共赢的新理念，实现了对资本逻辑主导全球化过程的扬弃与超越，以人类公共利益为共同体发展的新的经济基础，力求打造出由各国共同书写国际规则、共同治理全球事务、共同掌握世界命运的人类共同体，从而在共同发展中最大限度地实现各方利益的最大公约数，共享经济全球化的发展成果。这就是由中国倡导构建的人类命运共同体。

在历史唯物主义的理论视野中，“共同体”范畴在时空上的演进形态是从“自然形成的共同体”经由“虚假的共同体”走向“真正的共同体”（或称“自由人联合体”）。在这一历史延展过程中，人类命运共同体作为体现马克思主义政治哲学逻辑的全新世界图景构想，为世界秩序的构成方式注入了一种新的实践观念，必将使人类的存在方式和思维方

① 《马克思恩格斯文集》第2卷，人民出版社2009年版，第36页。

式发生深刻变革，从而极具针对性地回应从“虚假的共同体”向“真正的共同体”转变过程中所产生的一系列全球性治理难题和挑战。“虚假的共同体”对无产阶级而言是外在的枷锁，但在历史上特殊的社会革命时期具有存在的必要性，它也曾流露出普遍利益发展的理念，但却在资产阶级将自身特殊利益伪装成普遍利益的理性狡黠中失去现实存在的可能。虽然人类命运共同体和“真正的共同体”在现实基础和哲学理念上存在着一定的张力，但由于人类命运共同体本质上是对资本主义全球化历史进程的“拨乱反正”，充分昭示了“人类解放”的价值诉求和发展理念，故其基本立脚点或者说哲学立场必然是“人类社会或社会的人类”。这一立脚点决定了人类命运共同体能够在全球化时代引领各个个体、民族和国家的前进方向，为最终实现“真正的共同体”奠定世界历史性的基础。

在社会理想的意义上，人类命运共同体以“人类解放”或“真正的共同体”为价值诉求，这意味着它是从“人类社会或社会的人类”的哲学视域出发对现存不合理的世界市场体系和全球治理体系进行反驳与批判的。这种反驳与批判不是要把人类命运共同体当作完美的、固化的客体性存在，当作与资本主义全球化相分离的形态而同资本主义全球化相对照，而是要在批判资本主义全球化的过程中发现、阐释和建构出更符合人类社会发展规律及诉求的新世界图景。伊格尔顿指出：“马克思正是在现实逻辑失灵、步入自相矛盾的死胡同的情况下，找到了一个理想化未来的轮廓。未来的真正景象就是现实的破产。”① 人类命运共同体思想的批判意义就在于把现行的世界市场体系和全球治理体系所掩盖的剥削性社会关系揭示出来，从而打破资本主义意识形态制造的社会发展假象，切断这一虚假意识形态的再生产，反抗与这种意识形态相适应的观念、概念和思维形式，反对以往各种“共同体”形式将人类

① 〔英〕特里·伊格尔顿：《马克思为什么是对的》，李杨、任文科、郑义译，重庆出版社 2017 年版，第 61 页。

解放视为凝固的、脱离感性实践的实体存在，将“真正的共同体”当成个人自我价值与自由实现的条件，旨在结束那种将资本主义永恒化的精神状态的产生方式，并在此基础上探索出一条更加符合人类社会发展的历史通道。

构建人类命运共同体作为走向“真正的共同体”的世界历史性阶段，必须自觉地从“人类社会或社会的人类”的哲学立场出发，变革世界市场体系和全球治理体系，发展全球性社会生产力，即对全球范围内的物质利益关系进行革命性变革，逐渐把人们从全球资本主义的束缚中解放出来，并在促进生产力发展和深化普遍交往的基础上不断扩大人类的共同利益交汇点，提升人类利益的“共同性”水平，将利益的“共同性”与人的个性解放保持内在和谐，成为内在于人的现实实践并提升人的自我发展意识的本真力量，使人类在实践中认识到自身利益需要的根本性地位，减缓乃至化解不同主体成员之间的特殊利益冲突。

（二）人类命运共同体的现实指向

无论是立足于“市民社会”的资本主义经济全球化，还是立足于“人类社会”的人类命运共同体，其现实表现和现实发展都是世界历史进程中的一部分。因此，构建人类命运共同体，超越资本主义全球化及其治理体系，必须把握马克思实践哲学中的物质生产和交往形式两大基本范畴，在世界历史的理论视野中审视与考察人类命运共同体的实践逻辑，并将人类社会不同的地域和发展阶段纳入共同发展的历史逻辑之中。

马克思、恩格斯在《德意志意识形态》中指出，“大工业创造了交通工具和现代的世界市场，控制了商业，把所有的资本都变为工业资本，从而使流通加速（货币制度得到发展）、资本集中”，由此“首次开创了世界历史”，因为“它使每个文明国家以及这些国家中的每一个人的需要的满足都依赖于整个世界，因为它消灭了各国以往自然形成的闭关自守的状态”。[①] 由此可见，全球化是伴随社会生产发展而逐渐突破了地域的产物，是民族历史转向世界历史发展的现实形态。随着资本主义工业化的全球扩展以及资本主义经济全球化的深化发展，世界范围内的个体、族群、民族和国家之间的交往联系更加紧密，人类历史也实现了从自然形成的地域性民族史向资本逻辑主导的世界历史的转变。在这一转变过程中，一方面，资本无限增殖、扩大和宰制的逻辑，必然要求打破一切民族国家的闭关自守状态，把一切自然形成的区域性生产和消费变成由资本支配的世界性生产与消费，这使得一切民族国家的发展越来越受到世界市场体系的结构性限制，受制于资本主义经济全球化的固有矛盾；另一方面，由于世界范围内相互影响的活动范围在演进发展中不断扩大，各民族的原始封闭状态在“日益完善的生产方式、交往以及因交往而自然形成的不同民族之间的分工”[②] 的影响下也不断被消灭，从而形成了全球性的利益依赖关系以及全球性的经济、政治和文化的普遍交往。在世界历史进程中，无论是全球资本主义矛盾的爆发，还是任何一国的经济动荡或政治冲突，都可能通过世界市场体系和全球治理体系蔓延到整个世界政治经济体系，扩展为对全体人类生存与发展的严重威胁。这无疑是以否定性的形式肯认了世界各国具有越来越广泛的共同利益和价值共识，其中最显著的就是各国共同面临诸多全球性治理难题。“这个世界，各国相互联系、相互依存的程度空前加深，人类生活在同一个地球村里，生活在历史和现实交汇的同一个时空里，越来越成为你中有我、我中有你的命运共同体。”[③] 就此而言，在现代世界历史进程中，构建人类命运共同体具有非常明确的现实指向：必须克服资本逻辑支配下的世界市场体系危机并在深化普遍交往中提升人类利益的“共同性”水平，从而

---

① 《马克思恩格斯文集》第 1 卷，人民出版社 2009 年版，第 566 页。

② 《马克思恩格斯文集》第 1 卷，人民出版社 2009 年版，第 541 页。

③ 习近平：《习近平谈治国理政》，外文出版社 2014 年版，第 272 页。

为变革、完善世界市场体系与全球治理体系以及为实现共商共建共享共赢的全球治理方案奠定坚实的物质生产基础和精神智识基础。

1. 资本逻辑与异己力量的形成

从世界历史的演进历程来看，以资本逻辑为中心的资本主义大工业生产最终促成的世界历史不同于以领土占有和宗教统治为主导的古代或中世纪历史，它是以贸易自由和经济一体化为主导的现代历史。有论者指出："这一过程，超出了原有自然法基础上形成的以耕作（cultivation）为法理根据的殖民秩序，而将这种以基督教普遍性为基础的'文明化任务'转化成了以商业资产阶级为基础的'商业化运动'（commercialisation mission）。与前者不同，在后者所形成的世俗化的世界秩序中，其格局不再是意识形态的冲突，也不需寻求在一种神权意志下进行的平等教化。相反，则更希望在一种差序世界格局中，维持贸易的垄断与利益的最大化。"① 为了在世界历史中获取最大程度的财富和利益，资本逻辑惯于在不断扩张的世界范围内以自我调节的方式完善资本运行的结构，以掩饰其剥削本性来堵塞被控制对象的质疑和回击。马克思对这种"维持贸易的垄断和利益的最大化"有更为深刻的认识。他指出，在现代世界历史进程中，资本的自我增殖本性必然推动资产阶级在全球范围内扩展资本主义的生产方式，并形成一个以资本主义生产方式为主导的世界市场体系。这个世界市场体系构成了资本主义经济全球化的基本运作机制，也构成了现代世界历史的现实基础。因为以世界市场体系为基础而形成的资本主义全球化运动使人类摆脱了地域性的发展局限和对自然的宗教崇拜，突破了传统的政治、经济和文化方面的区隔与藩篱，整个世界由此呈现出一体化、同质化的发展趋势。但自20世纪以来，日益一体化的世界市场格局和同质化的世界历史发展趋势不仅没有实现人类社会的共同发展与人的主体性解放，反而成了人类自身的异己性压迫力量与强制力量，形成

① 章永乐：《万国竞争：康有为与维也纳体系的衰变》，商务印书馆2017年版，"序二"第29页。

了世界市场的“异己性支配秩序”，出现了“抽象成为统治”的最根本事实。诚如有论者所指出的：“资本的唯一本性就是无限增殖自身，而资本为了增殖自身，就必须把一切都纳入到资本逻辑的强大的抽象同一性之网中。在资本主义社会里，这种‘抽象的力量’是以资本增殖为核心的市场交换价值体系具体体现出来的。‘交换价值’和‘交换原则’成了压倒一切的主宰力量，在它的无坚不摧的强大同一性‘暴政’下，人与物的一切关系都被颠倒了，不是人支配和使用物，而是物反过来控制和奴役人。”① 受资本逻辑统摄的全球交换过程所奉行的价值原则在根本上与物质利益及经济效益增长的需要相迎合，而与现实主体之间基于生存和发展需要展开的交往实践相分离，结果直接导致了人的价值意识抽象统一于资本主义构筑的普遍价值体系中。

在《德意志意识形态》中，马克思指出，随着资本主义在欧洲的兴起以及交通和贸易的发展，特别是伴随着这种发展而加速的殖民扩张，大规模的全球贸易活动将世界彻底联系在一起，原本分散的民族、国家与区域之间逐渐形成了相互依赖的关系，普遍联系的世界历史进程得以形成，人类历史也开始了向世界历史的转变，这种转变使得每一民族的变革都依赖于其他民族。这表明每个人的世界历史性活动已经成为经验事实，并且在这些内含世界历史性特征的个人活动之间能够产生经验上普遍的共同利益。“这种共同利益不是仅仅作为一种‘普遍的东西’存在于观念之中，而首先是作为彼此有了分工的个人之间的相互依存关系存在于现实之中。”② 共同利益原本是社会生产力发展能够逐渐彰显人的本质力量和自由发展的表征，然而，在资本主义全球化的历史条件下，随着社会生产总过程的全球化以及生产分工的发展，“各个人所追求的仅仅是自己的特殊的、对他们来说是同他们的共同利益不相符合的利益，所以他们认为，这种共同利益是‘异己的’和‘不依赖’于他们的，即

① 王庆丰：《〈资本论〉的再现》，中央编译出版社 2016 年版，第 212~213 页。

② 《马克思恩格斯文集》第 1 卷，人民出版社 2009 年版，第 536 页。

仍旧是一种特殊的独特的‘普遍’利益，或者说，他们本身必须在这种不一致的状况下活动，就像在民主制中一样。”① 在现代世界历史进程中，虽然每一个主体成员在摆脱种种地域的、民族的、文化的局限之后，与整个世界市场的物质、精神生产都发生了实际联系，但在资本主义的世界市场体系中，这种实际联系却衍生出一种完全异己的力量，这种力量威慑和驾驭着发生实际联系的每一个主体，使得主体成员“越来越受到对他们来说是异己的力量的支配（他们把这种压迫想象为所谓世界精神等等的圈套），受到日益扩大的、归根结底表现为世界市场的力量的支配”。② 世界市场存在于社会辩证发展的现实过程中，涵涉被压迫国家对资本的依附关系与实现自身解放诉求之间充满张力的运动，从根本上暴露出人类交往关系异化的弊端。马克思指出，这种完全异己的力量往往被抽象的思辨方式想象为“世界精神”的圈套，从而把对世界秩序的理论解释引向了神秘主义的方向。但是，“凡是把理论引向神秘主义的神秘东西，都能在人的实践中以及对这种实践的理解中得到合理的解决。”③ 马克思在对社会形态演进历史的探索中确立了人类社会的逻辑落脚点，表明人类社会的理论语境不仅关涉社会现实的变化，而且指向人的思维观念的改变，而人的观念的转变在实践的促动下得以完成。人类历史的发展进程早已表明，“历史向世界历史的转变，不是‘自我意识’、世界精神或者某个形而上学幽灵的某种纯粹的抽象行动，而是完全物质的、可以通过经验证明的行动，每一个过着实际生活的、需要吃喝穿的个人都可以证明这种行动”。④ 由此可见，构建人类命运共同体作为对世界市场体系和全球治理体系的变革与完善，并不仅仅是一种批判性的道德理想，更是一种建构性、共享性的交往秩序体系。在这一交

① 《马克思恩格斯文集》第 1 卷，人民出版社 2009 年版，第 537 页。
② 《马克思恩格斯文集》第 1 卷，人民出版社 2009 年版，第 541 页。
③ 《马克思恩格斯文集》第 1 卷，人民出版社 2009 年版，第 501 页。
④ 《马克思恩格斯文集》第 1 卷，人民出版社 2009 年版，第 541 页。

往秩序体系中，“人类”有可能实际地作为一个有机整体来进行生存和发展活动，即在普遍交往中所形成的共同利益基础上作为一个现实主体来实现自身本质的活动，从而规定和展示自身的“类本质”。

2. 普遍交往与共同利益的建构

在马克思对人类社会发展的历史唯物主义分析中，“交往”与“普遍交往”占有独特的地位，构成了其分析社会历史的突破口之一。早在《穆勒评注》中，马克思对“交往”就有深刻的认识，他指出：“不论是生产本身中人的活动的交换，还是人的产品的交换，其意义都相当于类活动和类精神——它们的真实的、有意识的、真正的存在是社会的活动和社会的享受。”① “交往”在马克思看来具有本源性的意义，是一种“类活动和类享受”以及“社会的活动和社会的享受”，也就是人的“类本质”和“社会本质”是人的本性或人的本真形态。对“交往”的认识，在马克思后来的思想中有更进一步的发展。他在1846年写给安年科夫的信中指出：“社会——不管其形式如何——是什么呢？是人们交互活动的产物。”② 这一论述表明作为现实生产过程的人类社会发展本身离不开交往，“交往”构成了现实生产过程中不可或缺的环节，甚至在人类社会发展史上具有本质性的意义。随着人类生产方式和能力的进步，交往也逐渐从物与物的交换转变为以技术为中介的更为便捷的形式，且交往形式的多样化发展在人类历史向世界历史的进行中的作用越来越突出。有论者指出：“人类历史的发展，只能以解放交往而不是束缚交往为根本路径，世界历史的变革根本性的就是要破解资本主义生产方式、社会制度等对人类的交往所造成的各种束缚，从而把人从资本主义的交往异化之中解放出来。”③ 人的生命存在的内在结构中的生产与交往维度

① 《马克思恩格斯全集》第42卷，人民出版社1979年版，第24页。

② 《马克思恩格斯文集》第10卷，人民出版社2009年版，第42页。

③ 王海锋：《历史唯物主义世界观的当代阐释》，中国社会科学出版社2016年版，第249页。

是辩证统一的关系，其中，交往构成了表征人的生命存在固有特性的深层依据，这一依据的支撑作用在全球化的推进中更趋显明，形成了人与自然、人与社会以及人与人之间的交往在全球范围内共同展现的局面。当然，这只是马克思哲学从存在论层面对“交往”所作的剖析，而一旦将“交往”落实到历史的、具体的社会结构层面，则会呈现出不同的表现形式。

在资本主义全球治理体系中，“交往”的落实形成了一种理念与事实相背离的国际秩序：在理念层面宣称所有民族国家不论大小都是普遍平等的主体成员，但在事实层面却构筑出不平等的、霸权主义的等级结构，并且这一等级结构被资本主义的国际分工不断地巩固加强。这种国际秩序通过生产力的发展和交往关系的变革，逐渐消灭了生产资料、财产和人口的分散状态，使得生产资料和财产聚集在少数人的手里，形成了少数资产者对多数无产者的统治。这一统治状态决定了它只能是小部分人的“美好世界”，却不可能是大部分人的“共同体”。大部分底层民众并没有充分共享到全球化的发展成果，他们在生物学意义上被当成“人类”的一员，却没有在共享发展成果的意义上成为“人类”的主体。虽然资本主义全球化打破了地域性、封闭性的生产方式，建立了人类之间的普遍交往，使得人类共同利益成为世界历史条件下“所有相互交往的人们的共同利益”，但资本主义阶段的“共同体”形式是其特殊的生产方式和关系的产物，其核心内容是获取与维护特殊利益。在资本主义生产方式占主导地位的社会状态中，每个主体成员追求的只是自身的特殊利益，共同利益则成为一种特殊的“普遍利益”，而且其“共同性”水平不仅没有超越特殊利益，反而受到特殊利益的制约，人的劳动在追求这种特殊利益中从一般的形式表现为普遍的异化状态。

为了超越特殊的、独特的“普遍利益”形式，人们必须在深化全球化发展过程中建立真正的“普遍交往”，推动人类形成新的共同体，即一种将所有人都视为共享全球发展成果的主体成员的“人类命运共同体”，使得具有更高水平“共同性”的“人类利益”成为具体的现实。人类命运共同体是在世界范围内由每个民族国家和地区组成的共同体形式，必定产生复杂的、多维的交往关系。因此，构建人类命运共同体需要对人们在全球交往关系中的现实地位进行具体分析，并在生产力发展的基础上重塑一种能够支持人类命运共同体的交往关系结构。在塑造新的交往关系结构的过程中，人类命运共同体作为一种新的世界图景构想，欲要实现凝聚集体认同、指导集体实践的历史愿景，就必须具备能够在不同的个体、族群、民族和国家等主体成员中唤起共同需要、共同向往的吸引力。这种“共同”并不意味着取消不同主体成员之间的差异，反而是立足于差异，坚持不断突破原有区域性的狭隘交往，借助世界交往的契机积极参与和拓展世界市场，并在不同主体成员的普遍交往中寻找更高层次的“共同性”，积极推动各民族国家的现代化历史进程。构建人类命运共同体要求自觉地从“人类社会或社会的人类”的哲学立场出发，基于“共同发展”和“合作共赢”的理念建立起真正的普遍交往，从中寻找和实现一种新的“共同性”，即从人类的生产关系和生活空间中寻找和实现更高水平的“共同性”。在这种新的“共同性”中，人类的“交往实践”是平等、合理、多元的联合与共享，能够通过共同的实践努力推动人类解放的理想走向现实，进而实现人类价值的差异性与共同性的统一。从这个意义上说，构建人类命运共同体具有共同创造人类美好未来的伟大历史意义，它意味着坚持交流互鉴与合作共赢，意味着进一步发展社会生产力、释放社会创造力，从而推动建设一个开放包容和共同繁荣的世界，并使一切主体成员共享人类发展成果。

当然，我们必须清醒地认识到，在当前历史条件下，构建人类命运共同体是在资本主义全球化及其治理体系的基础上进行的世界秩序结构的改造与提升。对现行全球治理体系的改造与提升必须继承资本主义全球化所创造的物质生产基础和精神文明基础。构建人类命运共同体的中国方案不是要把现行的全球治理体系全盘推翻，而是要克服现行全球治理体系的缺陷，使之更加合理公正。全球化过程长期以来推动了世界市场生产和交往要素的流动，为构建和拓展人类共同实践的空间奠定了基础，人类在此过程中逐渐形成的相互依赖的关系为其存在于共同体的身份认同提供了现实条件。构建人类命运共同体的中国方案不是要把现行的全球治理体系全盘推翻，而是克服现行全球治理体系的缺陷，旨在超越西方主体—客体之间对立的思维，承认和而不同的协作方式，彰显更大的包容性，使全球治理体系更加合理公正。因此，对全球化的构成内容进行历史性分析是构建人类命运共同体的内在要求，我们必须洞悉其产生危机的根源，揭示其历史文明价值，并在此基础上正确认识和处理全球化过程中的社会主义与资本主义的关系问题。

（三）人类命运共同体的实现路径

现代世界历史进程中的全球化问题，实质上是资本主义全球治理体系所导致的经济发展危机、霸权主义危机和西方文化中心主义问题。对于坚持马克思主义世界历史理论的全球化论者而言，面对一系列的治理难题首先需要回答的是，在资本主义全球治理体系产生危机之际，全球化本身所蕴含的世界历史价值、人类文明价值是否也应该一同受到质疑？我们必须追问和厘清资本主义全球治理体系产生危机的原因，同时还必须进一步追问，资本主义全球治理体系产生的危机是否会阻碍全球化的扩大与深化？即必须追问“全球化”之为“全球化”的根本原因，明确这一根本原因与资本主义全球化之间的相关性何在。为了回答这一系列问题，我们不能笼统地对待全球化，必须对全球化的构成内容进行具体分析，进而阐明全球化对世界历史、人类文明的价值。

从历史唯物主义的理论视野出发，我们或许可以将全球化具体地区分为“作为承载生产力普遍发展的全球化”和“作为规范人类普遍交往的全球化”两个层次。前一个层次指的是社会生产总过程的全球化，是全球化的“物质内容”；后一个层次指的是世界市场体系和全球治理体系的形成与发展，是全球化的“社会形式”。这两个层次相互影响、相互作用：前者是后者的动力之源，具有根本性，为后者的建立提供物质性支撑；后者是前者的阶段性文明结晶，具有衍生性，为前者的发展提供价值正当性论证。根据英国学者 G. A. 科恩的“发展命题”——“生产力趋向发展贯穿整个历史”,① 生产力的普遍发展趋势具有自主性，从根本上是为了解决人类自身的物质匮乏问题。生产力作为一种主动的创造性力量，在面对人类历史中的各种挑战时，既需要寻找、建构能够引领历史前进方向的交往形式，也必须根据不同的历史条件不断调整、变革交往形式，由此才能推动生产力持续、普遍的发展，这一过程体现了生产力与交往形式相互作用的辩证法。“交往形式进一步发展，作为人的生活的‘现实的条件’，它与人的活动之间会不断呈现这种‘适应—矛盾—递进’的状态和过程。”② “这些不同的条件，起初是自主活动的条件，后来却变成了它的桎梏，它们在整个历史发展过程中构成一个有联系的交往形式的序列：已成为桎梏的旧交往形式被适应于比较发达的生产力，因而也适应于更进步的个人自主活动方式的新交往形式所代替”③，“新的交往形式”又会变成桎梏，然后被更新的交往形式所代替。世界范围内生产与交往的冲突在资本和经济主导的全球化进程中已然成为常态，难以单方面依靠生产力的发展或交往秩序的完善得到一劳永逸的解决，但二者的冲突并不意味着二者总是处于分割状态，“物质内容”的全球生产始终对普遍交往的“社会形式”具有基础性作用，人类能够通过逐渐形成的共同发展意识而在生产和交往实践的冲突中寻求和谐统一。因此，全球化的“物质内容”始终是世界历史中的一个自主性的力

① 〔英〕G. A. 科恩：《卡尔·马克思的历史理论——一种辩护》，高等教育出版社 2008 年版，第 163 页。

② 聂锦芳：《批判与建构：〈德意志意识形态〉文本学研究》，人民出版社 2012 年版，第 479 页。

③ 《马克思恩格斯选集》第 1 卷，人民出版社 1995 年版，第 123~124 页。

量趋势，而其“社会形式”既是“物质内容”的历史结果，同时也必须承受“物质内容”的历史检验和历史变革。

基于全球化的两个层次，我们可以更深入地理解现代世界历史进程中的全球化问题。资本主义全球治理体系作为全球化的“社会形式”之一，其所产生的危机并不直接意味着全球化的“物质内容”应该被质疑或否定，辩证地看，它恰恰是全球化的“物质内容”所需要面对的新的历史挑战。资本主义全球治理体系的危机是资本主义生产方式以具有高度逐利性的资本作为治理全球事务之主要手段的发展性危机，也是这一治理体系不再适应全球化的“物质内容”的总体性危机，在深层次上根源于资本主义制度存在的基本矛盾。一旦由资本主义支配的全球治理体系爆发了危机，那么，一切资本主义国家和具备资本主义生产条件的其他国家都将难以幸免。在美国等资本主义国家的主导下，全球治理体系一直朝着霸权主义的方向演变，这使得各民族国家参与全球治理体系的核心目标都是维护自身国家安全而不是共建共享普遍安全的世界。中国自身日益强大的影响力加剧了该体系的瓦解，但中国强大的影响力仅是其瓦解的重要因素之一，更为致命的或许还是该体系自身存在的问题。资本逻辑主导的全球治理体系在现实运行中必然维护西方资本主义国家在全球化中的利益和地位，在此过程中形成的国家权力结构惯于将治理精力投注在意识形态的斗争、权力范围的划分等行动策略上，在应对全球问题时就会显得无能为力。如果要消除资本主义经济全球化及其全球治理体系所产生的种种负面效应，就必须贡献更加符合作为承载生产力普遍发展的全球化的新构想，即构建一个更能推动全球生产力普遍发展，更为平等、公平和多元的人类命运共同体。

根据这种对世界历史进程中全球化问题的理解方式，则无须对全球化的暂时性兴衰抱以简单的形而上学态度，应当用历史的眼光来审视全球化的发展过程，进一步探索全球治理体系的变革之法，以求全球化的“社会形式”能够成为引领历史发展的交往形式，而不是在其成为阻碍和限制历史发展的同时，还通过生产资本主义意识形态来证明自身的存在价值。构建人类命运共同体应是通过建构新的全球治理体系以推动全球生产力普遍发展的世界历史过程，它指向的是一个保存民族独特性而又超越民族国家体系的全新世界体系。人类命运共同体与资本主义全球治理体系一样，面对的是全球化的发展与危机问题，但其处理方式却与资本主义全球治理体系截然不同，它着眼于社会主义意义上的共享共建和合作共赢，追求的是普遍安全和共同繁荣的世界。从“人类社会”的哲学视域来看，资本主义全球治理体系不仅无益于解决全球化问题，反而加剧了全球性的矛盾与冲突。这种全球治理体系试图依托资本逻辑的支撑形成的方案来应对与消解全球化发展所产生的各种跨国危机，企图在国际政治框架之内来解决新问题，认为全球化产生的新问题只是复杂化了的跨国问题，其方式并没有超越民族—国家体系，这一应对方案与错误认知正是全球治理体系的弊端所在。与此不同，人类命运共同体把人类的整体发展问题作为考量对象，通过切中全球化中诸多危机的要害，向世界传递出中国走和平发展道路的信号，为世界各国如何应对共同问题和复杂趋势提供全新的思路。以创造和保护人类共同利益作为自身目标，追求的是具有更全面、更高层次的“共同性”的全球治理体系。

在当前历史时期，为了克服资本主义全球治理体系的弊端，构建人类命运共同体的关键在于发挥其对全球化的引领作用。这种引领作用至少表现在以下两个方面：一方面是人类命运共同体作为一种反思性、批判性的理论体系，为“作为承载生产力普遍发展的全球化”及其治理体系提供价值正当性论证，帮助人们应对和解决在“作为规范人类普遍交往的全球化”上已面临的资本主义危机问题；另一方面则是通过这种价值正当性论证形成一种公平合理的全球性有机公共生活，创造一种更加合理、平等和多元的世界秩序。为实现这一引领作用，构建人类命运共同体的根本任务在于从“人类社会或社会的人类”的马克思主义立场出发，自觉秉持一种更加能够丰富人的本质之现实性的全球治理观，坚持建构出能够驯服和驾驭资本、吸取资本主义一切肯定成就的共享型全球治理机制。人类命运共同体随着全球时代和形势的变化而不断调整构建方案的具体实施策略，体现中国促进世界民族国家尤其是发展国家共同参与和实现进步的哲学视界与价值立场。

有论者指出，马克思“将资本主义的基本矛盾尖锐化而导致的社会主义与跨越资本主义的‘卡夫丁峡谷’而建立起来的社会主义严格地区别开来”，认为两者的主要区别就在于“前者是建立在‘资本主义的一切肯定成就’基础上的社会主义，是‘资本主义后’的社会主义；而后者则是有待于‘吸取资本主义一切肯定成就’的‘资本主义前’的社会主义，所以它处在资本主义生产方式同一序列上”。① 就此而言，中国特色社会主义的实践道路在当前全球资本主义体系中，与资本主义生产方式处于同一序列上，它有待于吸取资本主义一切肯定的成就。根据这条实践道路贡献出来的人类命运共同体的伟大战略构想，其最重大的历史意义就是发展了马克思所揭示的另一条改造和变革全球资本主义体系的道路。这条道路同样是以生产力的普遍发展以及与此相联系的世界交往为前提，但它的逻辑立足点是现实的人广泛联合的、必然的实践，蕴含对资本主义主导的全球化中人类实践的普遍异化的扬弃；在吸收各个国家优秀文明成果的基础上所创立的能够凝聚不同民族、不同信仰、不同文化、不同地域人民的共识的社会主义道路，从而将所有民族国家都纳入更加平等、合理、多元的人类命运共同体之中。在当前的时代，这条道路不仅要求“资本主义前”的社会主义吸收一切资本主义的肯定成就，而且要求社会主义国家秉持平等共享的原则帮助其他落后的国家走上更加合理持续的道路。

在构建人类命运共同体的历史过程中，社会主义与资本主义的关系问题以新的形式、新的作用展开。在人类命运共同体的实践旨趣中反思全球化问题，开辟出一个重新理解世界历史进程的新视角，即把世界历

① 陈学明等：《中国道路的世界意义》，天津人民出版社 2015 年版，第 228 页。

史进程理解为反资本主义全球化的全球化建设过程。“反”资本主义全球化的人类命运共同体建构恰恰构成了全球化的合理动力，而对资本主义全球化的“反”，不仅仅是理论生成上的“反思”，更是结合了中华文明传统的马克思主义式的“拨乱反正”，其中“反思”是认清世界历史的发展进程和规律，“拨乱反正”则是发挥社会主义的力量以反作用于资本主义全球治理体系。正如有论者所指出的，必须“将资本主义世界体系同样视作可以在实践中发生变化，并现实地在不同经济制度与要素的博弈过程中蕴含着自我改造与扬弃可能的综合性主体，在这一体系通过资本逻辑对社会主义国家施加影响、进而将其内化于自身的同时，社会主义的逻辑也在这种为其摄纳的过程中促使这一体系发生重大而深刻的变化”。① 资本主义被社会主义取代的历史进程是充满复杂矛盾斗争的辩证运动过程，全球化问题的爆发与全球治理体系变更的形势促使这一辩证运动呈现为更趋曲折和富有张力的实践过程。中国视角在世界范围的突显表达出其批判资本主义现代性路径和重塑全球治理体系理念的需要。

（四）人类命运共同体的理论效应

马克思认为：“哲学家们只是用不同的方式解释世界，问题在于改变世界。”② 对马克思来说，历史唯物主义本身不仅是一种“解释世界”的哲学体系，更是一种力求“改变世界”的革命学说。作为一种革命学说，它要求批判性地认识资本主义世界，也要求建构性地阐明一个新世界的性质、特点、构成和原则。就此而言，历史唯物主义本身就是马克思主义的“世界观”，通过对资本主义社会异化的批判和现实的人的感

① 鄢一龙、白钢、章永乐等：《大道之行：中国共产党与中国社会主义》，中国人民大学出版社 2015 年版，第 40 页。

② 《马克思恩格斯文集》第 1 卷，人民出版社 2009 年版，第 502 页。

性实践的确定，历史唯物主义获得了建构性力量的现实基础和历史形态，展现了马克思主义关于人类社会发展的根本立场、总体观点和方法论，始终蕴含着批判性与建构性的统一。对资本主义世界的批判性认识是阐明一个新世界的理论前提，而对一个新世界的建构性阐明则是批判资本主义世界的理论指向。但这一理论指向的呈现不仅与批判资本主义世界相关，也与社会现实的发展水平相关。构建人类命运共同体的提出与实践彰显了社会现实力求不断发展完善的内在要求，也为历史唯物主义建构性地阐明一个新世界奠定了基础。所以，重视在历史唯物主义视野下探讨人类命运共同体问题的同时，我们还必须思考人类命运共同体何以将历史唯物主义带入一个新的思想和历史高度的问题。人类命运共同体作为一种全新的人类文明成果和人类社会存在形态，有其特定的演进轨迹和历史逻辑，昭示了对历史唯物主义的理论自觉和推动世界历史发展的意义。这意味着历史唯物主义和人类命运共同体的关系问题包括两个密切相关的内容：历史唯物主义视野下人类命运共同体的阐释问题和历史唯物主义自身在人类命运共同体中的创新发展问题。后一个问题实质上即是人类命运共同体的理论效应问题，其中最重要的是如何引导历史唯物主义成为全球化时代的一种“建构性世界观”，因为在当代全球化语境中人类命运共同体命题的出现构成了诠释历史唯物主义的新路径，也使得历史唯物主义具有了新的思想形态。

随着资本主义全球化浪潮的兴起，人类社会的发展出现了世界历史性的变化。在全球资本主义出现以前，世界上不同民族和国家的人民基本处于相互隔离的状态，各民族的生产方式、交往实践也较为封闭。从社会历史的意义上看，“全人类”尚未作为有机整体进行各种生存和发展活动，人类并未作为一个主体获得逻辑规定性和相应的现实性内容。资本主义全球化的发展改变了这一历史状态，并推动了人类历史向世界历史的转变，形成“各个人的全面的依存关系”，① 由此构成了历史唯物

① 《马克思恩格斯文集》第1卷，人民出版社2009年版，第542页。

主义的重要研究对象。正是针对资本主义全球化的现实状况，历史唯物主义的研究视野超越了民族国家的地域性视界，更加注重从全球性的角度来思考和研究人类社会的发展道路问题，“改变只注重于从一个国家、民族的视野来观察和谈论问题的方法，转向用全球化的观点来思考和研究社会发展问题，用全球性思维来补充和完善民族性思维”,① 这种研究视野的全球性拓展无疑更加符合历史唯物主义自身的要求。事实上，马克思的历史唯物主义本身就蕴含着全球性视野，世界历史理论的阐发也充分表明，人类的共同发展是一项全球性的事业。历史唯物主义中的全球性视野的形成不是揭示全球性的生产和交往实践在世界历史中存在的事实，而是在这一全球性运作事实的基础上展开哲学批判与超越，澄明全球性事业发展的动力和规律，突出人类主体共同存在与发展的现实历史意义，以挖掘人类解放的现实根据和条件。然而，由于资本主义全球化及其构筑的世界市场和全球治理体系所带来的是一种不平等的、霸权主义的国际秩序，使得全人类在共享全球化发展成果的意义上不仅没有成为真正的“人类”主体，反而带来了巨大的经济压迫、政治冲突和生态危机，最终发展为全球性的“风险社会”。自苏东剧变以来，全球化基本上就是资本主义全球化。时代境遇决定了以往的历史唯物主义针对全球化问题的研究更多是以批判性为主，虽然它在一定程度上也通过批判全球化的不合理之处揭示出了改造之道，但其理论态度主要还是批判性的。

构建人类命运共同体的历史性出场改变了这一研究状态，推动并促使历史唯物主义发生建构性转向。如前所述，资本主义全球化所引发的许多世界性新问题无法在西方中心主义的国际秩序中被有效地分析和解决，因为现有的全球治理体系备受资本逻辑的支配，本身具有等级性和殖民性弊病，缺乏一种体现国际民主、主权平等和共享成果的世界公共

① 丰子义：《全球化与唯物史观研究范式》，《北京大学学报（哲学社会科学版）》2005 年第 4 期。

性特质。因此，凡是涉及世界性共同发展的问题，无论是经济、政治层面还是文化、生态层面，基本上都超出了现有全球治理体系的处理能力。面对这一问题，中国秉持共商共建共享的全球治理观，积极发挥负责任大国的作用，主动参与全球治理体系的改革和建设，在共同参与中将新的全球治理体系的实施从观念或制度性话语权的建构推向更为现实的治理实践之中，呼吁各国人民同心协力构建人类命运共同体，为世界的发展贡献了中国智慧和中国方案。人类命运共同体是人类社会发展道路中基于共同利益和共同价值而自我努力、自我创造的全球性社会形态，它立足于“人类社会”的哲学立场，力求促进人类在真正的“普遍交往”中形成具有更高“共同性”水平的人类利益，在变革全球治理体系的基础上推动全球生产力的均衡发展，为实现人类社会更美好的世界图景奠定坚实的物质和精神基础。历史唯物主义所构设的人类解放，是在本体论、认识论和方法论维度和谐统一的“真正共同体”基础上的全面解放，在批判现存状况的基础上赋予自身现实的建构性指向成为其必要路径。而构建人类命运共同体是趋向“自由人联合体”的最高阶段，为走向“真正共同体”提供了现实的逻辑中介。较之于历史唯物主义对资本主义全球化的批判性研究而言，构建人类命运共同体更需要历史唯物主义自身的结构性转变、拓展与提升，即把历史唯物主义的重心从批判性世界观转变、拓展和提升为全球化时代的一种“建构性世界观”①。所谓“建构性世界观”，就是在批判资本主义全球化及其全球治理体系的基础上，预见性地判断、阐明和规划由各种社会领域、社会要素和社会关系所构成的人类命运共同体的基本结构、内在机制、运行方式、发展方向和价值目标等一系列重大问题。具体而言，在构建人类命运共同体的过程中，历史唯物主义如何在自身的思想形态中把握人类命运共同体的一般本质和发展规律，如何批判性地揭示人类命运共同体与全球性“货币

① 本文认为，历史唯物主义本身就是马克思主义的“世界观”，是马克思主义对于人类社会的总体性看法和观点，始终蕴含着批判性与建构性的统一。

共同体”或“资本共同体”的本质性差异，如何凸显构建人类命运共同体在人类社会发展道路中的价值目标，如何预见性地指出人类命运共同体发展过程中的客观问题，创造性地规划人类命运共同体的发展道路和世界图景等，这些都是历史唯物主义在全球化时代悬而未决的理论问题和迫切需要解决的实践问题。作为一种“建构性世界观”的历史唯物主义具有以下几项基本特征。

首先，“建构性世界观”的主体支撑是中国特色社会主义道路。在构建人类命运共同体的历史实践中，历史唯物主义作为一种“建构性世界观”，以构建人类命运共同体的历史意识指向人类未来的存在形态，同时又坚持“纯粹经验的方法”,① 从现实生活的经验性序列结构出发改造世界，既与现实达成有原则的妥协，又积极参与变革和优化现实的存在形式。这种立足于现实而高于现实的“建构性世界观”必须拥有主体性支撑，它能够代表人类社会的发展方向，凝聚人类的共识和意志，并为构建人类命运共同体提供最坚实可靠的历史性示范。随着中国特色社会主义实践道路的拓展和中华民族复兴进程的推进，中国特色社会主义进入了新时代，这一新的历史方位意味着当代中国的实践道路达到了高度的理性自觉，具有参与和引领世界历史进程的理论自觉和实践意志，不仅能够为发展中国家走向现代化的途径提供全新选择，而且能够为破解全球性治理难题贡献智慧和力量。构建人类命运共同体是中国特色社会主义道路的结晶，也是中国参与全球发展和治理过程的战略举措，中国特色社会主义道路的示范性必将推动历史唯物主义在构建人类命运共同体的实践中提升成为一种“建构性世界观”，向世界各国表明必须结合本国国情和实际来构建自身发展道路的永恒法则，进而重新获得普遍性意义。

其次，“建构性世界观”的核心关切是提升全人类共同性水平、维护全人类的共同利益。全球化时代之所以面临着诸多治理难题，主要原

① 《马克思恩格斯文集》第 1 卷，人民出版社 2009 年版，第 517 页。

因在于当代世界是一个前现代、现代和后现代相互交织的复合体系，各种利益因素、文化因素和价值理念相互作用与相互冲突，使得世界面临的不稳定性、不确定性因素尤为突出。因此，破解全球性治理难题，关键在于构建一个既能容纳差异、尊重各方诉求，又能提升共同性水平、凝聚全人类意志的命运共同体。构建人类命运共同体是真正站在历史的、时代的、人类的高度思考全球化未来走向的“建构性方案”，这一全新的建构性方案要求历史唯物主义不仅能够批判性地认识资本主义全球化，而且能够将自身的革命功能转化为超越现代性的建构性意识，在维系人类生存、开创人类未来存在方式的道路上展现自身的理论创造能力。通过构建人类命运共同体，历史唯物主义超越资本主义文明的理论叙事就“不再只是以阶级革命的方式实现人类解放的理论，也是一种唤醒人类超越资本主义文明形成以维系人类存在的救亡理论，阶级革命内涵的人类取向以一种人类的立场直接地凸显出来”。① 尽管人类命运共同体与历史唯物主义叙事中的“自由人联合体”存在一定的历史距离，但它能够超越以往革命行动取向和“国强必霸”的发展宿命，为人类解放的可能性创造现实条件和新的逻辑。

最后，“建构性世界观”的伦理信念是全人类的共同价值。在全球化时代，世界范围内的各种冲突与较量、人类所面临的诸多生存危机，固然根源于利益冲突，但也与更为合理的全球价值理念的缺失有关，因而，迫切需要在提升人类利益共同性水平的基础上重建全球性的价值共同体。马克思、恩格斯在《共产党宣言》中指出：“各民族的精神产品成了公共的财产。民族的片面性和局限性日益成为不可能，于是由许多种民族的和地方的文学形成了一种世界的文学。”② 从辩证法的角度来看，普遍性存在于特殊性之中，共性存在于个性之中，马克思、恩格斯

① 罗骞：《中国特色社会主义建设实践的理论自觉——论历史唯物主义功能及其内涵的当代转化》，《江苏大学学报（社会科学版）》2012 年第 2 期。

② 《马克思恩格斯文集》第 2 卷，人民出版社 2009 年版，第 35 页。

所说的“世界文学”正是由多种“民族和地方的文学”所构成的，这正是全人类共同价值的社会现实基础。构建人类命运共同体必须以“和平、发展、公平、正义、民主、自由”等全人类的共同价值为前提，从而确立“共在”与“共生”的伦理信念，并坚持以“共同价值”引领各个主体成员自身的历史与实践。这就要求历史唯物主义不仅要在理论上审视当今世界的多元性价值现实，打破西方中心主义的价值理念和资本主义主导“现代性唯一”的神话，终结西方发达资本主义社会主导世界历史线性发展的模式，回答人类共同价值何以可能的问题，而且还要站在“人类社会或社会的人类”这一哲学立场上去指导实践，从而建构出鲜活的、深入人心的共同价值理念，进而促进人类命运共同体的建设。

构建人类命运共同体已经成为在全球化时代检验和充实历史唯物主义的社会现实，同时也是促使历史唯物主义获得创新发展的重大课题。历史唯物主义如何在把握人类命运共同体的过程中获得自身的深化发展成为当代马克思主义哲学创新的重要契机。历史唯物主义对人类文明的省思表明，尽管以往的历史主要表现为阶级斗争的过程，但共同体却是人的基本存在方式。面对当代全球化运动中的诸多理论问题，历史唯物主义理论迫切需要从对人类命运共同体的认识中建构新的学说，从而审视自身理论的科学性，进而通过建构性的发展将历史唯物主义带到新的思想高度。以往的历史唯物主义研究范式往往只是从不同的角度批判性地解释全球化，而真正的问题则在于建构性地阐发全球化，立足于人类自觉地实践观念，阐发人类命运共同体，将人类的共同命运意识从传统的思维框架中解放出来，这既是人类命运共同体带给历史唯物主义的理论效应，也是历史唯物主义作为全球化时代“建构性世界观”的理论任务。

在马克思主义理论体系中，对人类命运共同体的研究，我们应当秉持动态的、发展的历史眼光：人类命运共同体不是自在的世界性实体，而是世界历史进程中全球化的实践成果。对历史唯物主义的研究，我们也应秉持现实的、创新的理论态度：历史唯物主义不是超历史的“历史哲学理论”，也不是传统教科书所阐述的“普遍原理体系”，而是在批判人类社会实践中不断建构发展的理论体系。在历史唯物主义的理论体系中，社会实践遵循人与物的双重维度，现实的人的实践为思维与存在的统一提供了合理形式，历史唯物主义建构社会共同体的开端和优势就在于将一切人的社会存在形式都视为现实的实践去解读，由此恢复资本逻辑中被人的主体理性所斥责的理论客观准则。正是由于历史唯物主义自身的“时代境遇”和“理论指向”，才使得其研究范式必然随着社会现实的扩展而进一步调整、深化。构建人类命运共同体作为全球化时代最为任重道远的历史任务，其本身就构成了历史唯物主义所面对的最重大、最根本的“社会现实”，这必将带动历史唯物主义基本原理在当代世界的创新与发展。

七

当代中国马克思主义的哲学境界*

摘　要： 习近平新时代中国特色社会主义思想开辟了马克思主义发展的新境界，是以促进中国与世界共同发展、辩证融合为使命的当代中国马克思主义。这一思想将世界历史的现实转变视为人类社会发展的机遇和条件，促使历史观的生成性变革与开放性发展同世界历史不断合理化的过程深入结合，彰显出其洞悉世界历史变化和把握未来世界历史走向的大历史观，体现了在历史发展进程中对人类社会的现实问题进行反思与超越的双重要求。当代中国马克思主义对现实领域中的基本问题、重大问题、关键问题和突出问题及其关系结构的把握日益明晰，以创造性的实践回应了现实问题域的改变，将合规律性与合目的性辩证统一的问题导向落实到变革现实的实践进程中，体现了对现实问题的规律性认识与创造性实践相融合的方法论。中国与世界共同发展以及共建国际治理体系的革命性实践，展现了当代中国马克思主义体系的意识自觉和创造“人类文明新形态”的有序推进，是对传统建构性理论的突破和对马克思主义世界观的创新。当代中国马克思主义塑造了将人的解放与人自身发展的需要融为

---

* 本文以首篇位置发表在《中国社会科学》2021 年第 9 期。

一体的哲学精神，明确了马克思主义的哲学使命与哲学意义相融贯的时代价值。

关键词： 当代中国　马克思主义　哲学境界

习近平新时代中国特色社会主义思想是当代中国马克思主义，蕴含深厚的哲学基础，它对世界历史出现的新情况、新特点和新问题进行敏锐把握和科学研判，创造性回答了“构建何种意义的当代马克思主义”以及“如何构建当代马克思主义”的深层问题。在对世界市场扩张、国际交往深化以及全球治理体系变革等现实形势的深刻洞悉中，习近平新时代中国特色社会主义思想体现出将世界历史转变与哲学思想变革相统一的历史观；在解答“时代之问”上展现出中国特色社会主义制度的显著优势，显现了对现实问题的规律性认识与实践活动的创造性探索相统一的方法论；对“中国之问”与“时代之问”之间深层关联的厘清，以及对现实问题与理论生成过程之间内在逻辑的把握，展露出体系意识与创造“人类文明新形态”① 并举的世界观；在社会历史的实践进程中始终保持对现实把握的总体性视野和超越性旨趣，饱含着哲学使命与哲学意义深度融合的时代价值。习近平新时代中国特色社会主义思想蕴含的大历史观，要求在世界历史的宏观视野中形成现实问题与实践遵循自觉结合的方法论，并促使具有积极建构性的世界观在方法论的展开过程中得以澄明，并发展了马克思主义的价值论。从历史观、方法论、世界观和价值论四个维度阐发当代中国马克思主义达致的哲学境界，不仅高度契合中国共产党对马克思主义理论精髓与实践走向的充分自觉，而且推动了当代中国马克思主义固有的理论属性与实践特色在新时代背景下的透彻展开和深化发展。

---

① 习近平：《在庆祝中国共产党成立 100 周年大会上的讲话》，人民出版社 2021 年版，第 14 页。

（一）世界历史的转变与历史观的生成性变革

随着世界历史和全球化进程的总体发展与阶段性变化，中国人民的前途命运与人类社会的整体走向更加密切交织，对新历史阶段的发展方向和现实路径的精准把握构成了当代中国马克思主义的时代课题。党的十八大以来，中国共产党系统阐述了新时代发展当代中国马克思主义的基本取向，即在新的历史条件下探索理论与实践融合统一的新方式。在这个前提下，形成了包含习近平经济、生态文明、外交、法治和强军思想等在内的新理念，构成了习近平新时代中国特色社会主义思想的重要组成部分。新理念既明确了认识和反思现存世界的基本态度，又提供了自觉解读和把握时代精神的叙事理路，体现出中华民族历史发展与世界历史转变相互交汇、人类历史的现实演进与历史观的生成性变革彼此融合的辩证意义。中国共产党在广泛参与世界历史的进程中把握其现实转变的深层原因，并将这种转变理解为历史视野中的“现实”与现实意义上的“历史”有机统一的过程，体现了历史观的生成性意蕴。历史观的生成性特质强调在实践中求解现实问题。习近平新时代中国特色社会主义思想内含的历史观以马克思的世界历史理论为思想依据，基于长远性和整体性的世界历史发展趋势，贡献了破解当前世界发展困境和未来世界治理秩序的“中国方案”，彰显了对世界历史转变的真知灼见和对未来世界历史走向的深邃洞察。

唯物史观确证了世界历史现实生成和演进的客观性与实践性意蕴。在当代中国马克思主义的理论视域中，世界历史的进程包含了人类历史整体性的存在状态、活动方式以及追求自由的路径。经济、生态文明、外交、法治和强军思想作为习近平新时代中国特色社会主义思想的重要组成部分，是中国共产党基于中国社会的阶段性发展来反省世界历史的内在规律和发展趋向所生成的理论成果。经济、生态文明、外交、法治和强军思想聚焦于相关的现实领域所表达的思想观点和展开的实践活动，形成了各领域自身特有的理论系统，并在逻辑和现实的双重意义上对领域内的基本论题与主要任务进行了解答。这些领域自身子系统的完成与中国特色社会主义整体理论系统的形成相互规定，子系统在整体系统中获取了更为完整的现实意义，同时确证了中国特色社会主义建设实践在当代世界历史中持续生成的统一性旨趣，彰显了习近平新时代中国特色社会主义思想对现实生活中具体领域发展的系统性自觉，并彰显出更高层次历史观的系统性发展。

在新时代，推进当代中国马克思主义的发展必须将思想观念与具体实际相结合，审视处于不断变化中的人类社会。面对世界历史转变带来的冲击以及把握这一现实转变的新要求，中国共产党在践行新时代的历史使命中展现出哲学思维的变革伟力与创新发展的实践魄力，为推动世界历史的发展提供了全新的理论智慧和实践方案。习近平总书记基于理论与实践相结合的方法论，深入洞察世界历史的发展规律，阐发了关于经济、生态文明、外交、法治和强军思想以及其他各领域的重要论述，其中蕴含的哲学范畴和基本观点，为理解现存的世界历史框架提供了理论导向。从理论的形成过程和思想的阐述方式来看，习近平新时代中国特色社会主义思想所阐述的范畴、观点和思维都清晰可见创新与变革的基本理路。在经济方面，强调“新发展理念”“高质量发展”和“现代化经济体系”等范畴，突出全面深化改革和社会主要矛盾转换等新论断，注重把握经济全球化的历史潮流，力图“让发展成果惠及更多国家和民众”,① 使发展国内经济与构建新型经济全球化的战略需要逐渐融合，为推动经济发展提供理论指引；在生态文明方面，强调“美丽中国”的范畴，深刻阐发“两山论”“绿色发展”等新理念，立足于人类历史的宏观视野探索人与自然和谐相处的模式，揭示全人类创造更高层

① 习近平：《开放合作　命运与共——在第二届中国国际进口博览会开幕式上的主旨演讲》，人民出版社 2019 年版，第 5 页。

次生态文明的历史意义；在外交方面，包含“一带一路”国际合作、构建“人类命运共同体”等新思路，澄明了中国特色社会主义进入新时代对世界交往和世界历史发展的重大意义；在法治方面，强调坚持中国特色社会主义法治道路与全面推进依法治国深度融合的核心要义，形成了国家治理体系建设与全球治理体系变革相联结的发展图式；在强军方面，强调“党的绝对领导”“军民融合”和“政治建军”等，致力于打造人民军队的新风貌，创造性地提出“和平必须以强大实力为后盾，能打赢才能有力遏制战争，才能确保和平”的论断，[①] 在关键历史节点将激发人民军队战斗力与维护世界和平的使命关联起来。这些涉及不同领域的思想论述自成一体，又相辅相成、相得益彰，具有严密的理论脉络，达到了历史逻辑与实践逻辑相统一的理论高度，反映了中华民族历史发展与世界历史转变的密切联系。

习近平新时代中国特色社会主义思想形成与发展的重要动因和基本线索在于对世界历史转变的深刻洞见，构建了将世界历史的现实转变进程与历史观相统一的叙事方式。马克思指出，“整个所谓世界历史不外是人通过人的劳动而诞生的过程，是自然界对人来说的生成过程”。[②] 这蕴含了深刻的生成性历史观，展露出双重生成性进路：人的主体性力量的历史性生成和从自然史向人类史的生成进程。当代中国马克思主义体现了马克思主义世界历史理论与现实的世界运行形势的深度结合。习近平总书记在纪念马克思诞辰 200 周年大会上的讲话中指出，“学习马克思，就要学习和实践马克思主义关于世界历史的思想”，[③] 强调马克思、恩格斯关于在生产和交往方式不断扩展和完善，推动历史向世界历史转变的预言已然成为现实。从习近平总书记对经济、生态文明、外交、法

---

① 习近平：《努力把马克思主义立场观点方法学到手——关于军事辩证法》，《解放军报》2016 年 6 月 1 日。

② 《马克思恩格斯文集》第 1 卷，人民出版社 2009 年版，第 196 页。

③ 习近平：《在纪念马克思诞辰 200 周年大会上的讲话》，人民出版社 2018 年版，第 22 页。

治和强军思想的阐释中可以发现，他对世界历史伴随现实环境和条件的变化而不断转变的情势保持敏锐洞察力，也反映了他对现实世界历史转变中衍生的困境和危机的科学预判。“人类交往的世界性比过去任何时候都更深入、更广泛，各国相互联系和彼此依存比过去任何时候都更频繁、更紧密”，① 这意味着世界历史的转变已深刻嵌入全球性问题的产生与蔓延、人类生产与交往方式的变化之中。习近平总书记将世界历史的大变革和大调整视为“百年未有之大变局”，强调这一转变是辐射经济、政治、社会、文化、军事和外交等各领域的体系性变局，涉及人类社会存在与发展的未来走向。在把握世界历史的现实变化中，习近平新时代中国特色社会主义思想将世界历史理解为通过人类的生产与交往活动而不断化解人类生存和发展矛盾的生成过程，彰显了历史观的生成性变革思维和开放性理论视野。

习近平新时代中国特色社会主义思想对世界历史转变的哲学洞见彰显了回应“时代之问”的世界眼光。在新中国成立 70 周年之际，习近平总书记曾指出，“我们的国家发生了天翻地覆的变化，中华民族迎来了从站起来、富起来到强起来的伟大飞跃。无论是在中华民族历史上，还是在世界历史上，这都是一部感天动地的奋斗史诗”，② 展现了中国的持续快速发展为推动世界历史进步贡献的伟大力量。这将中华民族历史的变化与世界历史的整体转变视为人类历史发展的同一过程，体现了中国共产党以世界历史的转变与中华民族历史发展的深层关联为契机来判定时代方位、提出“时代之问”的融合性视野。“时代之问”的提出依托于对世界历史转变中蕴含深刻矛盾的捕捉。在 2018 年亚太经合组织工商领导人峰会上的主旨演讲中，习近平总书记回顾了近代以来世界历史的运行轨迹，揭示了保护主义、单边主义等路径是以谋取少数人利益为

① 习近平：《在纪念马克思诞辰 200 周年大会上的讲话》，人民出版社 2018 年版，第 22 页。

② 《习近平谈治国理政》第 3 卷，外文出版社 2020 年版，第 326 页。

目的的资本扩张过程，其结果只会加剧世界经济的不确定性和风险性，同时在生产力的普遍发展中也孕育出与资本主义制度相抗衡的内在力量。面对世界历史的转变，习近平总书记指出，“一个时代有一个时代的问题”。① 当社会生产总过程的全球化发展逐渐突破资本扩张的狭隘诉求时，世界历史的转变将获得更大的发展空间，中华民族的历史演进也将迎来更多的发展机遇。习近平总书记在洞悉世界历史发展新契机的基础上判定中国特色社会主义进入了新时代，并针对新时代面临的世界性问题提出了新的思想论断，其中蕴含对世界历史转变与世界体系塑造之间关系的研判，在不断解答“时代之问”中体现中国发展进入新的历史方位给世界发展带来的信心和希望。习近平总书记在党的十九大报告中总结过去五年的工作时表示：“我国国际影响力、感召力、塑造力进一步提高，为世界和平与发展作出新的重大贡献。”② 中国对世界作出贡献的核心在于发挥中国治理对世界体系的“塑造力”，重构资本主义主导世界历史进程中形成的全球治理体系，为人类共同面临的生存和发展问题提供科学的解答方案。

习近平新时代中国特色社会主义思想始终贯穿着把握世界历史转变和未来世界历史发展走向这一主线，在理论逻辑上，彰显了真理性与现实性相统一的历史哲学的生成性意义。马克思、恩格斯在《德意志意识形态》中系统阐释了世界历史理论，为解答“历史之谜”和揭示世界历史发展规律而形成的唯物史观，内在蕴含逻辑与历史相统一的历史观。马克思认为，人类历史活动的发展“并不是在他们自己选定的条件下创造，而是在直接碰到的、既定的、从过去承继下来的条件下创造”。③ 马克思的世界历史理论为当代中国马克思主义的发展提供了理论支撑，并成为中国共产党应对时代课题的智慧源泉。习近平总书记所阐述的经济、

① 《习近平谈治国理政》第 3 卷，外文出版社 2020 年版，第 456 页。
② 《习近平谈治国理政》第 3 卷，外文出版社 2020 年版，第 6 页。
③ 《马克思恩格斯文集》第 2 卷，人民出版社 2009 年版，第 470~471 页。

生态文明、外交、法治和强军思想，既是中华民族应对时代问题的新治理思路，又是构成世界历史未来走向的支撑力量。习近平新时代中国特色社会主义思想对世界历史理论与中国发展的深层关系的深刻揭示，充分体现了对马克思的世界历史理论的继承与发展。“中国作为国际资本主义的生存条件，在世界历史中经历了资本主义发展阶段，因而产生了工人阶级——共产党的社会阶级基础。这就造成了历史发展的普遍规律在中国实现的独特方式”,① 中国始终在与其他国家的联系互动中探索并确证自身的发展道路。中国共产党深刻认识到世界历史转变过程中人类社会得以发展的历史前提，在世界历史中注重把握不同民族发展的客观规律性与人民主体能动性的关系，努力推动世界历史向促使人类整体与个体在更为开放、宽阔的范围内获取自身话语权普遍表达和自由发展的方向转变，展现了在批判性继承人类以往历史的过程中把握未来总体发展趋势的大历史观。“历史是从昨天走到今天再走向明天，历史的联系是不可能割断的，人们总是在继承前人的基础上向前发展的”,② 中国共产党对新时代历史方位的判定，正是基于深刻地历史性审思。当代中国马克思主义蕴含的历史观以世界历史进程中产生的生产和交往方式为基础，通过具体生成的总体性过程呈现人的世界历史性生存和发展的新境遇，并在现实扩展的世界交往中发挥经济、生态文明、外交、法治和强军思想的作用，以把握世界历史发展的未来走向。

习近平新时代中国特色社会主义思想将世界历史的现实转变视为时代契机，展露出深植于现实社会发展进程的生成性特质。在实践逻辑上，中国在历史实践中从被动卷入现代化到主动追求和创造性构建自身的现代化道路，在世界历史的发展中把握前进的方向，促使现实的人的社会

① 刘奔、任洁：《历史发展规律的普遍性和各民族发展道路的特殊性》，《教学与研究》2007 年第 3 期。

② 习近平：《领导干部要读点历史——在中央党校 2011 年秋季学期开学典礼上的讲话》，《学习时报》2011 年 9 月 5 日。

性存在转变为历史中的世界性存在，并在此基础上开创“人的自由全面发展”的全新境遇。各个国家的历史实践都是民族性与世界性的有机统一，“在世界交往中得到了充分发展的民族特色，本身就是世界历史的规定”,① 在当代世界历史进程中，中国推动全世界各民族在解决共同性问题中构建“互利共赢”的人类文明。当代中国马克思主义将世界历史的转变与历史哲学的生成性变革相统一，对人类社会的共同生存和发展需要作出时代性阐发，昭示了理解人类的共同性存在与人类社会整体生存智慧的大历史观。习近平总书记在阐释这一大历史观的基本思想观点和原则时强调，我们理应从世界和中国发展的大历史视野中认识当代中国社会发展的现实，“只有在整个人类发展的历史长河中，才能透视出历史运动的本质和时代发展的方向”。② 习近平新时代中国特色社会主义思想在辩证把握世界历史的转变中体现了对历史观的丰富和发展，旨在将人类社会共同生存的既成状态、现实发展和未来走向之间的逻辑关系置于时空交织的纵横关联中，既从世界历史的横向转变维度解释中华民族作为世界文明史的重要组成部分所发挥的独特作用，即“世界上没有一个民族能够亦步亦趋走别人的道路实现自己的发展振兴”；③ 又从世界历史的纵向转变维度把握人类社会总体发展的阶段和形态，指出“尽管我们所处的时代同马克思所处的时代相比发生了巨大而深刻的变化，但从世界社会主义500年的大视野来看，我们依然处在马克思主义所指明的历史时代。”④ 当代中国马克思主义揭示了洞悉世界历史转变与推动历史观的生成性变革和开放性发展的辩证统一关系，不仅注重从历史的阶

---

① 刘奔、曹明德：《从观念的历史叙述到现实的历史叙述——论文化比较研究的方法论问题》，《哲学研究》1996年第1期。

② 习近平：《在纪念马克思诞辰200周年大会上的讲话》，人民出版社2018年版，第7页。

③ 习近平：《在纪念孙中山先生诞辰150周年大会上的讲话》，人民出版社2016年版，第5页。

④ 《习近平谈治国理政》第2卷，外文出版社2017年版，第66页。

段性特征出发阐释人类社会的普遍规律与趋势，而且突出在生成过程中的社会历史对既定世界历史框架的决定作用，拓展了人类社会发展的选择空间，推动人类社会多元发展模式的构造，为历史观的生成性和开放性发展构建了历史科学性与价值规范性相统一的基本路向。

（二）规律性认识与创造性实践的方法论融合

当代中国马克思主义彰显了历史发展进程中人类社会的存在状态，不断深化对中国共产党执政规律、社会主义建设规律和人类社会发展规律的认识，确立了解决时代问题的基本思路和实践方法，蕴含着历史的认识方法与实践方式相统一的方法论，展现了强烈的问题意识和问题导向。《中共中央关于全面深化改革若干重大问题的决定》明确表示："要有强烈的问题意识，以重大问题为导向，抓住关键问题进一步研究思考，着力推动解决我国发展面临的一系列突出矛盾和问题。"① 问题意识和问题导向是捕捉与解答现实问题的精要所在，真正把握并解决问题需要从哲学高度对现实问题进行反思和批判，并诉诸指导全面深化改革开放的具体实践。在习近平总书记的问题意识思维中，现实问题呈现出由基本问题、重大问题、关键问题和突出性问题等不同维度所构成的结构层次。中国共产党对现实问题的剖析与对中国道路发展规律的不懈探索是同一个过程，不断创造性地认识现实问题的复杂结构，科学把握中国特色社会主义建设事业的历史经验和发展规律，昭示问题的现实指向与全球意义，确立了在人类不断拓展和深化的交往实践中合理阐释并解决现实问题的基本原则。逐层阐析并逐个破解问题的过程是将世界的发展、人类文明的进步等共同问题置于人的感性实践中予以解决。在精准把握维护世界各国利益和促进共同发展的基础上，根据时代主题的变化而掌握现

① 中共中央文献研究室编：《十八大以来重要文献选编》上，中央文献出版社2014年版，第497页。

实问题的全球性和民族性特征，进而在问题导向中表达对主体实践的要求。习近平总书记对共产党执政规律、社会主义建设规律和人类社会发展规律辩证关系的认识的深化，以及将“三大规律”统一于相互联系和共促发展的历史进程，形成了在实践中认识、探索和解决现实问题的辩证思维方式。

当代中国马克思主义的发展逐渐确立了创造性实践原则和解决现实问题的新方向：以问题倒逼实践的方式向问题导向与实践创新相结合的方法论推进，在中国特色社会主义改革和发展实践中突出系统性的辩证思维方法。在世界历史进程渐趋复杂的情势下，中国共产党逐渐认识到既要从现实问题出发把握历史规律并求索解决策略，又必须促使自身理论与现实世界紧密结合。当代中国马克思主义体现了人民实践活动的主体性和创造性，从全人类不断扩展的实践领域中揭示现实问题的规律，展现出系统性的哲学境界。关于经济、生态文明、外交、法治和强军思想等重要论述，科学回答了当代中国面临的重大现实问题，将中国共产党在时代中推动理论和实践发展的问题意识与问题导向进一步具体化，同时也促进了对现实问题生发规律的科学认识和系统把握。对现实问题的规律性认识与实践的创造性要求紧密相连，体现在中国共产党的新时代实践具备自我超越的创造性意义。从现实问题中把握矛盾转化及问题解决的整体方法与辩证思维，彰显出习近平新时代中国特色社会主义思想作为指导现实实践的理论体系的科学性，以及作为现实实践过程中不断超越现存状态方法论的系统性。

问题是时代的声音。对新时代所面临的诸多现实问题的深刻认识和观照构成了习近平新时代中国特色社会主义思想的理论特质。习近平新时代中国特色社会主义思想之所以能把握新时代的历史方位和实践路向，关键在于对问题意识的高度自觉和坚持贯彻，既致力于解决现实中凸显的问题，又对可能产生的新问题保持高度敏锐的洞察力。首先，确立了新时代需要解决的基本问题，即“新时代坚持和发展什么样的中国特色社会主义”以及“怎样坚持与发展中国特色社会主义”的问题。其次，对“八个明确”和“十四个坚持”的阐述体现了对经济、生态文明、外交、法治和强军等领域存在的重大问题的关注，强调“解放和发展社会生产力是社会主义的本质要求，是中国共产党人接力探索、着力解决的重大问题”，① 重大问题构成了坚持和发展中国特色社会主义这一基本问题的重点内容。再次，强调在实践中抓住关键问题，以顺应世界普遍交往的发展趋势。习近平总书记在推进“一带一路”建设工作5周年座谈会上指出，要“解决好重大项目、金融支撑、投资环境、风险管控、安全保障等关键问题”，② 这些关键问题体现了中国共产党在实践中对现实问题的透彻分析和精准把握。最后，洞察了阶段性发展的突出问题。基于经济社会发展不同历史时期的全局性、战略性和特殊性，在发展链条中聚焦当下社会现存的突出问题，如社会生产发展中不平衡不充分的矛盾、全面深化改革和脱贫工作中“两不愁三保障”的落实难题以及全球治理中发展空间不平衡等问题。这些国内问题与全球性问题紧密相连、相互渗透，是全球化所引发的世界性问题在中国的具体呈现和直接结果。全球性问题表现为在世界各国不同程度存在的普遍性问题、在不同民族和地区相互缠结的复杂性问题以及威胁人类生存而必须解决的迫切性问题等，它们在加深全球治理难度的同时也加剧了中国发展与治理的风险，使得完善全球治理和促进共同发展的必要性日益凸显。习近平总书记把解决中国现实问题定位为应对全球性问题与促进人类社会文明发展的历史性契机，根据人类生存安全的需要、社会生产发展的程度和时代主题来发掘并诊断中国现实问题的结构层次及其相互转化的条件，顺应了在相互理解和交往的世界历史中谋求发展的时代潮流。从世界历史的发展过程看，这些现实问题共同构成了新时代必须妥善解决问题的整体内容。

---

① 习近平：《在纪念马克思诞辰200周年大会上的讲话》，人民出版社2018年版，第18页。

② 《习近平谈治国理政》第3卷，外文出版社2020年版，第488页。

在发现问题中揭示对客观规律的认识和预判，体现了习近平新时代中国特色社会主义思想所蕴含的鲜明问题意识以及对现实问题生成的本质和规律的逐层揭示。

习近平总书记对新时代现实问题的总体把握和分层审视，呈现出不同层次的问题之间相互交织的关系结构，揭示了问题系统中清晰的逻辑脉络和本质规律，在确立新时代历史方位的同时，提出坚持和发展中国特色社会主义的“八个明确”的理论认识和“十四个坚持”的实践方针，说明了新时代面临的现实问题实质上具有一定的交织性。习近平总书记在考察脱贫攻坚工作面临的突出问题时将其与解放和发展社会生产力的重大问题相结合，在积极参与和构建世界交往方式关涉的经济、生态文明、外交、法治和强军等领域的关键问题上注重将其与中国特色社会主义发展道路的基本主题相联系，并强调党的自身建设在层次鲜明的“问题群”中所具有的根本地位与作用。当代中国马克思主义在实践中不断发展和成熟的标志是形成了对现实问题的规律性认识。问题意识反映在现实问题的结构把握上，体现为对现实问题本质规律的深刻揭示。基于习近平总书记通过实践揭示问题生发的客观规律和提出解决问题的根本方法，可以反观现实问题之间的结构层次：核心问题、中介问题和外层问题及其相互印证和逻辑展开，呈现出由内而外、层级有序的三层问题系统，其中内在层次对外在层次具有基础性意义，外在层次对内在层次具有应用性价值。在习近平总书记的叙事逻辑中，坚持和发展中国特色社会主义这一基本问题处于核心层次，核心问题具有基础性和先在性，是认识和解决其他问题的依据。习近平总书记在“不忘初心、牢记使命”主题教育工作会议上的讲话中强调，“‘守初心、担使命，找差距、抓落实’是一个相互联系的整体，要全面把握，贯穿主题教育全过程”,① 党的领导是各项事业取得胜利的根本保证，这要求我们将整治党

① 习近平：《在“不忘初心、牢记使命”主题教育工作会议上的讲话》，人民出版社 2019 年版，第 8 页。

内存在的突出问题置于结构的核心位置；中介问题是由核心问题推导而来的，是核心问题与外层问题之间的过渡环节，体现国家发展全局的战略意义在经济社会重要领域的全面敞开，习近平总书记强调的重大问题和关键问题都发挥中介性作用，主要涉及全面深化改革开放事业中需要解决的重大问题；外层问题是中介问题继续推导的结果，属于中国特色社会主义理论在实践中与世界交往经验相联系的层面，事关“国家安全”和“大国外交”等问题。这三层问题紧密相连、环环相扣，形成了具有严密逻辑的有机整体，展现了习近平总书记对现实问题结构的总体性把控与规律性认识，即基本问题、重大问题、关键问题和突出性问题在特定的时代环境和客观条件下可以相互转化，其转化隐含了对不同问题域的顶层设计和改革方式的规律性探索。

习近平新时代中国特色社会主义思想所展现的现实问题的三层结构和本质规律共同揭示了新时代党和国家发展面临的新形势：“既解决老问题，也察觉新问题；既解决显性问题，也解决隐性问题；既解决表层次问题，也解决深层次问题”，① 在把握和化解问题的过程中深化对中国特色社会主义建设和改革的历史、理论与实践三重逻辑相互贯通的整体性认识，显现出以实践为前提和出发点的深刻而敏锐的问题意识。中国共产党始终重视论述与发挥新理念、新论断和新思路的实践性，并在实践过程中深化对现实问题结构的规律性认识，彰显了当代中国马克思主义关于解释世界与改造世界之间相互贯通的深层哲学智慧，并致力于发掘新的现实问题、构建新的生产与发展方式来解释世界的历史自觉。然而，要达到“改变世界”的思想高度需要反复求索。“问题在实践中产生，也要在实践中解决。实践、认识、再实践、再认识，是认识事物的客观规律，是解决问题的根本法则。”② 中国共产党在认识现实问题和把

① 《习近平谈治国理政》第3卷，外文出版社2020年版，第501页。

② 何毅亭主编：《以习近平同志为核心的党中央治国理政新理念新思想新战略》，人民出版社2017年版，第227页。

握其结构性规律的过程中展现了通过实践来解决问题的思维逻辑。现实问题产生于人类实践中主观需要与现存状态的矛盾和纠结，只能解决于实践活动中。唯有增强问题意识和坚持问题导向，才可能在鲜活的实践进程中提出现实问题和认识时代课题。在理论与实践的相互作用中不断生成的问题意识，促使中国共产党在实践经验中勇于正视时代问题，通过分析与解答时代问题来变革思维、深化实践。中国共产党在发现问题的同时持续求解对问题“何以存在”以及“如何解决”的认知和判定，体现了中国共产党依靠创新性实践解决现实问题的实践观点。

问题意识根源于人民主体的创造性实践。习近平新时代中国特色社会主义思想体现了将人民群众引导进入社会实践领域的基本理路，形成了作为历史主体的人民通过创造性实践活动展开和丰富全部人类历史过程的现实路径。习近平总书记深刻把握中国人民特有的主体性与其实践的创造性之间的联系，高度评价中国人民在推动社会历史发展中所具有的创造性力量。习近平总书记强调，“尊重人民主体地位和首创精神”,① 昭示人民主体共同创造历史是必然选择。对人民主体实践的创造性认识及要求贯穿当代中国马克思主义理论与实践相统一的历史进程中。习近平总书记指出，中国特色社会主义建设的多项改革举措来自人民群众的发明创造，应当将人民主体创造的原创性成果的实践经验予以总结和推广，为未来坚持和加强实践的创造性指明方向。在经济领域，“鼓励引导支持基层探索更多原创性、差异化改革，及时总结和推广基层探索创新的好经验好做法”;② 在生态文明领域，主动引导应对气候变化的国际合作；在外交领域，积极推动构建人类命运共同体的实践路径；在法治领域，形塑并发展推进改革与施行法治相统一的实践思维；在强军和科

① 习近平:《在纪念马克思诞辰 200 周年大会上的讲话》，人民出版社 2018 年版，第 17 页。

② 习近平:《紧密结合“不忘初心、牢记使命”主题教育 推动改革补短板强弱项激活力抓落实》,《人民日报》2019 年 7 月 25 日。

技领域，“加快研发具有自主知识产权的核心技术，更多鼓励原创技术创新，加强知识产权保护”。① 习近平总书记对具体领域的社会实践要求，旨在凸显作为历史前提的人民主体开展契合自身本质力量的实践需要，进而创造有益于人类社会发展进步的伟大历史。

习近平总书记秉持问题意识与问题导向的实践思维，立足于推进社会历史发展的实践方法，将求索人类社会存在和发展遭遇的问题，包含于对现实实践的应然追问中，确立了“改变世界”的实践方法。这一探寻事物发展规律及其未来走向的过程必然包含对既定的、现成的客观世界的问题意识发掘，以及对人与世界总体的持续性存在关系的实践探索。对现实问题的规律性认识与创造性实践要求相统一的思维方式强调从实践出发反观问题本身，习近平总书记在讲话中多次强调以“实践证明”为依据，坚信中国共产党和人民群众只有通过深入开展的经验活动才能真正把握问题的本质。他始终坚持“深入观察世界发展大势，深刻体察中国特色社会主义伟大实践”，② 在思维与现实存在的辩证互动中达到实践探索与问题意识相统一，其哲学思维在反映现实中突出了实践的基础性地位，承认只有从现实实践前提出发才能促使实践思维和方法在问题中不断生成。习近平总书记强调，“要解释现实的社会问题，开什么处方治什么病，首先要把是什么病搞清楚”，③ 中国共产党对现实问题的变革意识是凭借对问题域的改变来实现的，而问题域的改变必须依托创造性的实践，问题意识的产生以现实问题存在的本质规律为基本尺度。对现实问题的本质规律性认识体现了从内在结构上理解中国问题与全球性问题的共通性，展露出其问题意识和问题导向的世界性意义，在历时性维度实现由国家或地区的狭隘性向世界历史性转变；在共时性维度共建

① 习近平：《贯彻新发展理念推动高质量发展　奋力开创中部地区崛起新局面》，《人民日报》2019 年 5 月 23 日。

② 习近平：《在党的十九届一中全会上的讲话》（2017 年 10 月 25 日），《求是》2018 年第 1 期。

③ 《习近平谈治国理政》第 3 卷，外文出版社 2020 年版，第 324 页。

问题解决的合理秩序和良好环境，使中国在攻克自身发展难题中为突破全球性问题提供独特经验和针对性措施。因此，问题结构的本质规律性和实践的创造性是新时代的现实问题与改革发展得以统一的客观条件，现实问题结构变动的规律为实践的主体性和创造性生成提供基石，主体实践的创造性发展为问题域的转变提供动力支持。现实问题结构的规律与创造性的实践要求相互渗透的过程，极大地增强了现实生活不同领域的实践之间的张力和开放性空间，体现了其从问题与现实的相互关系出发把握人类社会的方法论意义。

（三）体系意识与形态构建相互推进的世界观

在马克思主义的理论视野中，人与世界之间的矛盾及其产生的认识关系、实践关系和历史关系等，总是展开于具体的历史条件和社会实践框架之中。中国共产党在具体的历史条件下激发人民主体的创造性活动，促使人民敞开自我超越的实践空间并逐渐实现自身主体性的发展和解放，总体上表现为体系意识与“人类文明新形态”构建相互推进的过程。体系意识的树立与贯彻表征为中国共产党在主动参与全球交往和治理中把握系统整体关系的同时，建构具体领域思想论述的体系。当代中国马克思主义紧密结合新时代的创造性实践，从全球视野出发重新审视和理解中国社会发展的各个领域，形成了突破传统建构性理论的体系意识，是颇具中国特色的实践经验和马克思主义世界观的时代表达。当代中国马克思主义的体系意识深刻诠释了“改变世界”的世界观意义，在哲学层面上形成了当代中国马克思主义理论体系的概念框架和解释原则，这对进一步深化中国特色社会主义话语体系和治理体系的建构具有深远意义。体系意识的构建与运用以对新时代的省思为立足点，注重阐发新时代的社会发展实践与人类文明逻辑之间的辩证关系，整体上彰显将时代性关切落实到现实发展中的哲学意旨。在认识论维度，积极的体系意识是对人的现实生存方式的能动反映；在辩证法维度，体系意识的现实化能够促使人的社会发展实践达成批判性与建构性的统一。习近平总书记对经济、生态文明、外交、法治和强军思想的体系化要求，精准地把握和满足了新时代破解中国社会现实难题和世界治理体系困境的理论需要，符合马克思主义思维变革的精神实质。人类社会是不断发展进步的，世界工业化进程催生了现代工业文明，同时也呼唤新的社会文明形态，新的文明形态的构建是社会生产方式变革的必然产物。习近平总书记在《在庆祝中国共产党成立100周年大会上的讲话》中指出，中国特色社会主义“创造了中国式现代化新道路，创造了人类文明新形态”。“人类文明新形态”以构建人类命运共同体为契机达成当代社会存在和发展的基本共识。习近平新时代中国特色社会主义思想通过对现代人类社会生存与发展的整体环境和实践要求的自觉反思，反映了推动现实的个人将自身思维意识、行动策略融入新时代整体变革浪潮中的根本旨趣。其推动新时代和新世界不断扬弃旧的体系并构建新的框架，促使中国特色社会主义事业的世界观不断生成并彰显积极的建构性意义。这种新的世界观的出场，历经对中国特色社会主义道路、制度和国家治理体系的建立与健全过程，以及在参与完善全球治理体系的过程中对人类文明形态的积极探索，形成了体系意识与“人类文明新形态”构建相互推进的进程，充分表明人民主体的实践活动所具有的世界观的建构性意义。

体系意识与“人类文明新形态”构建的相互推进，体现了当代中国马克思主义的发展路径。习近平总书记对经济、外交、生态文明、法治和强军思想的体系化阐述，以实践为基本视野把握马克思主义理论体系的时代要求，强调从总体上把握人类社会的生存、发展和价值等向度，对每一领域与环节内容的阐释都深刻贯穿和透显着强烈的体系意识，不仅回应了“人类文明新形态”构建的现实要求，而且为当代中国马克思主义理论体系的形成和发展提供了扎实的理论生长点。体系意识在构建人类命运共同体的时代契机中与“人类文明新形态”构建融合为相互推进的统一过程。“推动构建人类命运共同体，推动共建‘一带一路’高质量发展，以中国的新发展为世界提供新机遇”。① 中国特色社会主义在创造“人类文明新形态”过程中既开创了中国马克思主义的理论体系建构路径，同时又为世界社会主义建设注入生机，彰显了促使新时代人类社会整体发展的理论与实践严密结合的系统性意义。体系意识与“人类文明新形态”构建的相互推进过程也形成了一个层次清晰、逻辑严密的系统，基于整体性视角把握事物和现实运动的普遍联系，并探寻发展的最佳结合点和突破点，其系统的科学性意义在马克思主义世界观和方法论的理论视野下得到具体展开，是马克思主义基本原理与当代中国实践密切结合的理论成果，为当代中国马克思主义理论体系的建立与完善指明了方向。

习近平新时代中国特色社会主义思想对中国新发展阶段的深刻把握，反映在中国共产党正确处理整体与部分之间关系的过程中。习近平总书记在经济、生态文明、外交、法治和强军等领域的思想是中国特色社会主义建设的历史逻辑、理论逻辑和实践逻辑的辩证统一，彰显了中国特色社会主义制度和国家治理体系的优越性。“一个国家选择什么样的国家制度和国家治理体系，是由这个国家的历史文化、社会性质、经济发展水平决定的。”② 中国特色的国家治理体系是在新时代特定的历史条件下创立和发展的，根本上是一种系统完备、逻辑缜密的科学体系。在经济领域，强调“全面贯彻新发展理念，加快改革开放步伐，加快建设现代化经济体系”③ 的基础性地位，指出“中国将积极参与全球治理体系改革和建设，推动国际政治经济秩序朝着更加公正合理的方向发展”，④

① 习近平：《在庆祝中国共产党成立 100 周年大会上的讲话》，人民出版社 2021 年版，第 16 页。

② 《习近平谈治国理政》第 3 卷，外文出版社 2020 年版，第 119 页。

③ 习近平：《深入学习贯彻党的十九届四中全会精神　提高社会主义现代化国际大都市治理能力和水平》，《人民日报》2019 年 11 月 4 日。

④ 《习近平谈治国理政》第 3 卷，外文出版社 2020 年版，第 437 页。

将中国自身经济体系的建立纳入全球治理体系的完善中；在生态文明领域，强调“要加快构建生态文明体系，做好治山理水、显山露水的文章”，①从而为社会历史发展提供生态文明维度的规律性认识，在促进生产力解放的同时形成人与自然关系的良性发展模式；在外交领域，指出应当“坚持独立自主的和平外交政策，坚持互利共赢的开放战略，不断拓展同世界各国的合作，积极参与全球治理，在更多领域、更高层面上实现合作共赢、共同发展”，②以提升中国在复杂的国际形势中处理国际关系的境界与能力；在法治领域，要求“必须加快形成完备的法律规范体系、高效的法治实施体系、严密的法治监督体系、有力的法治保障体系，形成完善的党内法规体系”，③并推动各个体系交互促进、协同发展，为辩证地把握党的领导与依法执政、依宪执政之间的关系提供了实践遵循；在强军领域，明确了“建立健全中国特色社会主义军事政策制度体系”，提出了“创新军事战略指导制度，构建联合作战法规体系，调整完善战备制度”④的建构要求，以有效提炼并掌握军事领域的根本规律、价值和方法。习近平总书记对不同领域思想体系建设的要求和实践表明，以历史与现实条件为前提的思想发展历程，本质上是对人类社会总体生成过程及其意义的切实领会。

习近平总书记系统把握不同领域思想体系的建立与整个思想体系建构之间的辩证统一关系，体现出以实践为基点把握自成一体的范畴、环节与思想整体关系的体系意识。体系意识整体上呈现在对新时代不同领域和各个部分理论层次的阐释与论证过程中，显现出当代中国马克思主义的能动反映论。习近平总书记明确表示，发展当代中国马克思主义要

---

① 《贯彻新发展理念推动高质量发展　奋力开创中部地区崛起新局面》，《人民日报》2019年5月23日。

② 习近平：《在纪念马克思诞辰200周年大会上的讲话》，人民出版社2018年版，第22页。

③ 《习近平谈治国理政》第2卷，外文出版社2017年版，第119页。

④ 《习近平谈治国理政》第3卷，外文出版社2020年版，第388页。

秉承辩证唯物主义和历史唯物主义的世界观，“深刻认识实现共产主义是由一个一个阶段性目标逐步达成的历史过程，把共产主义远大理想同中国特色社会主义共同理想统一起来”,① 将马克思主义世界观具体落实到实现中国特色社会主义共同理想的现实发展与建设道路中。经济、生态文明、外交、法治和强军等主要领域思想体系的建立，为当代中国马克思主义整个思想体系的建构提供了理论着力点。经济、生态文明、外交、法治和强军领域思想体系的建设问题，不仅关涉社会历史发展的实践导向，而且是其整个思想体系建构的重要构成部分，只有厘清各部分思想体系之间的关系，才能明晰整体思想体系建构的方向。习近平新时代中国特色社会主义思想的体系建构为各领域、各层次的思想体系建立提供了理论制高点和话语保障，为区分各领域思想体系及其与其他领域建立关系提供基本依据。习近平总书记在纪念马克思诞辰 200 周年大会上的讲话中指出，“马克思主义极大推进了人类文明进程，至今依然是具有重大国际影响的思想体系和话语体系”,② 马克思主义对世界的改造和对中国的影响，主要得益于其思想体系和话语体系在历史中的作用。中国共产党在历史的具体实践中开创了当代中国马克思主义思想体系的建构历程，这一过程饱含了中国共产党发挥马克思主义思想力量的体系意识。习近平总书记多次强调将促进国家治理体系现代化和推动全球治理体系变革紧密结合起来，表明其思想中充盈的体系意识既符合马克思主义哲学的基本要求，又展现了当代中国马克思主义在动态生成的体系之中把握时代精神的理论自觉。

新的历史方位要求我们把握时代课题，凝聚“人类文明新形态”构建的合力。中国特色社会主义理论体系伴随新时代的实践进程得到进一

---

① 习近平:《在纪念马克思诞辰 200 周年大会上的讲话》，人民出版社 2018 年版，第 16~17 页。

② 习近平:《在纪念马克思诞辰 200 周年大会上的讲话》，人民出版社 2018 年版，第 11 页。

步发展和完善。探索当代中国马克思主义的发展路径以提升自身的国际话语权，加速了“人类文明新形态”构建的过程。作为推动世界交往方式与国际秩序变革的建设性方案，构建人类命运共同体成为中国解决人类文明发展中的共性问题、促进人类社会共同发展的重要指导方针，提倡世界各国将自身的发展与人类社会整体进步深度结合起来并置于广泛的共同实践中，在构建过程中为人民打造全新的生存状态和实践方式，构成了塑造和引领“人类文明新形态”构建的历史选择与时代契机。中国特色社会主义进入新时代，中国共产党创立并发展了层次严密、内在统一的全新思想体系，为国际政治经济秩序的调整和完善贡献了独特经验与思想智慧。针对人类社会巨大而深刻的变化及其实践发展中的新特征，习近平总书记提出“人类命运共同体”理念，有力回应了人类社会和未来世界发展走向的重大课题。“人类命运共同体”是关于全球治理体系未来走向的全新理论阐述，越来越受到全球的普遍关注并在历史实践进程中得到反复确证。“一带一路”国际合作推动了“人类命运共同体”的现实落地，习近平总书记在推进“一带一路”建设工作5周年座谈会上总结道，“我们同‘一带一路’相关国家的货物贸易额累计超过5万亿美元，对外直接投资超过600亿美元，为当地创造20多万个就业岗位”,① 这表明“一带一路”的实践在现实中为人类命运共同体构建的广泛推行提供了重要引擎。“凝聚各方共识，规划合作愿景”② 正由期冀转化为现实，人类命运共同体的现实构建超越了现代资本主义主导的文明形态，以开放式的共同实践为确立文明形态转型的范式、凝结实践合作的共识创造可能。

构建人类命运共同体的现实进程为“人类文明新形态”开拓了崭新的实践方式、奠定了全新的实践基础。“人类命运共同体”的新理念、新思路是对人类社会生存与发展方式高瞻远瞩的创新性成果，实质是对

① 《习近平谈治国理政》第3卷，外文出版社2020年版，第486~487页。

② 《习近平谈治国理政》第3卷，外文出版社2020年版，第425页。

人类实践方式的当代重构，开掘了一种以实践空间的拓展为基本理路的建设性力量，同时为“人类文明新形态”构建的实践方式开创了多元可能性。中国特色社会主义以新时代中国社会的主要矛盾转化和现实问题叠加为问题导向，以构建满足人民美好生活向往的理想状态为价值旨趣，体现了中国共产党将人民主体性、社会历史总体性和实践探索性融为一体的建构性路向。习近平总书记明确指出，人类社会仍然处于马克思主义经典作家所指明的以物的依赖性为基础的人的独立性生存和发展阶段，人的生存和发展方式集中体现在经济社会和技术社会两个层面上。在经济社会层面，表现为对生产关系发展的阶段性特质的重视，指出在新时代推动我国经济社会发展“要勇于全面深化改革，自觉通过调整生产关系激发社会生产力发展活力”,① 对全球生产关系的协调需借助构建人类命运共同体的实践来创新发展方式和增长动能，“让世界经济走上强劲、可持续、平衡、包容增长之路”。② 在技术社会层面，展示为对社会生产力和科技发展的高度关注，强调对全球生产关系和经济政治秩序的调整必须依托社会生产力的发展与变革。无论是对经济社会中生产关系维度的重视，还是对技术社会中生产力维度的推崇，都反映出重新认识社会存在的实践基础。构建人类命运共同体所彰显的实践方式在具体历史中表现为人民主体的创造性与历史过程的合目的性的统一，展现了人们在建构性实践中实现自身主体性的全面发挥与按照自身能动意识来认识并改造客观世界相统一的过程，形成了以理想的建构蓝图来规划现实的实践进路。这一新的实践方式注重把握主体建设力量与客观历史条件之间的张力，以达到主体性建设的理想性与现实性的和谐统一，为“人类文明新形态”的构建奠定了新的实践基础，注入了思想动力，也为构建未来人类社会的生存和发展方式提供了全新方向。习近平总书记在多次讲

① 习近平:《在纪念马克思诞辰 200 周年大会上的讲话》，人民出版社 2018 年版，第 18 页。

② 《习近平谈治国理政》第 2 卷，外文出版社 2017 年版，第 472 页。

话中表明，“新时代坚持和发展中国特色社会主义，根本动力仍然是全面深化改革”。[①] 这确定了“人类文明新形态”构建的实践指向：在全面深化改革的实践中充分吸收全球生产的历史经验成果，同时通过不断拓展的历史实践处理好中国特殊性与世界普遍性的辩证关系，促进人与世界和谐关系的生成，在实践根基上尊重既有共识、扩大现有共识以及达成未来共识。

体系意识与“人类文明新形态”构建在相互推进的动态过程中展现出当代中国马克思主义建构性意义的世界观。习近平总书记强调，“我们要坚持用马克思主义观察时代、解读时代、引领时代，用鲜活丰富的当代中国实践来推动马克思主义发展”，[②] 这意味着对马克思主义基本原理的具体理解和实际运用必须随时代变化及其差异特性而赋予新的含义，表现为新时代的体系意识与“人类文明新形态”构建相互推进的全新世界观。中国特色社会主义社会建设的成就融入了人类社会的历史进程中，能够“提升人类共同性水平、维护全人类的共同利益”。[③] 这就显示了体系意识与“人类文明新形态”构建之间的内在关联：体系意识的自觉为“人类文明新形态”构建奠定了根基，“人类文明新形态”构建在不断深化的体系意识中得以广泛推行；“人类文明新形态”构建的演进为推动体系意识的建构提供了新的理论方向，体系意识的历史命运只有在文明形态发展到较高程度才能彰显自身优势。体系意识与“人类文明新形态”构建的内在关联通过人类命运共同体的实践进入彼此确证、相互推进的历史进程，形成了融为统一整体且彰显建构性意义的世界观，这一全新世界观的形成是对马克思主义世界观和传统建构理论的重大突破与创新。习近平总书记从对现实发展需要的研判到建构性实践导向的认识有其

① 习近平：《在党的十九届一中全会上的讲话》（2017 年 10 月 25 日），《求是》2018 年第 1 期。

② 《习近平谈治国理政》第 3 卷，外文出版社 2020 年版，第 76 页。

③ 刘同舫：《构建人类命运共同体对历史唯物主义的原创性贡献》，《中国社会科学》2018 年第 7 期。

发展的必然逻辑，在当代具体实践中洞悉整个人类社会的基本趋势和持续发展的可能，体现了促使历史主体的价值需要转化为新时代发展内在动力的理论选择，彰显了以面向世界历史的宏大视野审视社会现实并把握时代脉络的建构性原则。这一原则在关切人类发展命运的理性自觉中又创新和丰富了体系意识与“人类文明新形态”构建相互推进的世界观意义。

（四）哲学使命与哲学意义融会贯通的时代价值

当代中国马克思主义将追求中华民族的伟大复兴和执守人民现实幸福视为自身的历史使命，这一使命与维系人类文明赓续的历史任务密切相连，在一种开放的境遇中把握人与世界和谐关系的生成，体现了中国共产党探求人类社会共同存在和发展方式的哲学使命。哲学作为人类思想史上的精华，肩负着时代赋予的在认识世界中改变世界、在改造旧理论中创造新思想的使命。当代中国马克思主义正是在改造一切旧的社会生产方式和治理体系中承担了为新时代打造全新的发展格局提供思想武器的哲学使命。当代中国马克思主义面临双重哲学使命：一是促使自身实现现代化重构与世界性突破，即推动中国特色社会主义现代化建设实现理论现代化在哲学层面的转型，在世界性的理论框架和话语系统中生成直接应对现代化潮流的独创性理念，同时逐渐形成世界性哲学发展的视野并展开对现代化实践的哲学重建，从而促使全人类共同探索世界历史未来发展的走向；二是回应新时代要求拓展世界性视野以完成中国现代化任务的历史使命，中国在世界范围内以现实实践为依托而形塑的重构世界性哲学的目标，包含着创新和发展当代中国马克思主义的内在要求，即必须深刻阐明中国道路的历史实践与世界历史的辩证关系，进而为新时代中国道路的创新发展构建完整的哲学叙事范式。当代中国马克思主义的哲学使命使得自身的历史观、方法论和世界观的意义得到进一步凸显，才能将对社会有机体的透视与对人类社会整体的历史说明有机结合。中国共产党始终围绕人类社会整体文明进步的基本命题，结合马克思主义经典论断将“时代之问”转换为自身的现实课题，并将现实课题置于“两个大局”中予以反思与追问，彰显了其构成中国特色社会主义理论体系内核的哲学意义，也体现了其在新时代坚持与发展马克思主义的价值观意蕴。习近平新时代中国特色社会主义思想对哲学使命的认识与履行，依托于在不断深化的实践中寻求世界的辩证统一，其过程势必展现思想依次递进和丰富深化的哲学意义，哲学使命与哲学意义形成了彼此映照、相辅相成的深层关联。中华民族的伟大复兴和中国特色社会主义道路在世界历史中除了受到生产方式和交往秩序等共同因素的必然影响，也势必受到各民族文化和现实境况等个性因素的塑造，这决定了哲学使命与哲学意义之间融会贯通的过程必定蕴含具体性和多元性的现实取向。哲学使命与哲学意义的内在融贯开启了一种全新的思想境域，它昭示着创造和改变世界的实践活动确证人类命运与共的本质意识的前提依据，厘定了基于新时代历史方位的生存境遇和与之相伴映现的价值旨趣。对时代价值的确立，为马克思主义的新时代阐释和发展开辟了全新理路，在根本上确保人民作为现实实践主体和价值中心地位，从而揭示中国社会历史的发展是紧密围绕这一价值中心辩证展开的历史进程。

哲学使命与哲学意义的融会贯通不仅构成了新时代中国特色社会主义理论和实践共同发展的哲学基础，而且为马克思主义在新时代中国的发展提供新的思想活力。立足于中国特色社会主义建设进程中的理想性与现实性、个体性与社会性之间的辩证运动，当代中国马克思主义对现实生存和普遍交往的过程进行整体性考察，对“建设新世界”的伟大壮举进行系统性指导，展示了统摄各领域和多方面的逻辑结构。习近平总书记关于经济、外交、生态文明、法治和强军思想等方面的科学论述，从不同领域和视角回答了新时代坚持和发展中国特色社会主义的相关问题以及需要完成的现实任务，总体呈现内涵丰富、逻辑严整的科学系统。新时代所面临的新任务显示了哲学使命与哲学意义在现实历史中的契合，是对新时代中国共产党价值追求的辩证认识。从中国共产党确证的现实任务中省思哲学使命与哲学意义的深层结合，能够在总体上把握未来世界和历史的变化与发展趋势，使得当代中国马克思主义在指导人类社会未来发展中显露出系统的开放性和多元性。

习近平新时代中国特色社会主义思想内含丰富的使命观和实践论旨趣，明确了当代中国理应担负起的历史使命，蕴含了理解中国特色社会主义实践生成过程的哲学使命思维。党的十八大以来，中国共产党多次郑重申明马克思主义在当代社会呈现的新特征以及亟待完成的历史使命，“我们所做的一切都是为人民谋幸福，为民族谋复兴，为世界谋大同”。①中国共产党在履行自身发展的时代任务时始终秉持为人类社会整体进步贡献力量的自觉意识，以实现中国治理与全球治理相行并进的“辩证综合”。哲学使命体现于中国特色社会主义的时代任务中，也依附于当代中国马克思主义历史使命的推进中，显现出治国理政的丰富内容与实践导向辩证统一的使命观。在经济领域，“必须看到，决胜全面建成小康社会的艰巨任务、实现中华民族伟大复兴的历史使命，对我们党提出了前所未有的新挑战新要求”，② 明晰了实现中国特色社会主义经济发展的基本使命指向；在生态文明领域，“生态环境是关系党的使命宗旨的重大政治问题，也是关系民生的重大社会问题”；③ 在外交领域，“我们应该志存高远、敢于担当，着眼本国和世界，着眼全局和长远，自觉担负起时代使命”，④ 以民族复兴和国家发展为根本使命推动大国外交的实践进程；在法治领域，“要以严格的执纪执法增强制度刚性，推动形成不断完备的制度体系、严格有效的监督体系，加强理想信念教育，提高党性觉悟，夯实不忘初心、牢记使命的思想根基”；⑤ 在强军领域，习近平

① 《习近平会见联合国秘书长古特雷斯》，《人民日报》2018 年 4 月 9 日。
② 《习近平谈治国理政》第 3 卷，外文出版社 2020 年版，第 71 页。
③ 《习近平谈治国理政》第 3 卷，外文出版社 2020 年版，第 359 页。
④ 《习近平谈治国理政》第 3 卷，外文出版社 2020 年版，第 435 页。
⑤ 《习近平谈治国理政》第 3 卷，外文出版社 2020 年版，第 549 页。

总书记阐述了坚定的使命意识对于军队建设发展的关键作用，认为“全面提高我军加强党的领导和党的建设工作质量，为实现党在新时代的强军目标、完成好新时代军队使命任务提供坚强政治保证”。① 这些领域的历史任务，不仅凸显了党在推进国家治理发展上的宏大叙事，而且反映了当代中国马克思主义将其哲学使命融入实践的崭新境界。

当代中国马克思主义的哲学使命与一般哲学使命的不同之处在于，它是贯穿新时代历史使命和现实任务展开全过程的基本线索，能够通过超越现状、面向未来的思维方式与实践方法来展示自身。习近平总书记所阐述的经济、生态文明、外交、法治和强军等领域的历史任务中蕴含着探求人类解放以及人与世界相处模式等深刻哲学命题的使命。这一哲学使命与历史任务的相互确证，构成社会现实展开的双重维度，是改变现实、改造世界实践活动的价值旨趣的凸显。习近平总书记对中华民族伟大复兴和人类社会持续进步的历史任务的自觉认识与实践遵循彰显了独特的哲学使命观。在引领中国发展和民族复兴层面，习近平总书记提出，“全面建成社会主义现代化强国、实现中华民族伟大复兴，是新时代中国共产党的历史使命”，② 以加强治国理政来推动中国现代化进程，提升人民的物质生活水平和精神境界，在根本上契合马克思主义关于人类解放的价值诉求。在促进人类社会发展层面，习近平总书记指出：“中国共产党人和中国人民完全有信心为人类对更好社会制度的探索提供中国方案。”③ 面对“世界百年未有之大变局”，习近平总书记科学揭示了不同发展道路之间更为和谐的相处方式，开辟了将中华民族复兴之路与人类文明持续发展之路共融同行的新局面。习近平总书记对中国与世界共同发展历史任务的深刻把握，将关涉人类解放的哲学话语内嵌于

① 《习近平谈治国理政》第 3 卷，外文出版社 2020 年版，第 383 页。

② 习近平：《在党的十九届一中全会上的讲话》（2017 年 10 月 25 日），《求是》2018 年第 1 期。

③ 习近平：《在庆祝中国共产党成立 95 周年大会上的讲话》，人民出版社 2016 年版，第 14 页。

对现实生活的规范性价值诉求中，蕴含着超越人类现存实在趋向应然解放状态的价值指向，在实践进程中凝结人与世界和谐共生的统一关系，这在根本上继承和践行了马克思主义的哲学使命。

当代中国马克思主义紧紧围绕实现中华民族伟大复兴和为人民谋福祉的历史任务展开，在对人民群众追求美好生活的需要的深层关切中展现出追寻自由和解放的哲学意义。人的解放和自由全面发展以及人与世界的和谐关系是人类社会的永恒主题。中国特色社会主义的实践指向符合人的生存和发展需要的方式，它基于现实的实践过程理解人类解放以及人与世界关系等问题，既代表了中国共产党和中国人民探索方式的特色和优越性，又体现了中国特色社会主义实践与人的本质内在相关的价值意义。“中国特色社会主义道路是当代中国大踏步赶上时代、引领时代发展的康庄大道”,① 中国共产党致力于对中国发展道路的进一步整合，逐渐汇集形成了“八个明确”的核心要义和“十四个坚持”的基本方略，它们来源于社会生活的诸多领域，逐渐汇合并构成了有机统一的新时代社会发展理论。在中国共产党所凝练的价值共识的引领下，中国人民形成了维护中国道路发展的自信和自觉，呈现出推动世界历史性生成和发展的宏大视野与思想活力。中国特色社会主义的理论与实践将一切有益于拓展人类自由和解放的力量凝聚起来，在世界交往中以平等、宽容的态度和“合作共赢”的原则协调处理与“他者”的关系，并切实将这种原则意识与信念落实为人们自觉的生活方式和价值观念。

习近平新时代中国特色社会主义思想的哲学使命与哲学意义在深入开展中国特色社会主义的建设实践中融会贯通、相互生成，是当代中国马克思主义的真理光芒与时代价值相统一的必经环节。价值与真理的辩证统一是人类社会进步的内在条件，也是马克思主义哲学的基本原理。“真理原则与价值原则的根本一致性和总体上的统一性，总是在人们的具体的历史活动中实现并表现出来的。真理和价值之间具体的历史的统

---

① 《习近平谈治国理政》第3卷，外文出版社2020年版，第184页。

一，突出地表现为二者的相互贯通、相互引导和检验标准的一体化。”①哲学使命与哲学意义相互生成的过程揭示了当代中国马克思主义的哲学思维，即思想的真理性透过现实实践彰显与之相统一的价值性。这既是对中国共产党领导的中国社会发展理论与实践的经验总结，也是对中国特色社会主义进入新时代作出真理性把握的内在要求，形成了在认识历史总体规律和基本趋势的基础上展开客观实践的价值性指向。在习近平总书记的思想阐释中，哲学使命与哲学意义在对共产党执政规律、社会主义建设规律和人类社会发展规律的深化认识中相互融合，植根于中国与世界之间愈益开放性的实践活动中。习近平总书记坚信，“在实践中求真知，在探索中找规律，不断形成新经验、深化新认识、贡献新方案”。② 追求人的解放以及实现人与世界和谐共处的哲学使命并非单纯的主观对象性活动，追求哲学使命中显现契合人类生存与发展真实需要的哲学意义也并非指向主体对客体的消融，两者需要通过实践的现实生成和变革来推动。习近平总书记对中国与世界共同发展的基本规律的探索和整体认识，是基于对规律的科学运用而达到现实实践成效的肯定，是遵循历史客观规律与发挥人民主体性自觉高度统一的过程，从而揭示了当代中国马克思主义的真理性和价值性的统一在哲学使命与哲学意义中的融会贯通。

哲学使命与哲学意义的融合对当代中国马克思主义发展的作用在于促使其内含的时代价值得到明确界定和深刻彰显。当代中国马克思主义兼具理想性与现实性的双重维度，它们之间的相互设定与互促关系在新时代中国社会主义现代化建设实践中充分显现。中国共产党对当代中国马克思主义的理解和建构诉诸现实的实践范式，将其与中国特色社会主

① 萧前、李秀林、汪永祥主编：《辩证唯物主义原理（第三版）》，北京师范大学出版社 2012 年版，第 314 页。

② 习近平：《在庆祝海南建省办经济特区 30 周年大会上的讲话》，人民出版社 2018 年版，第 7 页。

义建设实践经验和理论体系关联起来，为确证当代中国马克思主义理想性和现实性的双重维度奠定了基础。哲学使命与哲学意义的融会贯通展现的是当代中国马克思主义的实践论与价值论的深度结合，使其成为推动当代中国马克思主义的理想性与现实性在新时代实现内在统一的“集大成者”。新时代明确了中国社会主要矛盾的历史性变化，从而超越了脱离实践的纯粹理性思维而赋予当代中国马克思主义以具体、丰富的现实性维度。现实性维度总是以鲜活的形式与理想性维度保持适度张力，探寻二者之间的连接点成为构建当代中国马克思主义的主要路向。哲学使命与哲学意义相互融贯的过程，促使中国社会着力建立与人民群众本质力量相一致的存在方式和社会状态的路径得以澄明，廓清了新时代构建人们对美好生活需要的价值旨趣，使当代中国马克思主义关于人的全面自由发展的理想性维度与建立高度发展的生产实践的现实性维度达到具体的、历史的统一。

立足于新时代中国特色社会主义发展阶段所面临的新形势及人民日益增长的美好生活需要，中国共产党带领全国人民深化了中国道路的建设实践，逐渐形成了新的思想观点和实践范式，不断拓展和丰富了当代中国马克思主义理论体系。思想观点的转变推动实践范式的变革，习近平总书记对世界历史和全球趋势的理性认识，包含了对现实问题深层结构的规律性认识和整体性把握，促使作为人们的内在本质力量的实践主体性从社会生活中生发出来。在从问题意识与问题导向、实践范式与思维变革、体系意识与“人类文明新形态”构建相互融合的过程中，内蕴于习近平新时代中国特色社会主义思想中的历史观、方法论、世界观和价值论的哲学境界不断彰显，这种哲学境界通过现实实践的确证展示出宏大的哲学视野与思想的真理性和科学性，使实践因具有哲学真理力量的指引而凸显超越现存境况的价值性意蕴。中国道路的理论阐释与实践指向澄明了当代中国马克思主义的哲学境界，向人们昭示了在人与世界相互作用的张力关系中寻求辩证共存的中国智慧。发掘当代中国马克思主义的哲学境界具有深刻的启示性意义：深入学习习近平新时代中国特色社会主义思想，必须立足于更高的哲学立场，以探寻中国特色社会主义建设的理论与实践和当代中国马克思主义的内在关联及其整合思路，在掌握具体的理论体系与思维方法的基础上领悟、贯通并运用其中的真理和智慧，使其真正内化为人的自由和解放的本质意识与推动社会发展的现实动力。

附录一

The Course of Human Emancipation and the Evolution of Social Forms*

Abstract: The "end of history" is a subjective proposition about actual social history made in light of the intrinsic and cultural logic of capital. It urgently needs to draw on Marx's theory of human emancipation for inspiration to transcend the historical limitations of capitalism. Through study of civil society, Marx came to the logical conclusion that this society will necessarily be overcome. The process of overcoming civil society is at the same time one of transcending political emancipation and advancing towards human emancipation. Political emancipation and human emancipation as the "two leaps forward" in social development make overall history in the sense of types logically divide into three stages, namely pre-capitalism, capitalism and communism, that are inherently connected with Marx's theory of "three major forms" in social development, i. e. societies respectively featuring personal dependence, objective dependence, and all-round development of individuals. The

* 本文发表在《中国社会科学》英文版 2008 年第 3 期，全文由《中国社会科学》英文版编辑翻译。

fact that this theory is concerned with the circumstances of man's development and the degree of his emancipation determines that the theory of human emancipation also sheds light on the field of social forms, and that human emancipation and the evolution of social form are really two aspects of a single process. With the historical orientation of the self-improvement of socialism, the Chinese people are seeking, in their theoretical and practical explorations, an approach to realizing human emancipation, one that will offer experience with fresh significance for world history in the huge transition in the form of human society.

Keywords: civil society, political emancipation, human emancipation, social form

The "project of modernity" started by enlightenment thought in the eighteenth century may be treated, in a specific sense, as a form of emancipation; however, the inherent historical determinism of capitalist rationalism and the parochial class nature of the bourgeoisie prescribe the historical limits of emancipation within this cultural field of vision. Globalization in the course of world history has not broken through these historical limits and confines because of the replacement of regional individuals by empirical and general individuals. The so-called "end of history," based on the proposition that Western values and institutions are of universal significance and that society cannot evolve into any other more advanced social form other than the one founded on this universalism, is nothing but an expression of ideological class parochialism and a subjective proposition for real social history according to the inherent and cultural logic of capital. In view of the difficult living conditions of contemporary human beings and the increasingly serious alienation of human nature as a result of the unchecked spread of technical rationalism and in order to completely eliminate the law that "the first birthright of capital is equal exploitation of labor-power by all capitalists," ① we must delve deeper into Marx's thinking on human emancipation. In Marx's multi-dimensional and multi-layered theoretical system, the theory of human emancipation is undoubtedly at the core, overriding all other theories. As a theoretical theme that accompanied Marx throughout his life, it also runs through his theory of social forms, for the course of human emancipation and the evolution of social forms have an inherent and logical identity. It is imperative for us to gain inspiration from Marx's theory of human emancipation in order to transcend the historical limits of capitalism.

(Ⅰ) Civil society: the logical starting point for constructing the theory of human emancipation

As a matter of fact, if we interpret the theory of social forms with the aid of a descriptive framework of the theory of human emancipation we will find a substantial identity between the two. Grasping this identity means a deepening of understanding and an upgrading of significance for both the theory of human emancipation and the theory of social forms. The perspective of identity is an indispensable methodological principle here. But the establishment of this inherent logic must start from a more fundamental logical starting point-the theory of civil society.

Marx underwent a transformation from Hegelian idealism to historical materialism in the course of the formation of Marxism. The main hallmark of this process was that, through his critique of Hegel's theory of the state and study of the relationship between political state and civil society, he came to a conc-

① Karl Marx, *Capital*, p. 292.

lusion contrary to that reached by Hegel-not that the political state determines civil society but that civil society determines the political state. The concentrated expression of this conclusion constitutes the main idea of his two articles "On the Jewish Question" and "Contribution to Critique of Hegel's Philosophy of Law. Introduction." With these two articles Marx had already drawn the preliminary contours of the great theory of socialist revolution and the historical mission of the proletariat. This indicates that through the reversal of the reversed relationship between historical facts and real life advocated by Hegel, Marx not only went from being an idealist to being a materialist but also found a key to understanding social history from a new perspective-civil society.

On this Engels commented, "Proceeding from the Hegelian philosophy of law, Marx came to the conclusion that it was not the state, which Hegel had described as the 'top of the edifice,' but 'civil society,' which Hegel had regarded with disdain, that was the sphere in which a key to the understanding of the process of the historical development of mankind should be looked for. However, the science of civil society is political economy."① No doubt the last sentence reminds us of one of Marx's own famous dictums- "the anatomy of civil society is to be sought in political economy,"② but more importantly, we can reach from this the important conclusion that during the research on political economy that occupied most of his life Marx worked in fact on dissecting civil society. Thus we should understand this statement by Engels in this way: the theory of civil society occupies an extremely important position in Marx's theories, to the extent of constituting the theoretical cornerstone and logical starting point of all his theories.

---

① F. Engels, "Karl Marx," p. 59.

② Karl Marx, "Preface to *A contribution to the critique of political economy*," p. 503.

Hegel was the first to use the concept of civil society in opposition to political state. He differentiated civil society from political state, regarding the former as a battleground of private interests and a representative of particularity and the latter as a domain of public interests and a representative of universality. Marx accepted this term from Hegel and used the concept in the same meaning as Hegel did, but in later years he also gave new meanings to the term.

In Marx's works, civil society and bourgeois society have the same form of presentation, but what they refer to is not quite the same. of course civil society includes bourgeois society, but it does not refer to bourgeois society alone, for it also includes non-bourgeois societies. As the concept of civil society corresponds to that of political state, and civil society and political state are opposed to each other and at the same time interdependent, the existence of each presupposes the existence of the other. Then a logical conclusion appears before us: as long as a political state exists, there must exist a corresponding civil society. This civil society is not necessarily bourgeois society; it may be another society, such as a pre-capitalist society like feudal society. What Marx called the "old civil society" and the "civil society of the Middle Ages" refers to such a society.

Given that Marx did not equate civil society entirely with bourgeois society, why did he frequently use the concept of civil society in the sense of bourgeois society? The answer is that capitalist society is a typical form of civil society and reveals its nature in a complete and all-round way. In other words, the characteristics of civil society are most fully revealed under capitalist conditions. It was in this sense that Marx pointed out that true civil society developed along with the bourgeoisie. To understand civil society is, to a large extent, to understand capitalist society.

What, then, are the essential differences between capitalist society and other societies? As Marx saw it, this difference is embodied mainly in the relationship between civil society and political state; to be more specific, in the relationship of "separation" and "combination" between the two. In the pre-capitalist Middle Ages, civil society was not separated from political state and remained in the womb of the political state as an embryonic "internal double factor." That is, civil society and political state overlapped; there was no clear-cut boundary between them, and the private and the public spheres were combined into one. In these circumstances the whole of social life was highly politicized, the influence of political power was pervasive and all aspects of the private sphere had a political nature. Therefore, "One can express the spirit of the Middle Ages in this way: The estates of civil society and the estates in the political sense were identical, because civil society was political society-because the organic principle of civil society was the principle of the state." "The identity of the civil and political estates was the expression of the identity of civil and political society."①

However, with the coming of capitalism the "identity" of civil society and political state was lost-they evolved from "combination" into "separation." The development of the capitalist market economy intrinsically demanded that the material life of private individuals free itself from the patriarchal interference of the government and become pure economic activity outside the political sphere. Consequently, the system of social interests disintegrated into the two large segments of private interests and public interests, and the whole of society was divided into the two spheres of civil society and political society. As a result of this division, each social member had a two-fold identity of membership in civil society and membership in the

① Karl Marx, "Contribution to critique of Hegel's philosophy of law," p. 72.

political state because he acted in different spheres. A two-fold identity inevitably led to a two-fold life. On this, Marx wrote, "Where the political state has attained its true development, man-not only in thought, in consciousness, but in*reality*, in *life*-leads a two-fold life, a heavenly and an earthly life: life in the political community, in which he considers himself a communal being, and life in civil society, in which he acts as a private individual, regards other men as a means, degrades himself into a means, and becomes the plaything of alien powers. "①

The binary division of civil society and political state and the human alienation arising from this division are precisely the typical signs that differentiate capitalism from the previous historical eras. Only in the capitalist era did civil society begin to surface from the political state and fully expose its underlying essence. Then the concept of civil society also acquired new connotations and its two-fold identity as a logical and a historical category became clear. As a logical category, civil society is an abstraction of the sphere of private activities; it stands in opposition to the political state as an abstraction of the sphere of public activities and the two form a unity of opposites in which civil society rather than the political state plays a decisive role. As a historical category, civil society symbolizes a particular period in the process of the historical development of mankind. Like the political state, it is the product of a certain stage of the development of social history and will wither away with the dying-out of the political state, i. e., it will again combine with the political state into one. The developmental model of "combination- division-combination" between civil society and political state forms, to borrow from Hegel, a process of negation of negation and displays the dialectics of civil society in a time dimension.

① Karl Marx, "On the Jewish question," p. 154.

(Ⅱ) Human emancipation: a unique theme for transcending civil society

The dialectics of civil society determines the logical necessity that it be overcome and transcended. With this logical necessity as a presupposition, Marx further asked: "Whither will mankind go when civil society is transcended?" This question of historical view, with its "ultimate concern," so seized Marx's theoretical nerves that he devoted all his life to the exploration of this "vexing" issue. In the sense of changing the world, Marx's philosophical transformation may be understood as the realization of philosophy through the abolition of philosophy; the unique theme in his philosophy, human emancipation, unseen in previous philosophies, is the practical avenue to the realization of philosophy. During this process, philosophy will become the brain of the antagonistic class produced by bourgeois society, i. e., the proletariat, and the proletariat will take philosophy as its own spiritual weapon. "By proclaiming the dissolution of the hitherto existing world order the proletariat merely states the secret of its own existence, for it is in fact the dissolution of that world order."① "The proletariat is compelled as proletariat to abolish itself and thereby its opposite, private property, which determines its existence, and which makes it proletariat."② Marx's philosophy and the destiny of the proletariat are so united that "Philosophy cannot be made a reality without the abolition of the proletariat, the proletariat cannot be abolished without

---

① Karl Marx, "Contribution to critique of Hegel's philosophy of law. Introduction," p. 187.

② Karl Marx, "The holy family," p. 36.

philosophy being made a reality."①

As seen from the logical process of Marx's construction of the theory of human emancipation, "human emancipation" is not an "initial concept" in Marx's philosophy, but a "logical consequence" of political emancipation. Linking political emancipation with civil society represents a philosophical generalization of the transformation of civil society from the Middle Ages to the capitalist period. The evolution of civil society and political state from an integral whole in the Middle Ages to separation from each other in the capitalist era was not a spontaneous realization, but a result of the bourgeois political revolution. And the bourgeois political revolution entailed political emancipation.

Political revolution and political emancipation took place side by side because political revolution had smashed the political fetters imposed on the people by the despotic feudal system of the Middle Ages. The bourgeois "political revolution which overthrew this sovereign power and raised state affairs to become affairs of the people, which constituted the political state as a matter of general concern, that is, as a real state, necessarily smashed all estates, corporations, guilds, and privileges, since they were all manifestations of the separation of the people from the community. The political revolution thereby abolished the political character of civil society."② There can be no doubt that what Marx meant by the "abolition" of the political character of civil society was not the disappearance of the political state, but the withdrawal of the political state from civil society and its elevation to "affairs of the people." Civil society then emerged as an independent realm free from the

---

① Karl Marx, "Contribution to critique of Hegel's philosophy of law. Introduction," p. 187.

② Karl Marx, "On the Jewish question," p. 166.

"patriarchal" interference of the political state. It is in this sense that the bourgeois political revolution and political emancipation acquired the same meaning.

The great significance of political emancipation is beyond all doubt. First of all, political emancipation freed the state from the spiritual yoke of religious rule; religion was no longer the public power and spirit of the state, and the state no longer upheld any religion but only itself. The estrangement of the state from religion rendered religious faith a private affair of individuals and completed "the displacement of religion from the state into civil society."① Next, political emancipation overthrew autocratic feudal rule, bringing democracy and the legal system on to the historical stage and making them into national institutions. Consequently, the hereditary system of feudal nobles and various forms of personal dependence were abolished, representative democracy was substituted for feudal hierarchy, members of civil society enjoyed the right to vote and were equal in political life, and human and civil rights were legally safeguarded. In short, "Political emancipation is the reduction of man, on the one hand, to a member of civil society, to an egoistic, independent individual, and on the other hand, to a citizen, a juridical person."② Therefore, political emancipation was, no doubt, a major leap forward for the progress of human civilization with a profound historical significance.

However, the significance of political emancipation should not be wilfully exaggerated. As a way station in the course of human emancipation, political emancipation has its unavoidable historical limitations. Marx stressed, on the one hand, that "political emancipation is, of course, a big step forward"③

① Karl Marx, "On the Jewish question," p. 155.

② Karl Marx, "On the Jewish question," p. 168.

③ Karl Marx, "On the Jewish question," p. 155.

and, on the other, realized soberly that political emancipation "is not a form of human emancipation which has been carried through to completion and is free from contradiction." ① He issued the warning that "one should be under no illusion about the limits of political emancipation." ② Obviously, Marx already saw the historical limits of bourgeois political emancipation. In his article "On the Jewish Question," Marx, with the separation of civil society from the political state as a backdrop and North America as an example, targeting Bruno Bauer's views on the Jewish question, analyzed the limits of political emancipation.

In Marx's view, political emancipation only represented the state's casting off of the religious yoke and completing the separation of state from religion. But after the emancipation of the state from religion religion still existed, though not as privileged religion. "Even in the country of complete political emancipation, religion not only exists, but displays a fresh and vigorous vitality, that is proof that the existence of religion is not in contradiction to the perfection of the state." ③ So political emancipation freed from religion is not really freed from religion, but only "banishes it from the sphere of public law to that of private law." ④ As a result, civil society as a sphere of private law becomes "the last sanctuary" of religion and members of civil society are still under the strong influence and control of religion. They were not freed from religion, but received religious freedom. Therefore, the political emancipation from religion is not a religious emancipation that has been carried through to completion and is free from contradiction, because political emancipation is not a form of human emancipation which has been carried through to completion and is free

① Karl Marx, "On the Jewish question," p. 152.
② Karl Marx, "On the Jewish question," p. 155.
③ Karl Marx, "On the Jewish question," p. 151.
④ Karl Marx, "On the Jewish question," p. 155.

from contradiction.

Thus the limits of political emancipation with regard to the question of religion are ascribed to the limits with regard to the question of human emancipation. Marx's interest now turned to how members of civil society in countries that had completed political emancipation lived in their "earthly existence." Contrary to the tradition of previous thinkers who understood "man" in the abstract, Marx saw man as a living and concrete sensate being and, through actual investigations of the workers' real living conditions under capitalism, discovered two interrelated facts: one, how unequal were the "earthly" lives of citizens "baptized" by political emancipation and clad in a coat of "equality"; two, how far they were as men from the essence of men as such-they had become "alienated" men. Marx wrote, "… just as the Christians are equal in heaven, but unequal on earth, so the individual members of the nation are equal in the heaven of their political world, but unequal in the earthly existence of society."① The meaning of this statement is very clear: "inequality" in social life is of more substantive significance than "equality" in political life because "the political state is an abstraction from it [civil society]"② and "… it is rather that political life is life in the airy regions-the ethereal regions of civil society."③ So equality among men in the political state is only abstract and illusory while inequality in civil society is real and true. Therefore, one of the practical results of political emancipation involves disguising actual inequality with outward equality.

This "binary structure" in which the appearance differs from the reality exposes in a concentrated way the non-thoroughness of political emancipation. It

① Karl Marx, "Contribution to the critique of Hegel's philosophy of law," p. 79.

② Karl Marx, "Contribution to the critique of Hegel's philosophy of law," p. 79.

③ Karl Marx, "Contribution to the critique of Hegel's philosophy of law," p. 79.

is this non-thoroughness that determines that "political emancipation itself is not human emancipation,"① because "human emancipation" must be an in-depth emancipation rooted in the essential determinations of man, an emancipation that is both complete and universal. Flaunting the banner of human rights, freedom and equality, bourgeois political emancipation seems to get to the essential determinations of man, but fails to realize universality and thoroughness, for the human rights obtained through political emancipation are nothing but "the rights of egoistic man, of man separated from other men and from the community." For example, the human right of liberty "is a question of the liberty of man as an isolated monad, withdrawn into himself"; "the practical application of man's right to liberty is man's right to private property" and the man's right to equality "is nothing but the equality of the *liberté* described above, namely: each man is to the same extent regarded as such a self-sufficient monad." In short, "none of the so-called rights of man, therefore, go beyond egoistic man, beyond man as a member of civil society, that is, an individual withdrawn into himself, into the confines of his private interests and private caprice, and separated from the community."② That is to say, the political emancipation marked by the establishment of so-called human rights does not, as the bourgeoisie boast, bathe the world in freedom and equality and allow the whole people to enjoy these rights. On the contrary, they have turned out to be the special privileges of the minority. For most proletarians, the universal rights brought about by civil society exist only in form; what is created for them is in essence a more powerful structure of oppression and enslavement, the structure of "production-life." This structure results in reality in extreme inequality and lack of freedom for the proletariat and leads to

① Karl Marx, "On the Jewish question," p. 160.

② Karl Marx, "On the Jewish question," pp. 162-164.

the serious alienation of human nature in civil society. This alienation finds its fullest embodiment in the proletariat, for members of this class have a dual nature: they are born in civil society but excluded from civil society. In other words, they seem to be members of civil society, but are deprived of the qualifications for such membership. This contradictory structure of "one dividing into two" embodies once again the dialectics of civil society in the dimension of space.

Therefore, the dialectics of civil society attains a double dimension-the dimension of time and the dimension of space. A double dimension is bound to have a double meaning. If we say the dialectics of civil society in the dimension of time foretells the inevitable trend for civil society to be overcome and transcended, then its dialectics in the dimension of space reveals the inherent sources of this trend. The inherent sources, i. e., the inherent contradictions, do not disappear with the completion of political emancipation, but, on the contrary, expresses themselves in a more radical form. So Marx drew the conclusion that political emancipation "is not the final form of emancipation for men in general"; history is far from coming to an end; and overcoming civil society and transcending political emancipation is a "historical process of nature" in conformity with fixed laws and represents a logical link of the historical chain that cannot be skipped over. Marx called the philosophical expression of this logical link "human emancipation."

As sublation and transcendence of political emancipation, human emancipation is no longer limited to a certain class or stratum, nor contented with any theoretical structure of "abstract sentences"; it is a practical movement of self-emancipation, taking "real individuals" as a point of departure, the proletariat as a material force, "the free development of each" as a precondition and "the free development of all" as the ultimate aim. Through this movement, all relationships that make man humiliated, enslaved, abandoned and despised would be abolished and "a reduction of the human world and relationships to*man himself*"① accomplished. Marx said, "Only when the real, individual man reabsorbs in himself the abstract citizen, and as an individual human being has become a *species-being* in his everyday life, in his particular work, and in his particular situation, only when man has recognized and organized his '*forces propres*' as *social* forces, and consequently no longer separates social power from himself in the shape of political power, only then will human emancipation have been accomplished."② It is not difficult to see that the essence of Marx's thinking on human emancipation is "to put man first," saving man from his "inhuman" and "alienated" condition, sublating his one-sidedness and realizing his universal development in order to fulfill the return of human nature in the sense of complete humanism.

Marx's theory of human emancipation is unique. Thinkers before Marx started from abstract humanism and treated the "species" as the destination of human development, preaching that "the development of all is the condition for the development of each," thus reversing the order of "individual" and "species" and turning the real individual into an unreal specter. Thus the survival and development of the "species" are often based on misery and misfortune, and the development of some people is conditional upon sacrificing the development of others. Marx reversed this relationship. He pointed out, "In place of the old bourgeois society, with its classes and class antagonisms, we shall have an association, in which the free development of each is the condition for the free development of all."③ Evidently, Marx focused on "the

① Karl Marx, "On the Jewish question," p. 168.

② Karl Marx, "On the Jewish question," p. 168.

③ K. Marx & F. Engels, "Manifesto of the Communist Party," p. 506.

free development of each." Taking "the free development of each" as the presupposition and condition for "the free development of all" not only truly embodies the value ideal of "putting people first," but also correctly grasps the logical relation of the two: "the free development of each" serves as an essential condition for "the free development of all," that is to say, "the free development of each" is a prerequisite for "the free development of all." However, the converse of this statement is not necessarily true, for, as a collective concept, the "species" (mankind) consisting of "all men" forms a relationship of exclusion rather than a genus-species relationship with the "individuals" that make up the collective. This determines that the attributes inherent in the collective of "mankind" do not necessarily belong to all its members. Therefore, even if all "mankind" has to some extent attained "free development," it does not mean that "each member" of mankind has done so. Marx's reversal of the relationship between individual man and mankind fills in the gaps in the statements of previous thinkers. With this reversal, the original free-floating "free development of all" is put on the solid foundation of "the free development of each," thus achieving a full unity of opposites. The community arising from this unity will not be a "false community" that men join in the capacity of class members but a "true community" that they join in the capacity of individuals, i. e., an "association of freemen." In such a community, the development of individuals will no longer be predicated on the sacrifice of the development of others; on the contrary, it will create favorable conditions for the development of others. This highly harmonious community will no doubt sublate and transcend the "war of all against all" that is civil society.

We can easily see that the highly condensed proposition that "the free development of each is the condition for the free development of all" not only clearly characterizes the distinctive features of Marx's idea of "putting people first," but also accurately reveals all the implications of Marx's thought on human emancipation. So if a substitute expression is to be found for "the theory of human emancipation," "the theory of free and universal human development" is the ready answer, because human emancipation and free and universal human development are in fact synonyms that can be substituted for one another. It is in this sense that we find that as the "hard core" of his whole system of theories, Marx's theory of human emancipation has a corresponding "protective belt." This is the theory of social forms, or to be more specific, the theory of the three social forms, because the three great forms of social development-the society of personal dependence, the society of objective [*sachlicher*] dependence and the society of the universal development of individuals-are classified precisely on the basis of the conditions of human freedom and development, and thus also on the basis of degree of human emancipation. The logical relatedness between the three great forms of society and human emancipation proves that the theory of emancipation is not a closed, self-sufficient system and that its unique theoretical field of vision determines its openness and its need for nourishment and support from other theories. The theory of social forms, especially the theory of the three social forms, is precisely such a theory. It sheds light on the periodic features and outward forms of human emancipation from the perspective of time and constitutes an indispensable and organic part of the theory of emancipation. Consequently, discussion of emancipation has to end in discussion of social forms.

(Ⅲ) The three great forms: the "omnipresent light" on human emancipation

It is impossible for the course of human emancipation to be a completely straight "linear" process. As one form of dialectical development, this course is bound to have its turns or "leaps." Political emancipation and human emancipation are two such leaps. A leap is a negation, and two leaps are "two negations." This again seems to confirm Hegel's famous dictum: all great world-historic facts and personages appear, so to speak, twice. Leaving aside for the moment the question of whether this statement is true, we can gain some enlightenment from it: as two "facts" overriding the whole of human history, political emancipation and human emancipation have greater significance than "emancipation" itself. "Emancipation" is only a qualitative definition; there are further quantitative restraints beyond this definition. Therefore the significance of "twice" cannot be overlooked, for inevitably, the two breaks caused by the "two negations" logically cut the whole of human history into "three stages": pre-capitalism, capitalism and communism. This implies that the theory of emancipation also has significance for social forms. Thus the theory of emancipation and the theory of the three great forms "blend their fields of vision" and, as two aspects of the same issue, they enter into a relationship between content and form, with the theory of emancipation being the content and the theory of the three great forms being the form.

Let us review once again that famous paragraph of exposition by Marx: "Relations of personal dependence (entirely spontaneous at the outset) are the first social form, in which human productive capacity develops only to a slight extent and at isolated points. Personal independence founded on *objective* [*sachlicher*] dependence is the second great form, in which a system of general social metabolism, of universal relations, of all-round needs and universal capacities is formed for the first time. Free individuality, based on the universal development of individuals and on their subordination of their communal, social productivity as their social wealth, is the third stage. The second stage creates the conditions for the third. Patriarchal as well as ancient conditions (feudal, also) thus disintegrate with the development of commerce, of luxury, of *money*, of *exchange value*, while modern society arises and grows in the same measure."①

Obviously, Marx here elaborates only the connotations of the three great forms without pointing out their denotations, that is, without pointing out which historical period each social form specifically refers to. It is just because of this omission that it becomes an open question as to whether there is an identity between "the three great forms" and the three stages of pre-capitalism, capitalism and communism. It is also because of this omission that there is no other way out but further clarification of the referents (denotations) of the three great forms. Thus the question changes at this point: the solution to the question of the relationship between "the three great forms" and "the three stages" becomes the solution to the referents (denotations) of the three great forms.

As everybody knows, the question of referent is a logical question. According to logical principles, denotation (referent) is decided by connotation; denotation and connotation are inseparably linked together, and the process of defining denotation is in fact the process of defining connotation. Consequently, the denotations or referents of the three great forms may be logically revealed through the in-depth analysis of their connotations.

The most direct background material for the theory of the three forms is Marx's "Manuscripts of Economics 1857-1858" itself. Some chapters of the manuscripts, especially the contents under the caption "Forms which precede capitalist production," are indispensable for understanding the three great forms. Marx wrote, "When we look at social relations which create an undeveloped

① Karl Marx, "Manuscripts of economics 1857-1858."

system of exchange, of exchange values and of money or which correspond to an undeveloped degree of these, then it is clear from the outset that the individuals in such a society, although their relations appear to be more personal, enter into connection with one another only as individuals imprisoned within a certain definition, as feudal lord and vassal, landlord and serf, etc., or as members of a caste etc. or as members of an estate etc. In the money relation, in the developed system of exchange (and this semblance seduces the democrats), the ties of personal dependence, of distinctions of blood, education, etc, are in fact exploded, ripped up (at least, personal ties all appear as *personal* relations); and individuals *seem* independent (this is an independence which is at bottom merely an illusion and it is more correctly called indifference), free to collide with one another and to engage in exchange within this freedom; but they appear thus only for someone who abstracts from the *conditions*, the *conditions of existence* within which these individuals enter into contact (and these conditions, in turn, are independent of the individuals and, although created by society, appear as if they were *natural conditions*, not controllable by individuals). The definedness of individuals, which in the former case appears as a personal restriction of the individual by another, appears in the latter case as developed into an objective restriction of the individual by relations independent of him and sufficient unto themselves."①

This exposition takes the three great forms as its system of discourse, centering on the difference between two sorts of "social relations," that is, two social forms. The first sort is the "undeveloped form" that "appears as a personal restriction"; one of the marked features of this social form is that individuals enter into connection with one another only as individuals

① Karl Marx, "Manuscripts of economics 1857-1858."

imprisoned within a certain definition. The other sort is the "developed form" that appears as "an objective restriction of the individual"; one of its marked features is that the ties of personal dependence are broken down by independently existing relations.

With the aid of descriptions of these specific historical relations, the outline of the three great forms gradually becomes distinct. Marx generalized social relations under pre-capitalism as "relations of personal dependence"; with the breaking down of these "relations of personal dependence," society entered the second great form-the capitalist era. As a new era of "world history," capitalism is a striking contrast with all previous eras and presents a type that can be grasped empirically. The dissection of human bodies is the key to dissecting apes. Marx took capitalism as a frame of reference and discovered the common nature of "various forms before capitalist production" - "relations of personal dependence." This discovery has a two-fold theoretical significance: it puts forward in actuality the simplified "derivational" concept of "pre-capitalism" and at the same time links this concept to "relations of personal dependence." Thus we have reason to reach the following conclusion: with Marx, the "three stages" of pre-capitalism, capitalism and communism are identical to "the three great forms" of society of personal dependence, objective dependence and universal development of individuals. "The three stages" is "the three great forms."

But things do not come to an end here, for the above conclusion clearly contains the following "inference": the theory of human emancipation does not simply have the meaning of "emancipation"; besides this, it also signifies social forms. That is to say, the sequential replacement of the three great forms of society-the society of "personal dependence," the society of "objective dependence" and the society of "universal development of individuals" -is not another system separately constructed by Marx, but a logical consequence inherent in the theory of emancipation and another expression of the discourse of "human emancipation." It describes in the dimension of time the features of each stage and the grounds for defining these features in the course of human emancipation. As two sides of the same coin, the theory of human emancipation and the theory of the three great forms become perfectly blended. The new field of vision that results not only helps us gain a more in-depth understanding of Marx's theory of human emancipation but, more importantly, serves as a guiding light leading us to a correct understanding of Marx's theory of social forms.

As we know, Marx's theory of social forms is not a "linear" system with a unitary structure, but a multi-layered "non-linear" system. Marx carried out his explorations into the issue of social forms from different perspectives in different periods, a fact that gave rise to his pluralistic orientation in the division of historical periods. It should be pointed out that with the theory of social forms, Marx focused on "striking and general characteristics, for epochs in the history of society are no more separated from each other by hard and fast lines of demarcation than are geological epochs."① That is to say, if observed with a methodology that unifies history and logic, the process and laws of the sequential replacement of various forms of human society should not merely be seen as simple addition of the history of individual social organisms or conceived as the independent developmental process of specific social organisms; they are a summing up through logical generalization within the framework of "world history," with the aim of reflecting the unity and universality of the process of world history, and the inevitability of the evolution of human society as a unified whole. This logical generalization is

① K. Marx, *Capital*, p. 371.

closely connected with the features of the epoch, as in any given era there is bound to be a social organism with a given form of ownership that is, as a universal system, in the center of the development of world history in that era and whose existence and development exerts an influence over the whole course of human history at that time. During the study, in his later years, of the possibility of transition to socialism for the undeveloped countries of the East, Engels pointed out, "All the tribal community forms arising before the emergence of commodity production and private exchange have only this in common with the future socialist society, that certain things, the means of production, are held as communal property and are in common use by certain groups. But this common feature alone does not yet enable the lower social forms to grow into a future socialist society, that final product of capitalist society which itself begets."①

We must put the solution to the problem of social forms against the grand background of "human emancipation" in order to have a firm grasp of the inexorability of the evolution of human society. Given that Marx's theoretical theme throughout his life was the quest for human emancipation, his theory is naturally a theory of human emancipation and it is impossible for his inquiries into the problem of social forms to be divorced from this sole theme. In fact, Marx wrote no monographs on the theory of social forms, but only discussed and explored it in accordance with the needs of his theme-human emancipation. Consequently, we should treat the debate on whether "the three forms" or "the five forms" is more fundamental and of greater universal significance in the light of which of the two has more of the dimension of emancipation. The model of the three forms is not a partial generalization

① Engels, Friedrich, "Afterword (1894) to 'On social relations in Russia'," p. 403.

applying to particular peoples and regions, but the omnipresent light that shines over all of human society; what is refracted from the three forms is not a "one-dimensional" index of social objects, but the comprehensive symbols of historical subjects.

Therefore, it is only in the theory of human emancipation that we can find the root of the theory of social forms and the source of its significance. As the dominant paradigms reflecting the substantial contents of social progress, the theory of human emancipation and the theory of social forms provide a scientific methodology for recognizing and understanding social development and the progress of civilization. This scientific methodology is no doubt built on the generalization and summarization, initiated by historical materialism, of the law of development of human social history, and provides us with an objective historical yardstick and a universal value yardstick for appraising historical and social progress. Social development is a natural historical process that does not come to an end because of the establishment of capitalism in world history; on the contrary, the contradictions that are rooted in the capitalist mode of production and cannot be overcome by the capitalist mode of possession lay the foundation for the further emancipation of mankind. "Capitalist production begets, with the inexorability of a law of Nature, its own negation. It is the negation of negation. This does not re-establish private property for the producer, but gives him individual property based on the acquisitions of the capitalist era: i. e., on co-operation and the possession in common of the land and of the means of production."① In the historical course of self-improvement of socialism, taking as guidance the scientific outlook on development, building a harmonious society, and continuing to march along the road of socialism with Chinese characteristics created by reform and opening up

---

① Marx, Karl, Capital, p. 763.

constitute a way for the Chinese nation to strive for human emancipation through two-fold theoretical and practical exploration, a way that will provide experience of world historical significance for the great changes in the form of human society.

References

Engels, Friedric. "Karl Marx." In Marx and Engels, *Collected works*, vol. 21. Moscow: Progress Publishers, 1983.

Marx, Karl. *Capital*, vol. 1. Moscow: Foreign Languages Publishing House, 1959.

Marx, Karl. "Preface to *A contribution to the critique of political economy.*" In Marx and Engels, *Collected works*, vol. 29. Moscow: Progress Publishers, 1983.

Marx, Karl. "Contribution to critique of Hegel's philosophy of law." In Marx and Engels, *Collected works*, vol. 3. Moscow: Progress Publishers, 1975.

Marx, Karl. "On the Jewish question." In Marx and Engels, *Collected works*, vol. 3. Moscow: Progress Publishers, 1975.

Marx, Karl. "Contribution to critique of Hegel's philosophy of law. Introduction" In Marx and Engels, *Collected works*, vol. 3. Moscow: Progress Publishers, 1975.

Marx, Karl. "The holy family" In Marx and Engels, *Collected works*, vol. 4. Moscow: Progress Publishers, 1975.

Marx, Karl, and Friedrich Engels, "Manifesto of the Communist Party" In Marx and Engels, *Collected works*, vol. 6, New York: International Publishers, 1976.

Marx, Karl. "Manuscripts of economics 1857-1858" In Marx and Engels,

Collected works, vol. 28. www. marxists. org /archive/ marx/ works/ cw/ index. htm.

Marx, Karl. "Afterword to the work, 'On social relations in Russia'." In *Selected works of Marx and Engels* (three volumes), vol. 2. Moscow: Progress Publishers, 1977.

附录二

Enlightenment Reason and Modernity: Marx's Critical Reconstruction*

Abstract: Reflection on and criticism of enlightenment reason is an indispensable part of the Enlightenment itself. It is an important counterbalance to the Enlightenment myth and the crisis of modernity, as well as being a major theoretical subject for political philosophy in the age of globalization. This reflection and criticism must be grasped and examined from both the external perspective of socio-historical requirements and the internal perspective of intellectual history. While giving full credit to the achievements of Enlightenment reason and modernity, we need to review their inherent conflicts, reveal the resultant social crisis, and sort out, reflect on and reference postmodernism's denunciation of Enlightenment reason and the crisis of modernity in order to provide a more far-reaching solution to these issues. Marx turned the critique of Enlightenment reason and modernity into a critical reconstruction of the logic of capital and the capitalist mode of production, seeing the resolution of these evils

* 本文发表在《中国社会科学》英文版 2016 年第 3 期，全文由《中国社会科学》英文版编辑翻译。

as lying in transcendence of capitalist private ownership. In this way, he brought the critique of Enlightenment reason to a climax and showed modern society a way to more advanced development.

Keywords: Marx, enlightenment reason, modernity, postmodernity, logic of capital

Enlightenment reason is a multi-dimensional issue of modernity. As a theme in intellectual history, it upheld the power of reason and reshaped its authority, but it was also a historical force that drove changes in ways of life, institutional structures, and cultural forms in modern society. It provided a completely new cosmology, theory of existence, and theory of values for the early modern world and created a completely new world order in the form of the world capitalist system. What it founded and opened up was a total plan for modernity, one in which the combination of reason and capital played a decisive role. Since the 20th century, however, with the heightening of the divisive factors inherent in Enlightenment reason itself plus the impetus provided by the logic of capital, the reason-dominated Enlightenment project for modernity has been riddled with contradictions, leading to disastrous social crises. Rethinking and criticizing Enlightenment reason has therefore become an important force in the modern balancing of modernity. Nevertheless, as a complex issue of modernity, the critique of Enlightenment reason cannot be left within the confines of its own domain. We cannot possibly solve the problems of modernity by wholesale repudiation of Enlightenment reason; we need to understand and examine it from a perspective that combines social and historical demands with the logic of intellectual history. The critique of Enlightenment reason implies criticizing capital and modernity as well as a critique of extreme anti-Enlightenment; it is the starting point for finding a way forward for

Enlightenment reason. However, the furious anti-Enlightenment stance of postmodernism does not fundamentally challenge or change today's capitalist system, and is therefore essentially unable to transcend the vision of Enlightenment reason. Marx took a different approach, turning the critique of Enlightenment reason and modernity into a critical reconstruction of the logic of capital and the capitalist mode of production, and turning the conquest of the evils they presented into the transcendence of capitalist private ownership. He was therefore able to overcome the shortcomings of modernity while giving it due credit and to show modern society the way to a more advanced stage.

(Ⅰ) Enlightenment Reason: From "Use Your Own Intellect" to the "Internal Colonization of the Lifeworld"

In "An Answer to the Question: What is Enlightenment?", Kant declared that "The motto of Enlightenment is therefore: *Sapere aude*! (Have the courage to use your own intellect!)"① This Enlightenment philosopher firmly believed that reason could eradicate the various kinds of false knowledge, dispel superstition and ignorance, enable people to access truths about nature, society and man himself, and eliminate all the evils inherent in human society. This capacity for reason was the "self-project" that emerged from the process by which the capitalist movement dismantled feudal society and the nominalist revolution destroyed the foundations of medieval theology. The element of modernity rooted in this process, "Man's reason over God's revelation," was absent from the rationalism of the ancient world.

---

① Immanuel Kant, *The Critique of Historical Reason*, p. 23.

1. *The emergence of Enlightenment reason*: "*use your own intellect*!"

From the socio-historical perspective, Enlightenment reason is a product of the capitalist mode of production. During the capitalist revolution's attack on the hierarchical feudal order, the bourgeoisie broke the fetters of the old feudal civil society and medieval theocracy and took control of their own destiny. Enlightenment reason was a capitalist political revolution which took the form of ideological struggle. The revolution fragmented the old civil society, with its immediate political character, into separate and independent atomic individuals, liberating them from their previously given social organizations and establishing a universal relationship between the individual and the state as an integral whole. This political revolution aroused the political spirit dispersed and dissolved in every corner of feudal society. It stimulated rational demands for self-reflection and aroused a political passion for devoting oneself to the public sphere. In this sphere, people were no longer subservient to God but were self-reliant individuals. As the sense of "being God's creation" gradually disappeared from people's consciousness, they had to take a new look at their position in life and their interrelationships in a sober and rational way. The emergence of the public sphere and public liberty inevitably required that people make full use of their capacity for reason to make judgments about public affairs. It was precisely in this sense that the new world created by the capitalist political revolution required that people have the courage to use their own intellects. Self-emancipation and self-actualization were valued, and people were called on to create their own history.

From the perspective of intellectual history, Enlightenment reason was an outcome of the nominalist revolution of the late medieval era. This revolution was directed at the widely held medieval scholastic philosophy of realism, which broke down ancient rationalism's longstanding ontology of necessity and hierarchy and did away with its concept of a hierarchical natural teleology. The ancient rationalists held that reason was an entity and principle of world order, existing in an ontological sense as the origin of the universe, and was people's ability to reflect upon this objective order. The reason people could reflect rationally upon world order lay in the fact that both human reason and the world order derived from the one and same supreme being. In this scheme of necessitarian ontology, the world exhibited a top-down, rigorous, continuous hierarchical order in which the topmost link was the ultimate being and ultimate cause, or in other words, the existence of God. Man was but one link in the great "chain" of existence. However, the late medieval nominalist revolution destroyed this "chain of being." Nominalism, with its basis in a voluntarist theology, believed that the will of God preceded reason; God had absolute freedom in creating the world; and everything existed purely by God's will. The world in which man lived was just an act of God's grace, an outcome of chance selection by God's will, and the "chain of being" proposed by ancient Greek ontology did not exist at all. Nominalism fundamentally disrupted the causality of ancient rationalism, making the existence of everything in the world a chance individual event. The ontology of individualism undermined that of realism, arguing that universals do not exist and designations for them are simply symbols. In this accidental and individualist ontological context, ideas about "how to live" no longer required individuals or groups to rein in their minds and attain to virtue within the chain of being. Instead, those who had thrown off their chains were free. They could use free will for self-creation and could use their reason to explore the form and structure of God's will, i. e., the operational logic of nature and society, and could construct a society that conformed to reason. The Enlightenment represented a reform of the existing world order and spiritual order and a reconstruction of the values and ideas of human society. The light of reason evident in the ambition to reconstruct the world order did indeed provide a continuing impetus for the rapid development of the modern world. Nevertheless, viewing reason as omnipotent and forsaking value rationality to worship instrumental rationality did lead to making man a means rather than an end.

2. *The formation of Enlightenment reason: "all areas of life change into a self-existing organic organization"*

When Western society "emerged from the Middle Ages," and cast off the dominant medieval theocratic system and theological culture, it was Enlightenment reason that "fundamentally eliminated the supernatural form of Christian dualism, seeking to provide an inherently rational explanation of the world and making all fields of life into a self-existing organic organization."① It thus guided humanity out of the twofold oppression of theology and feudal society and constructed a modern society based on human nature and values.

At the social and institutional level, Enlightenment reason severed the old world order's links between this shore and the beyond and demonstrated the principles for constructing a modern state on the theoretical foundation of abstract individualism and the social contract. On the one hand, the Enlightenment philosophers' critique of theology held that man is endowed with natural rights that are inherent and inalienable. People became keenly aware of their right, as rational individuals, to freedom; that is, the right to throw off the rule of God and his "agents" in the human world and make their own decisions. On the other hand, their critique of theocracy thoroughly undermined the idea of the "divine right of kings" in constructing the nation; they elaborated the secular political principle of the "separation of church and

---

① Liu Xiaofen, *Preface to A Social Theory of Modernity: Modernity and Modern China*, p. 176.

state," and they proposed the "popular sovereignty" of the social contract. Thus emerged the capitalist social structure based on "equal participants in sovereignty". In this way, modernity reconstructed the institutional organization of human society, facilitating the rise of modern nation states and the progress of political systems. It also disrupted the economic order of the old civil society and accelerated the expansion of large-scale industrial production and the free market economy. As a result, European institutions and modes of behavior gave greater priority to freedom, democracy and equality.

In terms of life values, Enlightenment reason threw off the fetters of Christian theology and reevaluated modern individuals' and groups' ideas about how to live. It highlighted man's individuality, subjectivity, and self-consciousness, and held that ideas of freedom and equality were the most important principles of modernity. Prior to the Enlightenment, because of the divine bond of religion, individuals were confined in a continuous, closed and hierarchical world order with God as noumenon. Deprived of independence and freedom, they were confined to a heteronomous order of values in-itself. But as the nominalist revolution destroyed the setting of the ancient world and the Enlightenment denounced religion, Enlightenment reason initiated a reordering of values, producing a world picture of equality, freedom and individualism. In this scenario, self-consciousness was the essence of value, with Kant's moral law replaced a value essence that had been independent of human will. The modern idea that all men are created free and equal nullified the legitimacy of the feudal idea of hierarchy, giving a natural legitimacy to individuals' and groups' pursuit of their rights.

The ethos and way of life of modern individuals were reshaped by Enlightenment reason, creating what Scheele and Simmel call the type of "modern man". In the old civilization of feudal civil society, people's ideals were ruled by religious ethics and aristocratic morality. People's mental structures were dominated by an ascetic way of life, with religious morality preventing them from enjoying the things of this world. They were thus accustomed to following their worldly pursuits in a servile civilization marked by the lust for power and arbitrary rule. However, in modern capitalist civilization, people's desires are not for the glory of God or happiness in the next life; rather, they seek self-affirmation in this world. It is taken for granted that people will enjoy what this life has to offer, an attitude that gives rise to a relentless quest for profit and a strong work ethic. The result is a capitalist ethos highlighting boundless self-creation. This ethos reflects Enlightenment reason's ideas of improving nature and society, forwarding the historical progress of human society and freeing its creative power. This deserves full recognition.

3. *The evolution of Enlightenment reason: "colonization of the lifeworld"*

Since the Enlightenment, the power of reason has been universally recognized. The light of reason, it was thought, could not only guide us out of the darkness of the Middle Ages, but could also reconstruct an absolutely rational natural and social order. However, accompanying the internal divisions within reason and the external proliferation of the logic of capital, the crisis brought by modernity sounds an unceasing warning of the illusory nature of Enlightenment reason and the need to look squarely at its inherent tensions.

(1) The presumption and limitations of elite reason. Concerned as it is with all of humanity, Enlightenment reason was a reason for the masses. By developing the capacity for and cultivation of reason, it highlights man's value and purpose, and facilitates the unceasing progress of human society. However, Enlightenment reason deviated from this finc aim, and went from being a reason for the masses to a reason for the elite. Modern post-Enlightenment society is freer, more equal and more democratic than the medieval world. But

the lives of individuals and groups are always subject to the constraints of political systems and economic and social conditions, as well as the profound and lasting impact of differences in natural endowments and social status. Therefore, chance differences among individuals and the great diversity in their actual upbringing, power and possessions mean that social technologies are monopolized by elite groups endowed with capital, status, qualifications and attainments. Social technologies essentially represent the power of reason. In other words, though both the masses and the elite were better able to make full use of their capacity for reason, the power to use reason to shape society was in the hands of elites. In *The German Ideology*, Marx had already presented an incisive dissection of behavior that saw an ideology that was an apologia for capitalist interests as "universal reason." With Enlightenment reason's transformation from reason for the masses to reason for elites, an ideology arose that supported elite rule. This ideology provided the spiritual foundation for a new and less visible social hierarchy. In a capitalist society ruled by the bourgeoisie, it represented the realization in theoretical consciousness of the dominant power of the logic of capital.

(2) The primacy of instrumental rationality in the scientific spirit. Science was a powerful weapon in Enlightenment reason's attack on theology. The scientific spirit is a modern rationalist spirit that contains within it both value rationality and instrumental rationality. It has its own value, a value rationality that enables humanity to perfect itself, not just an instrumental rationality that is significant only as a means. However, in the course of its application to social practice, the scientific spirit destroyed its own value rationality. On the one hand, since Descartes' philosophy of subjectivity established the principle of subject-object dichotomy, the world has become the objective object of subjects, a material existence without meaning; it is only by contemplation,

remolding and reconstruction in the light of reason that it can become meaningful. As a result, the scientific spirit has become an instrumental entity whereby the subject can get to know, transform and control the world; a spirit whose essence is instrumental rationality. On the other hand, the social conditions in which this spirit operates are subject to the logic of capital. And due to its impulse toward its own multiplication, capital needs to employ the objectivized world and man as its materials and tools. Therefore, the scientific spirit, dominated by this drive for multiplication, will inevitably develop towards all-round domination and utilization of external nature and the internal world of man, thus exhibiting the spiritual primacy of instrumental rationality.

(3) The "anti-rationalism" of the Enlightenment myth. Once Enlightenment reason came to be manifested mainly as instrumental rationality, man inevitably became an instrumental object, the means rather than the end of reason. This led to the rejection of value rationality, and even to measuring the value of men and things by the yardstick of instrumental rationality. This repressed man's free and conscious creative activity, giving rise to an "anti-rationalist" system that repressed man himself. In particular, the logic of capital drove the expansion of the domain of instrumental rationality, leading indeed to the "colonization of the lifeworld": we falsely apply the standards of instrumental rationality to issues in the lifeworld and to those institutions perfectly existing in their own social domains. ①Instrumental rationality dominated by the logic of capital has swollen into a "totality," an absolute power that controls the human world. Enlightenment reason had originally expected to embark on a journey from myth to enlightenment made possible by man's awakening and liberation. However, in dismantling the order of religion, it evolved into an ever more partial and absolute instrumental rationality, deifying the self and making it absolute in a

① Nigel Dodd, *Social Theory and Modernity*, p. 136.

"heaven ordained" order dominated by instrumental rationality. This order will necessarily be transformed into anti-rationalism, because once Enlightenment reason loses the ability to criticize itself, it becomes an Enlightenment myth that cannot be questioned.

Enlightenment reason is one of the ideas that supports the modernist project, whence derive many of the concepts of modern society. Its great contribution is undeniable. Nevertheless, it must be admitted that many of the problems of our own days have roots in Enlightenment reason. The fissures within reason itself and the logic of capital mean that Enlightenment reason has undermined man's value as a subject and brought about a crisis in human existence and development.

(Ⅱ) Risk Society: The Crisis of Modernity in the Assertion of Enlightenment Reason

As a way of thinking, Enlightenment reason's emergence in Western capitalist society played a crucial role in helping Western society "emerge from the Middle Ages" and changing the circumstances of human life. But at the same time, it caused grave crises in Western society, crises that affected the whole world through the globalization of capital. The "reason" so admired in the Enlightenment has been transformed. The German sociologist Ulrich Beck emphasizes that Enlightenment reason's modernist project has led to the rise of a "risk society." In my opinion, the formation of risk society has given rise to crises of institutional totalitarianism, ecology, value nihilism, and, in spiritual terms, resentment.

1. *The coming of a totalitarian society*

In the post-Enlightenment era, the theological basis for the meaning of human life has been thoroughly shattered. People have entered an accidentalist era of "the death of God," a realm that is a "value vacuum." To fill this vacuum, enlightened "modern man" turns to the self-creation of human reason and a free, liberated historical future to legitimize his own existence. In the course of its fight against theocracy and religious authority, Enlightenment reason established its own authority, and repeatedly declared that the theoretical system it had constructed was all-embracing, objective and inevitable. The subjectivity it highlighted likewise exhibited the overwhelming dominance of reason. Obviously, Enlightenment reason built its own superstition while destroying superstition and established its own authority while fighting against authority. In terms of ideas and concepts, Enlightenment reason's teleological narrative has provided a justification for totalitarianism in the institutions of society. Because Enlightenment reason can apply its ability to control nature to the control of the human mind and will, and can manipulate man in the same way as a natural object, the enchanting Enlightenment ideals ultimately became violent coercion. Impelled by the Enlightenment, the French Revolution's pursuit of universal liberty, equality, human rights and fraternity turned into autocratic terror, proving the arguments of Horkheimer and Adomo correct.

2. *The unchecked spread of the global ecological crisis*

As a form of subject rationality, Enlightenment reason singles out the self from the world as a self-evident absolute precondition. This is manifested in Descartes' proposition, "I think, therefore I am," and Kant's "man legislates for nature." The subject-object dualism relationship model constructed on this basis makes nature into a lifeless world of material things and resources. Since nature was "useful," its conquest and utilization was the goal of reason. Driven by the logic of capital, Enlightenment reason objectified everything in the world into "resources," with the inevitable consequence of the relentless pursuit of surplus value. Reason's desire to conquer nature has always encouraged and stimulated human greed and possessiveness. The developmental mode of productivism and economism inspired by instrumental rationality has become the foundation of modern life, and the consumerist and hedonistic lifestyle engendered by the emphasis on this-worldly life has become the mainstream of modern society. In this way, the "productivity" evinced in instrumental rationality maximizes the exploitation and utilization of natural resources while discharging all kinds of waste into the natural world, bringing about a global ecological crisis. The expansion of economic development arising from the combination of reason and capital means Enlightenment reason's perfect society will inevitably be overshadowed by an unchecked global ecological crisis.

3. *The threat of nihilism*

Under the joint impulse of the logic of capital, consumerism, and science and technology, instrumental rationality has overwhelmed value rationality to become the mainstream of Enlightenment reason. In modern society, where Enlightenment reason is the core value, morality has lost its position of leadership. Use value and exchange value take precedence over moral responsibility and moral meaning. All that is sacred is incorporated into the market system and priced, becoming a commodity. Whatever is economically effective is morally justified, in an undoubted inversion of the correct order. Neither the logic of capital nor science and technology can provide a foundation for the value of human existence. Consequently, objective sources of value are a dead letter; value depends only on the various feelings of individuals, who become mired in value subjectivism. At the same time, the assertion of instrumental rationality changes all previous value logic into business logic. As a result, individuals are deprived of the basis for a peaceable life and the ideas on which they rely, and fall into value nihilism.

4. *The burgeoning of a mindset of resentment*

This mindset originates from two sources. One is the great disparity in the actual power, assets and upbringing of individuals or groups; the other is society's widespread acknowledgement of equal political or other rights. ①The capitalist political revolution and Enlightenment reason's idea of equality are precisely what has produced this mindset. On the one hand, political revolution eliminated the political character of the old civil society, setting people free from particular hierarchies and giving rise to atomized equal individuals. In the political domain, these individuals are equal participants in national sovereignty, but in civil society they are unequal private individuals, because the state has not abolished the disparities in family background, status, education, and occupation. On the other hand, the modern values of freedom, equality and human rights championed by Enlightenment reason have been embraced in the post-Enlightenment era. When the actual status of individuals or groups in civil society fails to match their supposed status in the political state, the contrast of ideal and reality will often produce resentment.

The "modernity" launched by Enlightenment reason saddled human society with multiple problems, and at the same time drew it into a heavily criticized "crisis of modernity." The social crisis arising from the historical course of modern society and its disastrous consequences are closely related to the modernity project of Enlightenment reason; the misunderstandings and distortions of this project in the historical process show up its lethal shortcomings. For postmodernists, being "anti-Enlightenment" is a wholly justifiable mission.

---

① Max Scheler, *The Reversal of Values*, p. 13.

(Ⅲ) Postmodernism: A Sharp Blade Cutting Through the Legitimacy of the Rule of Enlightenment Reason

Since the first half of the 20th century, Enlightenment reason has faced ever harsher questioning and criticism, with the sharpest criticism coming from the postmodernists. In their view, the modernist order is a crisis-ridden hegemonic or elitist order that is the fundamental source of modern society's crises and disasters. Although postmodern negativism accuses modernity of many problems, its crucial accusations are directed against three core ideas that have emerged since the Enlightenment: reason-centric grand narrative, Eurocentric universalism, and anthropocentric subjectivism.

1. *Opposing reason-centrism in the form of the grand narrative*

As the theoretical basis of modernity, Enlightenment reason has been closely connected with global modernization since the eighteenth century. Therefore, the most significant postmodern critique of modernity lies in its deconstruction of reason-centrism from the Enlightenment on. For postmodernists, reason-centrism is an absolutist grand narrative marked by discourse hegemony. This grand narrative had its roots in Platonism, but did not reach its peak until the Enlightenment. Therefore, to transcend modernity, we need to dispute the reason-centric grand narrative; and to dispute reason-centrism, we need to neutralize the authority of "discourse hegemony," highlight the long suppressed "little narratives," and deconstruct the "SUBJECTS" and value the "subjects" that emerge in the political struggles among diverse and different cultures. If modernity declares the "death of God," then postmodernism declares the "death of man." Of course, "man" is used here in the abstract sense of the "rational subject" who ignores, vilifies and suppresses human emotions and will. By breaking down sameness, advocating diversity, and rejecting false consensus, postmodernists restore the "little narratives" of "subjects" and reject the grand narratives of Enlightenment reason.

2. *Opposing universalism in the form of Eurocentrism*

Western capitalist modernity from the eighteenth century has indeed constructed a brand-new world system. The West seized an overwhelming advantage in the fields of economic development, political civilization, scientific innovation, and cultural production, and, through the discourse of universalism and cultural imperialism, established different dimensions of Eurocentrism in race, politics, values, and mentalities. Underlying this Eurocentrism is the grand narrative of Enlightenment reason. Since postmodernism denounces the centrality of reason, it naturally relentlessly criticizes the universalism of Eurocentrism. Given that the truth of Enlightenment reason is nothing but a narrative of power, the so-called universalist path is simply the fabrication of power and the usurpation of reason. As postmodernists see it, in dominating the capitalist world system the "West" has artificially constructed a dichotomous framework of "postmodern" and "modern," "civilized" and "uncivilized," "advanced" and "backward." Only by shattering this framework can we activate the multiple particular identity discourses of religion, race, gender, occupation, and so on. The "pagan politics" advocated by Lyotard, the "ethnocentrism" of Rorty, and the "politics of truth" of Foucault are all critical approaches to universalism, cultural imperialism and Eurocentrism.

3. *Opposing subjectivism in the form of anthropocentrism*

It is natural for postmodernism to criticize and deconstruct subjectivism in the form of anthropocentrism. Derrida's deconstructionism and the various postmodern narratives aim to dissolve "centers" and realize "decentration." Modernity highlights the emancipation of humanity and the subjectivity of the independent human agent. This has shifted the focus of man's worldview from "nature" or "God" to "man himself." Modernity proposes that man legislate for nature, establish his own moral responsibility, and rely on himself for his liberation. The true nature of this anthropocentrism is the subjectivism put forward by the Enlightenment. Man is singled out from the "chain of being" and stands over and above other beings. As an independent and self-constituted subject, he is master of nature and society, whence arises the subject-object dichotomy. However, postmodernists believe that man's subjectivist dichotomous worldview is responsible for the global ecological crisis, because it "provided the ideological justification for modernity's drive toward unlimited domination and exploitation of nature, including all other living species. This drive to dominate, subdue, master and control nature is one of the central features of modern spirituality."① The modern world is no longer the "order of beings" of ancient times, but it is still an organic and integral structure. If the world did not contain us, we would not be complete, and vice versa. As one species in the global ecological system, we should not ride roughshod over other species, but should be integrated into the system.

With its subversive ideas, discourse and propositions, postmodernism makes a fierce attack on the Enlightenment myth and the capitalist system, an attack that is conducive to profound historical reflection. The postmodern anti-enlightenment approach and deconstruction of modernity is meaningful to a certain extent. The heterogeneity, multiplicity, and individuality advocated by postmodernism have opened up new intellectual horizons and added fresh vitality to social practice. Nevertheless, underlying postmodernist criticism are

---

① David Ray Griffin, ed., *Spirituality and Society: Postmodern Visions*, p. 5.

some issues that cannot be neglected. As a negativist intellectual movement, postmodernism deconstructs reason, dissolves "centers," reveals "truth" to be narrative hegemony, and suspends standards for evaluation: good or evil, right or wrong, opinion or truth. In a way, it extends the nihilism of modernity, and is once again trapped in the paradox of modernity. The postmodern critique of modern capitalist civilization adopts only partial remedial and reformist schemes. For Marxism, on the other hand, the critical reconstruction of Enlightenment reason and modernity is not simply a matter of wholesale repudiation, but more the search for a way to transcend capitalist modernity and genuinely realize human freedom and emancipation.

(Ⅳ) Marx's Critical Reconstruction: A Shift in Critical Vision and a Solution to the Crisis of Modernity

Since postmodernism does not fundamentally question, criticize or resolve the problem of the essential nature of things, its critical approach is doomed to failure. The Marxist critique of modernity, on the other hand, succeeds in transcending the critique of Enlightenment reason and modernity made by postmodernism and contemporary philosophy. This is because it does not criticize for the sake of criticism; rather, it blazes the way for the transformation of a specific social system and cultural conception, thereby turning the critique of Enlightenment reason into a critique of practice, of society and of capital, and finally conquering the ills of modernity.

From the perspective of Marx's theory of human emancipation, criticism of Enlightenment reason and the modernity movement cannot stop at the ideological level. "The weapon of criticism cannot, of course, replace criticism by weapons, material force must be overthrown by material force."① Only through in-depth criticism of Enlightenment reason's ontological basis can we precisely locate the problem of the alienation of Enlightenment reason; and only by fundamentally solving the problem of this alienation can we find an escape route for Enlightenment reason and modernity. Marx's theory of historical materialism emphasizes that it is not social consciousness that determines social existence, but the opposite. The ontological foundation of all ideas and concepts, including reason, is living, real life, the "material conditions of life." It is not enough, therefore, to describe Marx's criticism of Enlightenment reason and modernity by collecting the classical Marxist writers' frequently quoted criticisms of the Enlightenment's abstraction, non-historicity, and divorce from practice. What is more important is to outline Marx's critical reconstruction of Enlightenment reason and modernity, or in other words, to study how Marx turned his critique into a study of the "material conditions of life," an area of foundational significance, and made it, in accordance with the historical context, a critique of the logic of capital and the capitalist relations of production.

1. *Turning the critique of Enlightenment reason and modernity into a study of the "material conditions of life"*

For Marx, criticism of Enlightenment reason and modernity had to go beyond the perspective of the Enlightenment itself and reach the source of Enlightenment thought. In his study of "the Jewish question," Marx held that though Bauer was committed to religious and political criticism, the limitations of his liberalism meant that he confused political emancipation with universal human emancipation, ultimately falling into the pitfall of Enlightenment

---

① Karl Marx and Friedrick Engels, *Selected Essays of Karl Marx and Friedrick Engels*, vol. 1, p. 11.

rationalism. Marx argued that to solve the "Jewish question" —essentially a reflection of the question of modernity—it was necessary to take criticism to a deeper level and conduct a fundamental critique of the modern state. Faced with the historical context of modernity unlocked by Enlightenment reason, the young Marx showed the sensitivity and profundity of genius. Rather than seeking to be consistent with Bauer's opinions, he focused closely on his divergences from Bauer, raising these differences to the heights of political philosophy. When Bauer discussed the "Jewish question," he started from the principle of modernity introduced by Enlightenment reason: a principle that took the "modern state" as the supreme governing order and saw this order as representing the highest freedom man could attain. However, Marx argued that Bauer "subjects to criticism only the 'Christian state,' not the 'state as such,' that he does not investigate *the relation of political emancipation to human emancipation.*"① Like postmodernist criticism, Bauer's views did not go beyond the principle of modernity. Marx, however, did transcend the standpoint of modernity and firmly declared that to get a deeper understanding of the relations between "political emancipation and human emancipation" it was necessary to discuss the basic foundational issues of the "modern state," i. e., the foundational problems of Enlightenment reason and modernity. Only by bringing the "modern state" back to the realm of essence would it be possible to thoroughly grasp the character and limitations of the ruling order of modernity and the real bounds of Enlightenment reason, and thereby redefine the foundation of human freedom. What, then, are the realm of essence and the real foundation? Marx discusses these issues in his analysis of the complex relations between religion and politics and the principle of the separation of citizenship from human rights. In so doing, he presented an original solution to

① *Ibid.*, p. 25.

the foundational questions of Enlightenment reason and modernity, thereby introducing a new critical approach.

2. *Discussing the nature of the "material conditions of life," the realm of essence, and their relations with reason, religion and culture*

For Marx, ideological domains such as reason, politics and religion or culture, morality and arts did not have absolute autonomy. With the Enlightenment, different forms of ideology had been divided into relatively independent cultural domains which were considered to be naturally autonomous. As a result, politics, religion, culture and morality became mutually independent fields, whose topics could overlap but were not in any order. Marx broke with these philosophical approaches and ideas: "one cannot judge such a period of transformation by its consciousness, but, on the contrary, this consciousness must be explained from the contradictions of material life, from the conflict existing between the social forces of production and the relations of production."① Only the "material conditions of life," as an ontological realm, was regarded by Marx as "absolutely autonomous." Rather than speaking of the autonomy of the realm of material life, we would do better to say that this autonomy provides a deeper foundation for the so-called autonomous fields of politics, religion, culture and morality. Marx's discussion of the "material conditions of life" stripped bare the myth of the "autonomy" of reason, politics and religion, and redefined their foundational source. He viewed human nature and reason from the perspective of the "material conditions of life," showing that historical and current practice is the soil that nurtures reason, which means that Enlightenment reason cannot override history and practice. He thus dismantled and transcended the *a priori* philosophical understanding of human

① Karl Marx and Friedrick Engels, *A Collection of the Works of Karl Marx and Friedrick Engels*, vol. 2, p. 592.

reason. The constant emergence of social practice replaces abstract logic's regulation of human nature, demonstrating the diversity of history and practice and eliminating the concept of reason-centrism. The "material conditions of life" are constantly emerging and changing, so reason's transformation of reality must acknowledge certain limits; but in the end, the "material conditions of life" does have certain operational rules and goals, rules and goals that reason must have the foresight to grasp and realize.

3. *Turning the critique of Enlightenment reason and modernity into a critique of capitalist relations of production*

The existential foundation of Enlightenment reason and modernity is defined by the capitalist mode of production. Only through a profound critique and transcendence of this mode will it be possible to really explain and overcome the crises of instrumentalism, nihilism, hegemonism and ecological pollution. As I see it, Marx's critique involved three levels. One analyzes "commodity fetishism" in the opening chapter of *Capital*, Marx argued that "The wealth of those societies in which the capitalist mode of production prevails, presents itself as 'an immense accumulation of commodities,' its unit being a single commodity. Our investigation must therefore begin with the analysis of a commodity."① The commodity production process dominated by the capitalist mode of production takes the social attributes of the private individual's labor as the social attribute of things, and takes the social relations between the worker and his labor and relations among workers as social relations among things external to the worker, thereby completely hiding interpersonal relations from view. This widespread illusion has given rise to the "commodity fetishism" of contemporary capitalist society. Interpersonal relations in

① Karl Marx and Friedrick Engels, *A Collection of the Works of Karl Marx and Friedrick Engels*, vol. 5, p. 47.

capitalist society are overshadowed by a hidden, disguised commodity fetishism, which is precisely the ideological foundation of the Enlightenment concepts of reason and modernity. Another level of Marx's critique attacks the "logic of capital." The emergence of capital completely changed the look of the world and its operational logic, so that the production and reproduction of the whole society became the self-reproduction of capital. The logic of capital functions to form, maintain and reproduce capital. The logic of capital controls not only labor but also those who labor, as the subjectivity of capital controls the subjectivity of those who labor. Being subject to and shaped by the logic of capital, the subjectivity of labor will inevitably follow the self-centered, self-interested operational pattern of this logic, and continue to provide support for the legitimacy of capital and the bourgeoisie. In many cases Marx refers to the bourgeoisie as "personalized capital,"① indicating that as a social relationship of things, capital comes to rule and control man himself, and the objectified logic of capital comes to control the logic of man's free and conscious development. The third and final level of the critique transcends "capitalist private ownership." "Commodity fetishism" and the "logic of capital" have led modern society into repeated and serious crises, to which the bourgeoisie has no solution. On the question of solving periodic economic crises: "(And) how does the bourgeoisie get over these crises? On the one hand by enforced destruction of a mass of productive forces; on the other, by the conquest of new markets, and by the more thorough exploitation of the old ones."② Without changing and going beyond capitalist private ownership, it will not be possible to achieve a fundamental solution to the crises of Enlightenment/

① *Ibid.*, p. 269.

② Karl Marx and Friedrick Engels, *A Collection of the Works of Karl Marx and Friedrick Engels*, vol. 2, p. 37.

modernity. Such a solution depends on completely destroying the rule of capital and no longer taking "usefulness" as our standard of value or seeing instrumental rationality as reason itself, as well as no longer using the exploitation of nature as a means of survival. In this way we can end the conditions that allow the logic of capital to function and can rebuild a harmonious relationship between people and nature and among people.

Marx's theoretical conceptions provide an original critique of Enlightenment reason and modernity. His critique of the most fundamental issues transcends the criticisms of many contemporary and recent Western philosophers and various postmodern schools. He ultimately turned the critique of Enlightenment/modernity into a critique of the capitalist mode of production, and made the overcoming of the evils of Enlightenment/modernity into the transcendence of capitalist private ownership. In the three types of social formation Marx describes (pre-capitalism, capitalism and communism), the leap forward from the second to the third of these formations represents precisely the transformation from the modernity-governed existence typified by capitalism to a socialist mode of existence that can overcome the shortcomings of modernity. This provides completely new possibilities for modern society, centered as it is on Enlightenment reason, to develop into a more perfect social formation.

References

Dodd, Nigel. *Social Theory and Modernity*. Trans. Tao Chuanjin. Beijing: Social Sciences Academic Press, 2002.

Griffin, David Ray. ed. *Spirituality and Society: Postmodern Visions*. Trans. Wang Chengbing. Beijing: Central Compilation & Translation Press, 1998.

Kant, Immanuel. *The Critique of Historical Reason*. Trans. He Zhaowu. Beijing: The Commercial Press, 1990.

Liu, Xiaofen. *Preface to A Social Theory of Modernity: Modernity and Modern China* (现代性社会理论绪论——现代性与现代中国). Shanghai: Shanghai Joint Publishing Company, 1998.

Marx, Karl andFriedrick Engels. *Selected Essays of Karl Marx and Friedrick Engels* (马克思恩格斯文集), vol. 1. Beijing: People's Publishing House, 2009.

——. *A Collection of the Works of Karl Marx and Friedrick Engels* (马克思恩格斯文集), vol. 2. Beijing: People's Publishing House, 2009.

——. *A Collection of the Works of Karl Marx and Friedrick Engels* (马克思恩格斯文集), vol. 5. Beijing: People's Publishing House, 2009.

Scheler, Max. *The Reversal of Values*. Trans. Luo Tilun *et al*. Beijing: SDX Joint Publishing House, 1997.

附录三

笔者学术成果要目

（独著或第一作者）

一　著作题录

［1］《马克思人类解放思想论》，人民出版社2022年版。（独著）

［2］《马克思主义的时代表达》，中国人民大学出版社2021年版。（独著）

［3］《马克思人类解放思想史》，人民出版社2019年版。（独著）

［4］《马克思的哲学主题》，人民出版社2017年版。（独著）

［5］《马克思的哲学立场》，人民出版社2017年版。（独著）

［6］《技术的当代哲学视野》，人民出版社2017年版。（独著）

［7］《马克思人类解放理论的演进逻辑》，人民出版社2011年版。（独著）

［8］《理想与现实之间的人类解放境界》，人民出版社2013年版。（独著）

［9］《马克思的解放哲学》，中山大学出版社2015年版。（独著）

［10］《青年马克思政治哲学思想研究》，中国社会科学出版社2018

年版。(第一作者)

[11]《马克思的晚年岁月》,人民出版社 2022 年版。(第一译者)

[12]《青年马克思——德国哲学、当代政治与人类繁荣》,中山大学出版社 2017 年版。(第一译者)

[13]《马克思主义基本原理》,人民出版社 2006 年版。(主编)

[14]《马克思主义哲学原理简明教程》,华南理工大学出版社 2009 年版。(独立编著)

[15]《马克思主义基本原理教程》,广西师范大学出版社 2010 年版。(第一主编)

二 主要论文题录

[1]《当代中国马克思主义的哲学境界》,《中国社会科学》2021 年第 9 期。(独撰)

[2]《马克思唯物史观叙事中的劳动正义》,《中国社会科学》2020 年第 9 期。(独撰)

[3]《构建人类命运共同体对历史唯物主义的原创性贡献》,《中国社会科学》2018 年第 7 期。(独撰)

[4]《启蒙理性及现代性:马克思的批判性重构》,《中国社会科学》2015 年第 2 期。(独撰)

[5]《马克思人类解放理论的叙事结构及实现方式》,《中国社会科学》2012 年第 8 期。(独撰)

[6]《西方马克思主义的理论性质与中国意义》,《中国社会科学》2010 年第 5 期。(独撰)

[7]《人类解放的进程与社会形态的嬗变》,《中国社会科学》2008 年第 3 期。(独撰)

[8]"Enlightenment Reason and Modernity: Marx's Critical Reconstruction",《中国社会科学》英文版 2016 年第 3 期。(独撰)

[9]　"The Course of Human Emancipation and the Evolution of Social Forms",《中国社会科学》英文版 2008 年第 3 期。(独撰)

[10]《马克思主义哲学面向实践的方式》,《哲学研究》2021 年第 12 期。(独撰)

[11]《马克思主义哲学研究中的三重解释张力及其认知变化》,《哲学研究》2019 年第 9 期。(独撰)

[12]《技术可选择还是现代性可选择？——对芬伯格现代性理论前提与内在矛盾的批判》,《哲学研究》2016 年第 7 期。(独撰)

[13]《从显性到隐性的主奴辩证法——〈精神现象学〉与〈1844 年经济学哲学手稿〉关系注解》,《哲学研究》2014 年第 1 期。(独撰)

[14]《激进民主的理性重建与技术转化的微政治学——芬伯格的技术政治学评析》,《哲学研究》2008 年第 8 期。(独撰)

[15]《政治解放、社会解放和劳动解放——马克思人类解放思想再探析》,《哲学研究》2007 年第 3 期。(独撰)

[16]《康德道德观及其对现实道德教育困境的开解》,《教育研究》2014 年第 4 期。(独撰)

[17]《罗尔斯教育公正理论情结及方法论原则批判》,《教育研究》2012 年第 1 期。(独撰)

[18]《人类解放视域中的教育价值合理性探析》,《教育研究》2010 年第 8 期。(独撰)

[19]《中国奇迹"奇"在哪里？——访浙江大学马克思主义学院院长刘同舫教授》,《马克思主义研究》2020 年第 4 期。(独撰)

[20]《列宁的辩证唯物主义和历史唯物主义思想及其当代意义》,《马克思主义研究》2010 年第 12 期。(独撰)

[21]《在应对当代各种社会思潮的挑战中发挥马克思主义的威力》,《马克思主义研究》2010 年第 3 期。(独撰)

[22]《积极打造人类卫生健康共同体》,《人民日报》(理论版)

2020 年 4 月 14 日。（独撰）

［23］《建立践行初心使命的长效机制》，《人民日报》（理论版）2020 年 1 月 23 日。（独撰）

［24］《以重大庆典活动厚植爱国主义情怀》，《人民日报》（理论版）2019 年 10 月 10 日。（独撰）

［25］《凝心聚力的一面旗帜》，《人民日报》（理论版）2019 年 5 月 10 日。（独撰）

［26］《新时代的中国人民更加自信》，《人民日报》（理论版）2018 年 10 月 9 日。（独撰）

［27］《在增进文化认同中坚定文化自信》，《人民日报》（理论版）2018 年 4 月 25 日。（独撰）

［28］《理解中国式现代化新道路需要把握的几对重要关系》，《光明日报》2021 年 8 月 20 日。（独撰）

［29］《小康目标与中国现代化进程——访浙江大学马克思主义学院院长刘同舫》，《光明日报》2021 年 3 月 26 日。（独撰）

［30］《马克思主义经典著作百年研究历程与经验启示》，《光明日报》（理论版）2020 年 11 月 16 日。（独撰）

［31］《“绿水青山就是金山银山”理念的科学内涵与深远意义》，《光明日报》（理论版）2020 年 8 月 14 日。（独撰）

［32］《把握疫情防控与经济社会发展的辩证法》，《光明日报》（理论版）2020 年 3 月 6 日。（独撰）

［33］《继往开来开创马克思主义中国化新境界》，《光明日报》（理论版）2019 年 9 月 11 日。（独撰）

［34］《深刻认识改革开放的历史必然性及其实践价值》，《光明日报》（理论版）2018 年 8 月 13 日。（独撰）

［35］《“伟大社会革命”论的马克思主义理论逻辑》，《光明日报》（理论版）2018 年 4 月 3 日。（独撰）

［36］《文化建设的向度》，《光明日报》（理论版）2017 年 10 月 18 日。（独撰）

［37］《人类命运共同体的价值超越》，《光明日报》（理论版）2017 年 9 月 23 日。（独撰）

［38］马克思文本解读的价值反思与方法论自觉》，《马克思主义与现实》2021 年第 3 期。（独撰）

［39］《在挑战当代社会思潮中发展马克思主义》，《中国社会科学内部文稿》2009 年第 5 期。（独撰）

［40］《怨恨的滋生与技术合理性秩序的建构》，《自然辩证法研究》2009 年第 2 期。（独撰）

［41］《社会学视野中的网络犯罪与综合治理》，《自然辩证法研究》2006 年第 2 期。（独撰）

［42］《网络文化：技术与文化的联姻》，《自然辩证法研究》2004 年第 7 期。（独撰）

［43］《版面费：学术自由的悖论》，《自然辩证法通讯》2009 年第 4 期。（独撰）

［44］《构筑科学与人文的和谐》，《自然辩证法通讯》2008 年第 1 期。（独撰）

［45］《怨恨对技术合理性的反叛》，《自然辩证法通讯》2007 年第 3 期。（独撰）

［46］《现代教育技术化发展倾向的反思》，《自然辩证法通讯》2006 年第 1 期。（独撰）

［47］《论技术与思想的内在关联性》，《自然辩证法通讯》2005 年第 3 期。（独撰）

［48］《技术的边界与人的底线　技术化生存的人学反思》，《自然辩证法通讯》2004 年第 3 期。（独撰）

［49］《理想主义的限度与超越——基于马克思对〈斯考尔皮昂和费

利克斯〉自我评价的考察》《浙江大学学报（人文社会科学版）》2020年第3期。（第一作者）

[50]《中国共产党百年历程中的哲学智慧》，《四川大学学报（哲学社会科学版）》2021年第3期。（独撰）

[51]《人类命运共同体对全球治理体系的历史性重构》，《四川大学学报（哲学社会科学版）》2020年第5期。（独撰）

[52]《马克思主义哲学中国化70年及其历史贡献》，《四川大学学报（哲学社会科学版）》2019年第4期。（独撰）

[53]《技术进步与正义困境》，《社会科学战线》2021年第5期。（独撰）

[54]《技术进步中正义困境的生发与消解》，《江海学刊》2021年第4期。（独撰）

[55]《从继承到建构：马克思以解放为轴心的哲学革命》，《江海学刊》2016年第3期。（独撰）

[56]《穿越幻象：齐泽克意识形态批判及其解放态度》，《教学与研究》2018年第11期。（第一作者）

[57]《在守正创新中推进新时代中国教育高质量发展》，《高等教育研究》2021年第10期。（独撰）

[58]《百年马克思主义中国化的发展动力》，《国外社会科学》2021年第1期。（独撰）

[59]《新工业革命与意识形态消失论》，《天津社会科学》2017年第2期。（第一作者）

[60]《马克思文化解放的维度及其政治旨趣》，《天津社会科学》2011年第3期。（独撰）

[61]《中国语境的现代性及其现实意义》，《天津社会科学》2010年第1期。（独撰）

[62]《网络文化的精神实质》，《天津社会科学》2005年第6期。

（独撰）

[63]《人性问题与马克思的人性解放意蕴》，《学术研究》2013 年第 2 期。（独撰）

[64]《马克思人类解放理论的理想性与现实性》，《学术研究》2009 年第 3 期。（独撰）

[65]《意义、真理与二值原则——后现代视野中实在论与反实在论之争》，《学术研究》2006 年第 3 期。（独撰）

[66]《马克思博士论文中的哲学拯救与宗教批判》，《社会科学研究》2012 年第 5 期。（第一作者）

[67]《实现宏伟目标必须统筹好发展与安全的关系》，《思想理论教育导刊》2021 年第 1 期。（独撰）

[68]《在比较中彰显中国特色社会主义道路的优越性》，《思想理论教育导刊》2020 年第 4 期。（独撰）

[69]《思想政治理论课教学亟须解决的五个问题》，《思想理论教育导刊》2019 年第 7 期。（独撰）

[70]《坚决打赢疫情防控的人民战争》，《红旗文稿》2020 年第 6 期。（独撰）

[71]《将构建人类命运共同体思想落到实处》，《红旗文稿》2018 年第 21 期。（独撰）

[72]《市民社会研究范式的历史转换》，《浙江学刊》2015 年第 6 期。（独撰）

[73]《象征交换：鲍德里亚超越符号消费社会的解放策略》，《广东社会科学》2016 年第 4 期。（独撰）

[74]《哲学的命运与无产阶级的救赎》，《广东社会科学》2013 年第 6 期。（第一作者）

[75]《马克思对古典自由主义的反思与建构——〈黑格尔法哲学批判〉的侧面考察》，《学术界》2019 年第 1 期。（第一作者）

[76]《马克思主义哲学作为"看家本领"的逻辑必然》,《重庆大学学报(社会科学版)》2021年第5期。(第一作者)

[77]《新时代社会主要矛盾背后的必然逻辑》,《华南师范大学学报(社会科学版)》2017年第6期。(独撰)

[78]《精神魅力与学术尊严中的哲学人生——刘同舫教授学术访谈录》,《华南师范大学学报(社会科学版)》2015年第2期。(第一作者)

[79]《马克思论证"人类解放何以可能"的维度》,《华南师范大学学报(社会科学版)》2015年第2期。(独撰)

[80]《人的解放与福柯的反抗权力策略》,《华南师范大学学报(社会科学版)》2013年第5期。(第一作者)

[81]《马克思市民社会范畴的逻辑演进》,《华南师范大学学报(社会科学版)》2012年第4期。(独撰)

[82]《马克思主义中国化进程与党的执政理念演进》,《华南师范大学学报(社会科学版)》2011年第5期。(独撰)

[83]《人的本质解放:马尔库塞的艺术与审美之解放美学》,《华南师范大学学报(社会科学版)》2011年第1期。(第一作者)

[84]《拉克劳、墨菲的激进多元民主与人类解放》,《华南师范大学学报(社会科学版)》2009年第2期。(独撰)

[85]《科学技术的发展与人类解放的进程——基于恩格斯〈自然辩证法〉的新思考》,《华南师范大学学报(社会科学版)》2009年第6期。(第一作者)

[86]《马克思主义基本问题的辨与思》,《南京师大学报(社会科学版)》2021年第1期。(独撰)

[87]《恩格斯对哲学基本问题的认识及其当代价值》,《南京师大学报(社会科学版)》2019年第4期。(独撰)

[88]《恩格斯思想的历史地位与伟大贡献》,《福建师范大学学报(哲学社会科学版)》2020年第4期。(独撰)

[89]《马克思学说中的哲学与马克思学说的解释框架》，《社会科学辑刊》2011 年第 1 期。(独撰)

[90]《全球现代性问题与人类命运共同体智慧》，《福建论坛（人文社会科学版）》2019 年第 9 期。(独撰)

[91]《马克思人类解放视域中的社会形态理论》，《福建论坛（人文社会科学版）》2012 年第 7 期。(独撰)

[92]《英国新左派思想家对历史唯物主义研究的拓展》，《福建论坛（人文社会科学版）》2011 年第 5 期。(第二作者)

[93]《马克思人类解放阶段论》，《福建论坛（人文社会科学版）》2008 年第 5 期。(独撰)

[94]《马克思主义中国化百年进程的实践理路与趋势展望》，《浙江社会科学》2021 年第 6 期。(独撰)

[95]《新中国成立以来关于社会主要矛盾的理论争鸣》，《浙江社会科学》2019 年第 8 期。(独撰)

[96]《重置交往理性：哈贝马斯人类解放思想的逻辑主线》，《浙江社会科学》2011 年第 8 期。(第一作者)

[97]《技术发展的非人性效应及其克服》，《浙江社会科学》2005 年第 4 期。(独撰)

[98]《现代国家的解放限度与历史命运——马克思〈论犹太人问题〉释义》，《人文杂志》2016 年第 1 期。(第一作者)

[99]《在何种意义上区分马克思文本与恩格斯文本——基于〈关于费尔巴哈的提纲〉之思》，《人文杂志》2012 年第 1 期。(第一作者)

[100]《习近平推动哲学社会科学体系构建的“中国特色”》，《宁夏社会科学》2021 年第 2 期。(独撰)

三、主要转载题录

[1]《马克思唯物史观叙事中的劳动正义》，《新华文摘》2021 年第

2 期全文转载。（独撰）

［2］《马克思主义哲学中国化 70 年及其历史贡献》，《新华文摘》2019 年第 21 期全文转载。（独撰）

［3］《新时代社会主要矛盾背后的必然逻辑》，《新华文摘》2018 年第 5 期全文转载。（独撰）

［4］《从继承到建构：马克思以解放为轴心的哲学革命》，《新华文摘》2016 年第 17 期全文转载。（独撰）

［5］《启蒙理性及现代性：马克思的批判性重构》，《新华文摘》2015 年第 13 期全文转载。（独撰）

［6］《马克思人类解放理论的叙事结构及实现方式》，《新华文摘》2012 年第 24 期全文转载。（独撰）

［7］《西方马克思主义的理论性质与中国意义》，《新华文摘》2010 年第 24 期全文转载。（独撰）

［8］《人类解放的进程与社会形态的嬗变》，《新华文摘》2008 年第 16 期全文转载。（独撰）

［9］《构建人类命运共同体对历史唯物主义的原创性贡献》，《中国社会科学文摘》2018 年第 11 期全文转载。（独撰）

［10］《马克思文化解放的维度及其政治旨趣》，《中国社会科学文摘》2011 年第 7 期全文转载。（独撰）

［11］《“中国模式”与马克思人类解放理论的现实性运用》，《中国社会科学文摘》2010 年第 3 期全文转载。（独撰）

［12］《拉克劳、墨菲的激进多元民主与人类解放》，《中国社会科学文摘》2009 年第 7 期全文转载。（独撰）

［13］《激进民主的理性重建与技术转化的微政治学——芬伯格的技术政治学评析》，《中国社会科学文摘》2008 年第 12 期全文转载。（独撰）

［14］《政治解放、社会解放和劳动解放——马克思人类解放思想再探析》，《中国社会科学文摘》2007 年第 3 期全文转载。（独撰）

[15]《网络文化的精神实质》,《中国社会科学文摘》2006 年第 1 期全文转载。(独撰)

[16]《马克思文本解读的价值反思与方法论自觉》,《高等学校文科学术文摘》2021 年第 5 期全文转载。(独撰)

[17]《马克思唯物史观叙事中的劳动正义》,《高等学校文科学术文摘》2020 年第 6 期全文转载。(独撰)

[18]《全球现代性问题与人类命运共同体智慧》,《高等学校文科学术文摘》2019 年第 6 期全文转载。(独撰)

[19]《构建人类命运共同体对历史唯物主义的原创性贡献》,《高等学校文科学术文摘》2018 年第 5 期全文转载。(独撰)

[20]《启蒙理性及现代性:马克思的批判性重构》,《高等学校文科学术文摘》2015 年第 3 期全文转载。(独撰)

[21]《马克思人类解放理论的叙事结构及实现方式》,《高等学校文科学术文摘》2012 年第 5 期全文转载。(独撰)

[22]《马克思主义中国化百年进程的实践理路与趋势展望》,中国人民大学《复印报刊资料・中国特色社会主义理论》2021 年第 9 期全文转载。(独撰)

[23]《马克思主义中国化百年进程的实践理路与趋势展望》,中国人民大学《复印报刊资料・马克思列宁主义研究》2021 年第 9 期全文转载。(独撰)

[24]《百年马克思主义中国化的发展动力》,中国人民大学《复印报刊资料・马克思列宁主义研究》2021 年第 5 期全文转载。(独撰)

[25]《马克思唯物史观叙事中的劳动正义》,中国人民大学《复印报刊资料・哲学原理》2021 年第 2 期全文转载。(独撰)

[26]《马克思主义是照亮新中国 70 年发展道路的理论之光》,中国人民大学《复印报刊资料・马克思列宁主义研究》2020 年第 2 期全文转载。(独撰)

［27］《马克思主义哲学中国化70年及其历史贡献》，中国人民大学《复印报刊资料·哲学原理》2020年第1期全文转载。（独撰）

［28］《全球现代性问题与人类命运共同体智慧》，中国人民大学《复印报刊资料·哲学文摘》2020年第1期全文转载。（独撰）

［29］《新中国成立以来关于社会主要矛盾的理论争鸣》，中国人民大学《复印报刊资料·中国特色社会主义理论》2019年第11期全文转载。（独撰）

［30］《思想政治理论课教学亟须解决的五个问题》，中国人民大学《复印报刊资料·高校思想政治理论课教学研究》2019年第6期全文转载。（独撰）

［30］《技术可选择还是现代性可选择？——对芬伯格现代性理论前提与内在矛盾的批判》，中国人民大学《复印报刊资料·科学技术哲学》2016年第10期全文转载。（独撰）

［32］《现代国家的解放限度与历史命运——马克思〈论犹太人问题〉释义》，中国人民大学《复印报刊资料·哲学原理》2016年第4期全文转载。（第一作者）

［33］《从应然到实然：马克思社会批判的价值取向转变》，中国人民大学《复印报刊资料·马克思列宁主义研究》2015年第7期全文转载。（独撰）

［34］《从显性到隐性的主奴辩证法——〈精神现象学〉与〈1844年经济学哲学手稿〉关系注解》，中国人民大学《复印报刊资料·哲学原理》2014年第7期全文转载。（独撰）

［35］《康德道德观及其对现实道德教育困境的开解》，中国人民大学《复印报刊资料·教育学》2014年第7期全文转载。（独撰）

［36］《马克思人类解放理论的叙事结构及实现方式》，中国人民大学《复印报刊资料·马克思列宁主义研究》2012年第11期全文转载。（独撰）

［37］《科学发展观的科学性》，中国人民大学《复印报刊资料·中国特色社会主义理论》2011 年第 10 期全文转载。（独撰）

［38］《西方马克思主义的理论性质与中国意义》，中国人民大学《复印报刊资料·马克思列宁主义研究》2011 年第 1 期全文转载。（独撰）

［39］《挑战与建构：马克思主义理论发展的一个重要路径》，中国人民大学《复印报刊资料·马克思列宁主义研究》2009 年第 11 期全文转载。（独撰）

［40］《激进民主的理性重建与技术转化的微政治学——芬伯格的技术政治学评析》，中国人民大学《复印报刊资料·哲学原理》2008 年第 11 期全文转载。（独撰）

［41］《意义、真理与二值原则——后现代视野中实在论与反实在论之争》，中国人民大学《复印报刊资料·外国哲学》2006 年第 5 期全文转载。（独撰）

［42］《虚拟实在——网络社会新范畴对传统哲学的挑战》，中国人民大学《复印报刊资料·哲学原理》2002 年第 4 期全文转载。（独撰）

［43］《道德建设的全新领域》，中国人民大学《复印报刊资料·精神文明建设》2000 年第 12 期全文转载。（独撰）

［44］《百年马克思主义经典著作研究进路》，《马克思主义文摘》2021 年第 2 期全文转载。（独撰）

［45］《恩格斯思想的历史地位与伟大贡献》，《马克思主义文摘》2020 年第 5 期全文转载。（独撰）

图书在版编目(CIP)数据

历史哲思与未来想象 / 刘同舫著. -- 北京：社会科学文献出版社，2022.2（2024.8 重印）

ISBN 978-7-5201-9705-2

Ⅰ.①历… Ⅱ.①刘… Ⅲ.①历史哲学 Ⅳ.①K01

中国版本图书馆 CIP 数据核字（2022）第 024779 号

历史哲思与未来想象

著　　者 / 刘同舫

出 版 人 / 冀祥德
组稿编辑 / 曹义恒
责任编辑 / 吕霞云
文稿编辑 / 王京美

出　　版 / 社会科学文献出版社 · 马克思主义分社（010）59367126
　　　　　地址：北京市北三环中路甲 29 号院华龙大厦　邮编：100029
　　　　　网址：www.ssap.com.cn
发　　行 / 社会科学文献出版社（010）59367028
印　　装 / 三河市东方印刷有限公司

规　　格 / 开 本：787mm × 1092mm　1/16
　　　　　印 张：18　字 数：249 千字
版　　次 / 2022 年 2 月第 1 版　2024 年 8 月第 2 次印刷
书　　号 / ISBN 978-7-5201-9705-2
定　　价 / 98.00 元

读者服务电话：4008918866